KB001981

교
사
의 고
통

교사의 고통

정철희 지음

내일도 교사로
살아가려는 이들을 위한
근원적 탐색

머리말

고통은 숨길 수 없다. 아니, 고통은 결코 숨겨서는 안 될 삶의 가장 확실한 구원이다. 우리는 고통과 마주하면서 치명적 질병을 미리 알아챌 수 있고, 고통을 드러내면서 저마다의 상처를 치유할 수 있으며, 고통을 치유하면서 삶에 깃든 수많은 어둠을 빛으로 전환할 수 있다. 그러니 고통은 우리의 행복한 삶을 위해 가장 솔직하게 드러내야 할 선명한 경고등이다.

이토록 선명하고 확실한 경고등을 삶에서 감추려면 오랜 노력과 빈틈없는 설계가 필요하다. 이는 보통 "당신이 겪고 있는 고통은 누구나 다 겪고 있는 것이니 괜히 엄살 부리지 마시오."와 같은 '문화의 방식'으로 작동한다. 오랜 시간에 걸쳐 반복해서 작동해 왔으며, 아무도 거기에 대해 묻지 않지만 어김없이 작동하고 있는 힘이 바로 '문화'이기 때문이다. 고통을 숨기고 억압하는 문화는 결국 그 공동체가 지닌 잔인한 어둠을 일상으로 만들고, 기어이 그 공간을 살아가는 사람들이 고통에 무뎌지게 만든다. 우리 사회에서 이러한 비극적 힘이 가장 오랜 시간 작동한 공간인 동시에, '고통을 덮는 문화'가 빈틈없이 작동하는 공간이 학교이다.

2023년 7월, 서이초등학교 교사의 죽음은 학교가 '고통을 덮는 문화'를 정성 들여 가꾸어왔다는 사실을 명확하게 보여주었다. 서이초등학교

4

에 근무하던 젊은 교사는 오랜 시간 고통받았으며, 그 사실은 학부모와 학교 구성원 모두가 알고 있었다. 그럼에도 그 귀한 교사의 삶은 끝내 꺾였다. 이후 함께 수면 위로 드러난 수많은 교사의 죽음과 고통은 학교가 사회에 스며 있던 무수한 어둠이 켜켜이 축적된 공간이라는 것을 선명하게 알려주었다. 받아쓰기밖에 할 줄 모르는 교육부의 정책, 교사의 고통을 외면하는 교육청의 무능, 교사의 삶을 지키지 않는 관리자의 외면, 그리고 교사의 삶을 존중하지 않는 일부 학부모의 악다구니는 거대한 깔때기로 작동하여 우리 사회에 스며 있던 수많은 어둠을 교사의 삶에 고이도록 만들었다. 이 무수한 고임 앞에서 교사의 고통은 빛으로 전환되지 못했고, 끝내 교사의 삶을 집어삼키고 만 것이다.

숨겨져 있던 교사의 고통이 세상에 드러났지만 교사의 삶은 전혀 나아지지 않았다. 우리 사회는 교사의 해묵은 고통을 '개인의 몫'으로 돌리고 있으며, 몇 줄의 법과 고시를 내려보내면서 또다시 교사의 고통을 어둠 속으로 밀어 넣고 있다.

법과 고시가 교사의 고통을 치유할 수 있을까? 나는 아니라고 생각한다. 결국 교사의 삶을 지키는 것은 법 조항과 공문에 적힌 언어가 아니라 '사람'이기 때문이다. 조금 더 정확하게 말하자면, 교사 역시 존엄한 사람이며 그 사람의 삶을 지키는 문화만이 교사의 삶을 구원할 수 있다. 이 문화가 학교에 만들어지지 못한다면 교사의 비극적 죽음은 멈추지 않을 것이다. 그러니 지금 교사에게 필요한 것은 '교사들이 겪고 있는 고통의 본질은 무엇인가?'라는 질문과 '교사는 앞으로 어떤 문화를 만들어나가야 하는가?'라는 물음에 답하는 일이다. 이 책은 여기에 대한 나름의 해석이자 대안이다.

나는 이 물음에 답하기 위해서 '해부의 방식'을 사용했다. 감출 수 없는 교사의 고통을 이토록 오랜 시간 숨기고 억압한 데에는, 고통을 고통으로 인식하지 못하도록 하는 교묘한 힘과 함께 그 고통을 감추도록 만드는 잔인한 힘이 밑바닥에 숨겨져 있기 때문이다. 따라서 우리는 교사들이 겪고 있는 고통을 해부하여, 그것의 가장 아래에서 작동하고 있는 거대한 힘을 찾아 자비 없이 해체해야 한다. 이는 조셉 콘래드나 옥타비아 버틀러의 소설을 읽는 일만큼이나 섬뜩하고 아찔한 일이지만 이제라도 시작해야 한다. 어둠의 핵심에 자리한 근원적 힘을 해체하지 않으면 교사의 고통은 또 다른 고통 위에 덮일 뿐이기 때문이다.

그렇게 나는 교사들이 마주하고 있는 고통의 가장 밑바닥에서 작동하고 있는 힘을 찾기 시작했고, '반지성주의', '이분법적 세계관', '식민주의', '희생양 메커니즘', '과학주의'라는 5개의 덫을 발견했다. 반지성주의는 교사들이 일상에서 반복하는 수많은 실천을 이야기로 전환하여 삶의 서사를 연결할 수 있는 근원적 힘을 가로막고 있는 문화이고, 이러한 삶의 이야기 상실은 교사의 삶을 이것 아니면 저것 중에서 하나를 선택하도록 강요하는 이분법적 세계관으로 이끈다. 식민주의는 학교 현장이 지니고 있는 다양한 문제를 교사 공동체의 이야기가 아니라 외부에서 들여온 거대한 이야기를 통해서 해결하려는 문화이고, 희생양 메커니즘은 사회가 숭상하는 자본과 경쟁이 아니라 생명과 연대를 노래하는 교사의 삶을 박해하는 폭력적 상호작용 방식이다. 과학주의는 교사의 삶을 계량과 환산을 통하여 모조리 수치화하는 과정에서 교사에게 가장 중요한 직관을 베어가는 잔인한 힘을 말한다. 이 다섯 가지 근원적 힘은 견고한 덫이 되어 교사의 삶을 철커덕 하고 가두었다. 이 덫들은 연쇄적으로 작동하고 있기에 하나를 운 좋게 피한다고 해서 벗어날 수 있는 것이 아니다. 교사는 촘촘히 놓인 덫에 갇혀 자신의 고통과 상처를 근원적으로 치유하지 못하고 있는 것이다.

이 책에는 이러한 5개의 덫을 어떻게 극복할지에 대한 나름의 대안도 함께 실려 있다. 이는 교사들이 겪고 있는 고통의 근원을 찾아나가는 과정에서 읽었던 책과 논문에서 발견한 것이다. 그러나 나는 이 대안들이 언어에 머무르지 않고 교사의 삶에서 어떻게 작동할 수 있는지에 대한 구체적인 사례를 함께 제시했다. 이 사례들은 경남형 혁신학교인 교방초등학교에서 근무하면서 실제로 실천한 대안이자 오랜 시간 묵혀왔던 나의 고통과 마주했던 성찰에서 나온 것이다. 그러니 이 책은 고통의 본질과 마주하기 위한 해부의 기록이자, 고통의 민낯을 드러내는 어둠의 기록인 동시에, 그 어둠을 빛으로 전환하자는 외침의 기록이다. 나의 글이 저마다의 이유로 고통받는 선생님들의 삶에 따뜻하게 스며들길 간절히 바란다.

이 책이 세상에 나오기까지 많은 분들의 도움이 있었다. 우선 끝없이 흐트러지려는 문장을 다잡아주고 책의 구성에 대한 귀한 조언을 해준 휴머니스트 출판사에 감사드린다. 언제나 연구하는 교사로서의 정체성을 보여주시고 부족한 글임에도 불구하고 손수 적으신 편지로 따뜻한 응원을 보내주시는 한형식 선생님께도 고개 숙여 감사를 전하고 싶다. 그리고 머리에서 시작하던 삶을 발에서 시작하는 삶으로 바꿔주신 양재욱 교장선생님과 교방초등학교 선생님들께도 깊은 감사를 드리고 싶다. 교방초등학교를 만나지 못했다면 나는 여전히 '머리'의 세계에 머문 채

내 삶의 가장 아래에 존재하는 어둠으로 내려가지 못했을 것이다. 끝으로 언제나 내 편이 되어주고 내가 쓴 글에 따뜻하고 냉철한 평가를 들려주는 아내 안호선 선생과 학교와 급식을 사랑하는 첫째 유진이, 친구와 소설《거울 속 외딴 성》을 사랑하는 둘째 현교에게 무한한 감사와 사랑을 보낸다.

2024년 5월
정철희

차례

1부

반지성주의

서사의 추방자들과
이야기의 회복

01

교사의 상처와 단절

우리는 살면서 수많은 고통과 마주한다. 그러나 사람들은 그 고통과 제대로 마주하지 않으려 하고, 그것을 다른 사람에게 드러내는 것도 꺼린다. 그렇게 자신의 고통을 스스로 봉인해 버리는 경우가 많다. 고통을 봉인하는 삶은 상처를 드러낼 수 없다.

교사들도 고통을 잘 드러내려고 하지 않는다. 우리 사회가 교사들의 솔직한 생각과 소신 있는 실천을 응원하지 않기 때문이다. 삶을 기르기 위한 교사의 지도와 조언을 달갑게 여기지 않는 아이들과 학부모들이 늘어나면서 교사들은 입을 닫아버리게 되었고, 차가운 상처들은 교사의 삶에 짙게 고여 있다.

깊은 어둠 속에 묻어두었던 교사의 상처는 그 상처에 공감하는 동료 교사 앞에서 겨우 고개를 든다. "아무도 내 말을 믿어주지 않아요.", "내 인생에서 지우고 싶은 기억이에요.", "나만 바보 된 느낌이었어요.", "아무도 나를 도와주지 않았어요.", "내가 사라지는 기분이었어요.", "내가 할 수 있는 게 아무것도 없어요.", "그냥 흐린 눈을 하고 버텼어요." 같은 말들은 교사들이 눌러 담았던 상처가 진득하게 고여 있는 마음의 지하실에서 간신히 올라온 말들이다.

문제는 이토록 어렵게 꺼내놓은 상처에 대한 반응이 "어쩌겠어요, 힘내야죠."라든가, "어차피 안 바뀔 거니까 조금만 더 참아봐요." 같은 공허한 말로 되돌아올 가능성이 높다는 데 있다. 이래서는 곤란하다. 교사들은 서로의 상처에 적극적으로 반응하여 왜 그런지 분석하고 해석할 필요가 있다. 나아가 교사의 상처를 어루만질 수 있는 구체적인 대책을 함께 만들어나가야 한다. 교육부와 교육청이 이런 일을 해야 하지만, 그들은 교사의 상처와 고통에 별로 관심이 없을뿐더러 오히려 고통을 더할 뿐이다.

그래서 나는 '교사 문화'에 주목하기 시작했고, 관련한 논문들과 책들을 찾아 읽었다. 교사들의 고통과 감춰진 상처, 그리고 그 근원적 요인들을 분석하여 다양한 방식으로 기록해 나갔다. 이 과정에서 내가 발견한 가장 비극적인 키워드는 '단절'이었다.

교사들이 단절된 삶을 견디고 있다는 사실은 다양한 연구에서 여러 개념으로 변주되고 있었다. 라재주(1999)의 〈교사의 생활세계와 교사문화에 관한 연구〉에서는 '허무주의'로, 이혜영 외(2001)의 〈중등학교 교사의 생활과 문화〉에서는 '무력감과 체념'으로, 류방란 외(2002)의 〈초등학교 교사의 생활과 문화〉에서는 '의례화'와 '불만 속 순응'으로, 김용정(2009)의 〈교사문화의 진단도구 개발 및 특성 분석〉에서는 '침묵 문화'로,

박소영(2011)의 〈중등학교 교사문화 비교 분석〉에서는 '개인주의와 형식주의'로 나타나고 있었다.

일상에서 의미를 발견하지 못하는 '허무주의'는 '무력감'을 불러오고, 이는 '체념적' 태도로 연결된다. 자신이 겪고 있는 고통과 상처를 아무리 말해도 바뀌는 것이 없다는 사실을 알게 된 교사에게, 가르치는 일은 가슴 뛰고 설레는 것이 아니라 그냥 해치워 버리는 '의례적인 것'이 된다. 그래야 버틸 수 있기 때문이다. 버틴다는 것은 자신이 겪고 있는 문제 상황을 적극적으로 해결하려 하기보다는 그것을 외면하는 '순응적' 태도이다. 이렇듯 순응하는 삶은 교사를 침묵하게 만들고, 이는 곧 '개인주의'로 이어진다. 그러면 학교는 교사들의 상처와 고통을 함께 극복하는 연대의 장이 아니라 악성 민원마저도 혼자 해결해야 하는 각자도생의 장이 되는 것이다. 이 기막힌 현실을 알아차린 교사들은 결국 마음의 문을 닫는다.

교사들이 교사로서의 본질적 의미를 발견하고 자기 삶의 이야기를 연결하기 위해서는 '외면에서 마주함'으로, '단절에서 연결'로 전환할 수 있는 힘이 필요하다. 그런데 학교에는 이러한 전환을 가로막고 있는 것이 있다. 바로 '지성의 상실'이다.

녹이는 힘과 지성의 본질

내가 말하는 지성은 지식이나 합리성, 이성이 아니다. 그것은 '세상을 보는 통합적 안목'이다. 이는 존 듀이의 사회철학에서 빌려온 것이다. 듀이는 평생에 걸쳐 이원론과 싸운 철학자이다. 이원론은 현상을 구성하고 있는 다양한 요소를 통합적으로 인식하는 것이 아니라 현상을 양극단으로 분리하여 대립적으로 설명하는 이론이다.

듀이에게 삶은 그 자체로 문제를 해결하는 총체적 과정이며, 이 과정에서 이론과 지식은 하나로 통합되어 작동한다. 통합된 관점은 문제를 해결하는 과정에서 더 나은 이론으로 발전하게 되며, 이는 다시 문제를 해결하는 현장에 적용되면서 끝없이 순환하게 된다. 이상과 현실이 상호작용하는 과정에서 얻게 되는 총체적 안목이 '지성'이다.

그렇다면 교사에게는 왜 이러한 통합적 안목이 필요할까? 나아가 교사가 겪고 있는 단절을 극복하는 데 지성은 어떤 역할을 할까? 이에 대한 해답은 지그문트 바우만의 《액체 근대》에서 찾을 수 있다. 결론부터 말하면, 이 시대를 살아가는 교사들은 '녹이는 힘'이 가져온 어이없는 결과들을 자세히 설명해야 한다.

바우만은 책의 서문 〈가벼움 그리고 액체성에 대하여〉에서 근대의 핵심이 '유동성'에 있다고 설명한다. 근대는 중세라는 체제를 붕괴시키면서 탄생했다. 중세는 계급사회이며 사회를 움직이는 견고한 가치가 존재했기에 변화가 거의 없는, 즉 고체에 가까운 사회였다. 계급사회와 군주 세력, 그리고 억압적 사회 가치 등에 불만을 품은 시민들이 근대사회를 출범시키면서 가장 먼저 시도한 것이 이 견고한 체제를 '녹이는 일'이었다. 그럼으로써 개인의 자유가 획득된 것이다.

문제는 근대를 만든 '녹이는 힘'이 제도나 구조에만 가해진 것이 아니라 사회 질서와 안정을 유지하던 보편적 규범과 가치에도 무차별적으로 적용되었다는 사실이다. 바우만은 대상을 가리지 않는 '총체적 녹임' 앞

서사의 추방자들과 이야기의 회복

에서 개인은 상상할 수 없는 혼란을 겪게 될 것이라고 경고하는 한편, 개인이 겪게 될 외로움과 혼란을 걱정했다. 기존에 우리 삶을 유지해 주던 요소들과 상호작용 유형들 역시 짓뭉개질 수 있기 때문이다.

이 짓뭉름이 가져올 변화들을 가장 걱정스러운 눈으로 바라보는 사람이 교사일 것이다. 개인이 지게 될 선택과 판단의 무게에 대한 걱정, 사회에 존재하는 믿음과 기반의 허약성에 대한 걱정, 무엇보다 함께 어울려 살아가야 버틸 수 있는 사회에서 점점 사라져 가는 시대정신에 대한 걱정…… 이 모든 걱정을 동시에 하는 사람이 교사이기 때문이다. 또 교사는 기본적으로 이 사회를 살아갈 민주시민을 기르는 일을 본업으로 하는 동시에, 우리 사회에서 일어나고 있는 현상을 아이들에게 설명해야 하기 때문이다.

녹이는 힘이 거세질수록 세상을 통합적으로 인식하는 지성의 힘이 필요하다. 녹이는 힘이 강할수록 현상을 설명하는 말과 실제로 일어나는 현상 사이의 간극은 커질 것이고, 점점 그것을 통합적으로 이해하기 어려워질 것이기 때문이다. 말과 현상의 간극은 이상과 현실의 간극을 불러올 것이며, 이러한 간극이 벌어지면 질수록 '이상이라는 지식'과 '현실이라는 삶'을 모두 다루어야 하는 교사의 삶은 점점 고통스러워질 수밖에 없을 것이다.

교사는 아이들에게 이상과 현실의 차이가 왜 발생하며 그 차이를 어떻게 극복할 수 있는지를 가르쳐야 하지만, 안타깝게도 교사들은 이를 체계적으로 설명할 수 있는 지성을 훈련받지 못했다. '교원 양성 체제 – 세미나가 없는 연수 문화 – 본질과 괴리된 승진 체제'가 교사의 삶에서 가장 중요한 통합적 안목을 산산조각 내고 있기 때문이다.

현장을 외면하는 현장 실습

교사로서의 삶은 교원 양성 대학에서 시작된다. 교육대학과 사범대학, 그리고 교직과목 이수를 통해서 교사로서의 기본 소양을 교육받는다. 교사의 삶을 준비하는 양성교육은 결국 아이들의 삶이 있는 학교 현장에서 심도 있게 이루어져야 한다. 그런데 우리나라의 교원 양성 체제는 이론이 실제를 압도한다. 우리나라는 짧은 실습 기간과 소정의 교육과정을 이수하면 교원자격증을 받을 수 있다. 이후 임용시험을 통과하여 부푼 꿈을 안고 현장에 나가지만, 교사들 대부분은 현장에 발을 딛는 순간 좌절한다. 실습 기간에 접했던 아이들과 너무나 다른 모습과 마주하기 때문이다.

교사들은 짧은 교육실습 기간 동안 아이들의 진정한 모습과 만나지 못한다. 학교는 실습생을 교실의 주인이 아닌 손님으로 대하고, 학생들도 예비교사들이 잠시 머물다가 소리 없이 가버린다는 사실을 알고 있다. 그러니 아이들은 자기 마음속 깊은 곳의 이야기를 꺼내지 않는다. 실습 기간 동안 예비교사는 아이들과 교육 현장의 본질과 마주할 시간 없이 겉만 훑는 것이다. 현장에 대한 깊은 이해와 경험이 없는 초짜 교사에게, 교실은 그야말로 낯선 지옥일 뿐이다.

교육 선진국인 독일, 미국, 핀란드, 영국 등은 교원을 양성하는 과정에서 실습 기간을 매우 중요시한다. 독일에서 교원이 되려면 석사학위를 취득해야 하며, 학급 담임교원은 12~24개월, 과목 전담교원은 18~24개

서사의 추방자들과 이야기의 회복

월 동안 실습학교에서 수습교원으로 근무하면서 전문교육도 받아야 한다. 전문교육은 대학의 연구센터에서 수업과 생활지도를 위한 세미나와 워크숍 등에 참여하는 것이다. 이 과정을 모두 수료한 이후에야 교원자격증이 주어진다.

미국은 소정의 교원 양성 과정을 이수하면 수습교원 자격이 주어지는데, 이 자격 획득 후 초등은 12개월, 중등은 18개월의 실습 기간을 거쳐야 예비 교원자격증이 주어진다. 핀란드 역시 대학에서 8주, 대학원에서 4개월의 실습 기간을 정해두고 있다. 영국은 24주 이상의 실습 기간을 거쳐야 수습교원 자격을 획득할 수 있으며, 이후 1년 동안 수습교사 기간을 거쳐야 교원자격증이 주어진다.

이러한 나라들이 현장에서의 실습 교육을 중시하는 이유는, 교사의 삶을 준비하기 위해서는 지식만큼이나 그것이 현장에서 어떻게 적용되는지 체득하는 과정이 중요하기 때문이다. 예비교사들은 현장에서 오랜 시간 수습교사로 지내면서 자신의 정체성에 대해서 치열하게 탐구한다. 이론과 현장을 연결하는 과정에서 교사로서의 지성이 훈련되는 것이다. 이렇게 단련된 지성이 있어야 짓눌린 교사의 삶을 견뎌낼 수 있다.

우리나라 예비교사들에게는 현장에서의 교육 실습 시간이 턱없이 부족하다. 이에 대한 문제의식이 오래전부터 제기되었지만, 교육부와 교원 양성 대학은 교원 양성 시스템을 손볼 생각도 의지도 없다. 학교 현장의 본질과 마주하지 않은 채 이론으로만 무장해도 교사로 살아가는 데 큰 문제가 없다고 믿는다면, 그 믿음의 결과는 지옥문으로 향하는 길이 될 것이다.

상처를 숨기는 반지성주의

교사로 발령을 받아서 살아가는 동안에도 '지성의 상실'은 반복된다. 교사들이 자신의 수업을 편안하게 꺼내놓고 함께 성찰하는 문화가 도입된 것이 불과 얼마 되지 않는다. 그 이전의 학교 현장에서 지성적 토론이나 세미나는 거의 찾아보기 어려웠다. 교직원회의는 교장과 담당자의 일방적 전달로 채워졌고, 비판적 질문과 지적 토론은 촘촘히 줄 서 있는 업무들에 밀려나야 했다. 관료주의적 문화는 교사의 삶을 깊이 성찰하자는 목소리에 재갈을 물렸고, 토론이 없는 학교 문화를 비판하는 목소리 또한 묻어버렸다. 학교에 반지성주의가 견고하게 자리하기 시작하면서, 가장 지성적이어야 할 교사 공동체가 지적으로 토론하는 시간을 가장 불편하게 여기는 아이러니한 상황이 되어버렸다.

교육 관료들 역시 학교에 반지성주의가 견고하게 자리 잡도록 도왔다. 그들은 교육 관련 문제가 터질 때마다 새로운 연수를 만들어 내려보냈고, 교사들은 단편적인 정보 전달 수준에 그치는 연수를 듣느라 진짜로 해야 할 공부를 못 하고 있다. 교사의 지성을 단련하기 위해서는 단편적인 정보만을 욱여넣는 연수가 아니라 교사들의 당면한 문제의식에 기반한 자발적 세미나가 필요하다.

지성을 단련하기 위한 세미나라고 해서 꼭 책을 읽고 철학적 담론을 나눌 필요는 없다. 교사의 삶과 관련된 문제를 가지고 서로의 생각을 나누고 그것을 자신의 삶과 교실에 적용하는 과정이라면 모두 지성적 세미나가 될 수 있다. 그러려면 외부 강사에 의지하는 연수 프로그램부터 덜어내야 한다. 물론 그것이 도움이 될 경우도 있지만 대부분 일시적 효과에 그친다. 외부 강사를 불러서 강의를 듣다가 퇴근 시간이 임박하면 서로 어색한 웃음을 지으면서 급하게 마무리하는 방식의 강의식 연수는 교사가 마주하고 있는 현실을 바탕으로 하지 않았다는 점에서 이상과 현실의 통합적 안목, 즉 지성을 신장하는 데 별 도움이 되지 않는다.

교사가 발 딛고 있는 현실의 문제에서 시작되는 물음들은 그 자체로 세미나의 토론 주제가 된다. '우리는 왜 프로젝트 수업을 해야 하는가?', '학교 운동장에 공공 쓰레기통을 만든다면 그 주체는 누가 되어야 하는 가?', '이번에 준비하는 학교 공개 행사는 우리에게 어떤 의미를 줄 수 있는가?' 등과 같이 학교 현장의 삶을 바탕으로 한 물음은 교사들이 일상에서 수행하는 수업이나 나눔의 본질적 의미를 성찰할 시간을 준다.

하지만 이런 본질적 주제로 대화를 하다 보면 대부분 이야기가 깊이들어가지 못한 채 맴돌게 되는데, 그 맴돎의 중심에는 교사들이 감추고있는 상처가 자리하고 있다. 본질과 상처에 한 걸음 더 다가서기 위해서필요한 것이 독서이다.

삶에 대해서 계속 이야기하다 보면 교사들은 자신이 닫아두었던 지하실을 자연스럽게 열게 되고, 그 속에 숨겨두었던 상처와 마주하게 된다. 상처는 삶의 가장 근원적인 질문과 연결되어 있으며, 이 질문이 이끄는 이정표를 따라가다 보면 자연스럽게 철학 고전이나 문학 고전에 이르게 된다. 고전은 삶에 대해서 가장 탁월한 해답을 숨겨놓은 보물이자 내 삶을 돌아보는 성찰의 시간을 제공하기 때문이다. 요컨대, 삶과 지식을 연결하는 과정에서 교사의 지성이 탄생하는 것이다.

이런 점에서 보면 이상과 현실, 이론과 실천을 융합하려고 노력하는 사람이라면 모두 지성인이라고 할 수 있다. 문화비평가 헨리 지루는 "진정한 지성인은 융합적 안목을 통해서 세상을 해석하는 역할을 수행해야 한다."라고 말한다. 그러하기에 교사는 지성인의 삶을 살 수밖에 없다.

> 모든 인간은 세계에 대한 의미를 계속 해석하고, 그 세계에 의미를 부여하며, 세계에 대한 특정한 개념에 참여함으로써 지성인의 역할을 수행하는 존재이다. 더욱이, 억압받는 이들은 억압받는 집단들과 함께 학습하면서 다양한 억압적 형식들에 맞서 자기 교육과 투쟁을 주도하는 지성인, 즉 자기 내면에 있는 유기적이고 변혁적인 지성인을 펼쳐 보일 수 있어야 한다.
>
> ─《교사는 지성인이다》에서

헨리 지루는 교사가 왜 지성인으로서의 정체성을 유지해야 하며, 그것을 어떻게 지속할 수 있는지 설명한다. 그는 지성인을 '억압받는 이들과 함께 공부하고 함께 저항하며, 외부인이 아닌 내부인으로 함께 숨 쉬는 사람'이라고 정의한다. 교사는 지성인으로 존재하기 위해서 끊임없이 공부해야 하며, 외부자의 시선이 아니라 일상을 함께하는 동료로서 교사 공동체를 가꾸는 삶을 살아야 한다는 것이 헨리 지루의 메시지다.

지성을 분쇄하는 승진 체계

지성인으로서 교사의 삶을 지원하고 학교라는 교육 공동체를 통합적으로 운영하는 역할을 하는 관리자에게 이론과 현실을 통합하는 안목은 매우 중요한 덕목이다. 그러나 현재 우리나라 교원 인사 시스템에서 이

서사의 추방자들과 이야기의 회복

러한 지성을 평가하는 승진 트랙은 없다. 교원 승진 시스템에서 가장 많은 비율을 차지하는 것이 점수를 통한 경쟁 트랙이다. 승진 점수를 구성하는 영역을 살펴보면, 교사의 가장 본질적 행위인 수업과 생활지도 역량을 평가할 수 있는 내용은 없다. 이러한 승진 시스템은 교사들에게, 교육 현장에서의 실천과 그에 대한 성찰에 기반한 이야기가 아니라 점수에 헌신하라고 말한다. 하지만 점수가 쌓이면 쌓일수록 교사의 시선은 교육 현장과 멀어지게 될 뿐이다. 그러니 소수점 단위로 세분화된 승진 점수들은 교사의 지성을 분쇄할 뿐 지성적 안목을 발휘하는 품격 있는 관리자를 길러내지 못한다.

경쟁 시스템은 공동체보다는 개인을, 저항보다는 순응을, 내부자의 기준이 아닌 외부자의 기준을 더욱 가치 있게 여기도록 만든다. 전자의 것을 더 중요하게 생각하는 교사는 승진 시스템에서 살아남을 수 없다. 경쟁 시스템에 오래 머물다 보면 원래 그렇지 않은 사람도 자연스럽게 협력보다 경쟁을, 변화보다 유지를, 자율보다 통제를 앞세우게 된다. 나아가 억압받는 교사 공동체의 입장보다 통제하는 관료 공동체의 관점이 더욱 편한 것이 되어버린다. 이러한 외부자적 시선은 교사 문화를 연대와 저항이 아닌 분열과 순응으로 만드는 주범이다.

요컨대, 교사들은 교원 양성의 시간, 교사로 살아가는 시간, 승진의 시간을 지나면서 삶에 대한 통합적 안목인 지성을 상실하게 되었다. 반지성주의가 판치는 공간에서 교사는 삶의 본질과 제대로 마주하지도 못하고, 삶의 의미를 부여하거나 해석하는 행위를 멈추게 된다. 상실과 외면, 단절의 시공간에서 교사들은 점점 삶의 이야기를 잃어가고 있다.

02

◠

이야기의 상실과 교육정책의 물타기

이야기의 상실

우리 삶은 나의 기억과 경험을 바탕으로 만들어가는 이야기의 연속이다. 개인의 이야기는 세상 속에서 또 다른 이야기들과 연결되며 공동체의 서사로 나아간다. 하지만 지성을 상실한 교사 문화는 개인 간의 단절로 이어지고, 이는 개인과 공동체의 이야기를 왜곡되게 한다. 결국 교사들의 삶의 서사는 너덜거릴 수밖에 없다.

우리가 삶의 서사를 잃어버리는 원인이 단절 때문만은 아니다. "누구나 그렇게 살아가니 괜히 엄살 부리지 마시오!"라는 말과 함께 입을 틀어막는 '시대의 힘'이 작용하기 때문이다. 교사의 삶을 짓밟는 잔인함 뒤에는 '이야기 상실의 시대'라는 거대한 힘이 작동하고 있다.

삶의 이야기는 인류의 역사를 이루는 바탕이다. 폭력과 전쟁이라는 억압과 단절의 삶 속에서도 고대 그리스 작가들은 삶의 서사를 담은 그

서사의 추방자들과 이야기의 회복

리스 비극을 통해서 자신들의 이야기를 다음 세대로 연결하려고 했다. 종교 세력들이 알렉산드리아 도서관에 들이닥쳐 현세의 삶을 예찬하는 기록물을 폄하하며 인류의 역사와 이야기를 불태우는 순간에도 히파티아는 끝까지 저항하며 삶의 이야기를 지키려고 노력했다. 일본 제국주의가 민족의 영혼과 이야기를 마구잡이로 왜곡하고 소리 없이 묻을 때, 박은식은 우리 민중의 역사를 이야기로 남기는 일을 포기하지 않았다.

우리 민족은 일상의 작은 부분까지 세세하게 기록으로 남겼다. 삶의 이야기를 연결하는 것은 우리 민족에게 깊게 새겨진 삶의 방식이었다. 그런데 일제강점기는 우리 삶을 기록으로 남기는 것을 금기시했다. 한국전쟁으로 시작된 분단 체제와 군부독재의 시간은 우리 사회를 거대한 이데올로기 투쟁과 단죄의 공간으로 만들었다. 그러는 동안 우리는 제대로 살아가지도 못했고 일상을 기록으로 남기지도 못했다. 외환 위기로 인해 도입된 신자유주의는 이야기의 맥락보다 자본의 매력을 믿는 사회를 만들어버렸다. 온전한 기록이 죄악시되고, 이념이 삶을 지배하며, 자본이 맥락에 가격을 매기는 동안 '깔끔한 요약'이 '온전한 이야기'를 대체해 버렸다.

바쁜 현대인들에게 이야기는 스펙을 위한 소비재로 인식되고 있으며, 인류에게 가장 귀한 이야기라고 할 수 있는 수많은 고전 역시 누군가가 요약해 준 것을 오디오로 소비하는 방식으로 접하고 있다. 요약과 줄임의 과정에서 우리는 온전한 삶의 이야기를 상실하고 있는 것이다.

레이 브레드버리의 소설 《화씨 451》은 요약에 따른 이야기의 상실을 잘 보여준다. 이 작품의 배경은 독서가 금지된 미래사회이다. 여기에는 소방서가 존재하지 않고 책을 불태우는 방화서만 존재한다. 소설의 주인공 몬태그는 방화수인데, 우연한 기회에 '왜 우리는 책을 불태우게 되었는지' 궁금해한다. 책을 불태우게 된 역사를 알고 있는 방화서장은 책을 불태우기 시작한 것이 이야기의 요약에서 비롯되었다고 몬태그에게 설명해 준다.

줄여 줄여, 짧게 짧게, 간단 간단. 정치? 칼럼 하나, 문장 두 줄, 됐어. 한 줄짜리 헤드라인 끝! 그러고는 허공으로 죄다 사라져버리는 거야. (중략) 재미없는 건 죄다 내팽개쳐 버리는 거야. '왜 쓸데없는 것에 시간을 낭비하지?' 그러면서.

— 《화씨 451》에서

이렇게 삶의 이야기가 사라진 것이었다. 이야기가 사라진 사회에서 사람들은 자발적으로, 그리고 아무런 죄책감 없이 책을 불태운 것이다. 맥락을 담은 긴 글과 삶의 연대기를 반기지 않는 사회에서 일상을 살아가는 사람들이 자기 삶의 이야기를 연결하는 일에 의미를 부여하는 것은 불가능하다. 그렇게 우리 삶은 짧은 문장, 자극적인 문구, 선정적인 영상으로 대체되고, 그러면서 삶의 서사를 잃어버리게 되는 것이다.

우리는 이야기 상실의 시대를 살고 있지만, 왜 그 상실감을 느끼지 못할까? 여전히 수많은 이야기에 둘러싸여 있다고 착각하면서 살고 있기 때문이다. 그렇다면 온전한 삶의 이야기가 사라진 자리를 꿰차고 있는 이야기의 정체는 무엇일까? 그것은 바로 '신파적 이야기'다.

서사의 추방자들과 이야기의 회복

신파를 강요하는 교육부

신파(新派)란 무엇인가? 말 그대로 '구파(舊派)'와 다른 '새로운 갈래'를 뜻하는 연극 형태이다. 구파는 연극의 예술성과 작품의 서사를 중시했다. 이에 반해 신파는 예술성보다는 흥행을, 작품의 서사보다는 흥미를 목적으로 했다. 흔히 '신파'라고 하면 눈물을 쥐어짜는 작품을 통칭해서 말하기도 하지만, 신파의 본질은 그보다 '메시지의 직접성'에 있다. 관객의 몰입과 재미를 끌어올리기 위해서 작품이 담고 있는 메시지를 직접적으로 전달하는 것이 신파의 핵심이다. 또 관객의 감정을 극도로 끌어올렸다가 갑자기 추락시키는 서사의 롤러코스터를 만들기 위해서 신파극은 '감정의 과잉, 전개의 과잉, 해석의 과잉'으로 구성된다. 이는 작품의 메시지와 의미를 관객이 주도적으로 해석할 여지를 빼앗아 버린다.

교사의 삶을 움직이는 큰 그림을 만드는 교육부의 모습 역시 신파의 특성을 그대로 담고 있다. 일단 교육부에서 내어놓는 문서가 대부분 개조식 문장으로 채워져 있다는 사실이 이를 명확히 증명한다. 정책의 의미를 과잉 정보 형태로 제시하는 교육부의 문서는 '압축된 문장으로 연결된 엄청나게 긴 문서'인 경우가 많다. 교육부에서 정책의 모습을 구체적으로 그리는 것은 좋지만, 교사들에게 해석의 여지를 주어야 할 실천 영역까지 모두 정해놓은 문서는 교사의 자발적 실천을 가로막는 걸림돌이다. 이는 교육부에서 내려보내는 정책의 대부분이 현장 연구와 철학적 탐구 없이 만들어지기 때문이다. 그래서 교육부의 문서에는 삶의 서사와 철학이 담겨 있지 않으며, 단지 잡다한 정보들이 개조식 문장으로 나열되어 있을 뿐이다.

철학은 거창한 이론이나 사상이 아니다. 철학은 어떤 존재가 걸어가는 삶의 방향이자 밑그림이다. 우리의 삶은 공간의 연결과 시간의 흐름으로 유지되며, 그 연결이 결국 우리 삶의 궤적이 된다. 그러므로 철학은 단순히 언어에 머무르지 않고 그것을 읽는 사람의 개별적 삶을 향한다. 문서에서 삶을 향하는 시선을 읽은 교사는 가슴이 뛸 수밖에 없다. 그리고 그것을 자기 삶에 녹여낼 수 있는 방법을 자발적으로 찾기 시작한다. 그래야 정책과 교육 현장이 연결되는 것이고, 교사들의 서사가 이어질 수 있는 것이다.

정책에 담긴 철학은 우리가 나아가야 할 방향이자 비전이다. '교사의 삶은 당신들이 생각하는 것처럼 그렇게 만만한 것이 아닙니다.'라고 저항할 수 있는 최소한의 힘이자, 교사들에게 쏟아지는 삿대질을 막아주고 '당신이 걸어가는 길은 아름다운 길입니다.'라는 위로를 보내는 지표이다. 그러니 정책 문서에 철학과 삶을 향하는 시선을 담지 않으면 아무리 휘황찬란한 말을 적어놓아도 그것은 그냥 활자의 조합일 뿐인 것이다.

교사들의 실천은 문서가 아닌 자발성에서 시작한다. 삶의 이야기가 담기지 않은 압축된 문장들은 교사들이 정책을 자발적으로 해석하고 창의적으로 재구성하려는 의지를 차단한다. 교사들의 삶을 다루는 교육부가 정책을 도입하는 과정에서 신파적 압축을 극복하지 못하는 한, 우리나라의 교육정책은 교사들의 실천으로 연결되기 어려울 것이다. 교사의 실천으로 연결되지 못하는 정책은 교사들이 삶의 이야기를 연결해 나가는 일을 지속적으로 방해할 것이다.

그러니 제발 교육정책을 만드는 사람들은 자신들이 만들어내는 문서의 본질을 성찰하길 바란다. 신파적 방식이 교사의 삶에 존재하는 수많은 서사를 끊어놓고 있다는 것을 하루빨리 알아차려야 한다. 그들이 해야 할 일은 과잉 해석과 압축이 아니다. 정책의 철학을 이야기로 풀어내어 교사들의 가슴을 울리는 일이다.

서사를 베어내는 교육청

교육부가 철학을 담지 못해도 괜찮다. 실제 교사들의 삶에 더 큰 영향을 주는 정책은 대부분 시도교육청과 교육지원청에서 만들어지기 때문이다. 그러니 교육청과 교육지원청의 정책이라도 교사들의 이야기를 연결할 수 있도록 도와주어야 하는데, 이러한 기관들도 그 역할을 제대로 수행하지 못하고 있다.

교육청의 본질은 좋은 정책을 만들고, 그 정책이 교사들과 아이들의 삶에 녹아드는지 면밀하게 관찰하고 지속적으로 고쳐나가는 것이다. 또 교육부에서 내려보내는 수많은 개조식 문장들이 교사의 삶을 힘들게 할 때, 압축된 문장들이 빼돌린 이야기를 회복할 수 있는 징검다리를 놓아주어야 한다. 그러나 교육청은 이런 일에 손을 놓고 있다. 일부러 손을 놓고 있다기보다는 무엇을 고치고 어디에 징검다리를 놓아야 할지 모르고 있다. 교육청은 교사들에게 언제나 연구와 성찰을 강요하지만, 정작 자신들은 그것들을 완전히 몰아냈기 때문이다.

교육청의 역할이 중요한 이유는 국가와 교육부에서 내려주는 정책이 대부분 거시적이기 때문이다. 아무리 훌륭한 정책을 내려주더라도, 교육청은 그것을 각 지역이 지닌 특성에 맞게 고치는 과정을 거쳐야 한다. 그러려면 연구가 필수적이다. 연구 없는 정책이 지닌 허약성을 파악한 경기도는 비교적 일찍 '정책에 서사를 담기 위한 변화'를 준비했다. 경기도는 2012년 경기도교육연구원을 법인으로 전환하는 계획을 수립하여 박사급 연구진과 연구원을 넉넉히 채용했으며, 깊이 있는 교육 연구를 하고 있다. 경기도에서 연구한 혁신학교 정책, 배움중심수업 정책, 전문적 학습 공동체 정책은 많은 시도교육청 정책의 바탕이 되었다.

문제는 이러한 체계적 연구 시스템을 갖춘 교육청이 드물다는 사실이다. 박사급 연구자 몇 명과 파견교사 몇 명으로 구색만 갖춘 연구팀을 꾸려서 운영하는 경우가 대부분이다. 현장 교사들이 교실과 학교의 맥락을 들려주고 전문 연구자들은 그것을 바탕으로 이야기의 얼개를 꾸려서 지역에 맞는 서사를 준비해야 하지만, 그것을 할 수 있는 사람이 턱없이 부족한 실정이다.

지역의 서사를 정책으로 풀어내는 사람이 장학사이다. 장학사는 연구진과 깊이 있는 토론을 하면서 이야기를 담은 정책을 만들어내야 한다. 그래야 그 공간을 살아가는 교사들이 정책에서 삶과 성장을 읽어낼 수 있다. 장학사가 지역이 지닌 맥락을 연구하지 않는다면, 그리고 지역의 이야기를 연결할 서사를 공부하지 않는다면, 자신들이 무엇을 어떻게 고쳐야 할지 감을 잡을 수 없는 것은 당연하다.

무엇을 어떻게 고쳐나가야 할지 모르는 사람들이 하는 것이 바로 복사이다. 아직도 교육청에는 다른 교육청의 정책을 참고하여 이름과 구현 원리, 실천 과제 몇 개 바꿔서 내려보내는 '복사'가 반복되고 있다. 이런 교육정책은 결국 교사의 삶을 고통스럽게 만든다.

지원을 외면하는 교육지원청

교사들이 삶의 이야기를 이어나가기 위해서는 교육정책에 숨어 있는 의미와 만날 수 있어야 하는데, 이때 그 의미를 폭넓은 시각으로 알려줄 수 있는 해설가의 도움이 필요하다. 해설가는 교육부에서 내려온 문서에 서사를 부여하기 위해서 나름의 해석을 슬쩍 건네는 사람, 단절이 아닌 연결로 교사를 둘러싼 환경을 구축하는 사람, 그리하여 정책이 교사의 삶을 압박하는 것이 아니라 삶의 이야기를 풍성하게 연결하는 접착제가 되도록 만드는 사람이다. 이런 역할을 하는 사람이 바로 '교육지원청 장학사'이다. 그러나 이런 장학사를 만나기는 매우 어렵다. 이는 장학사들이 '지원'을 해석하는 방식에서 명확히 드러난다.

돕는 것의 핵심은 무엇인가? 그것은 누군가의 일을 대신해 주는 것이 아니다. 그보다는 그 일을 탁월하게 수행할 수 있는 체계적인 환경을 조성하는 일이다. 지원청의 장학사가 조성해야 할 환경의 핵심은 '교사와 교사를 연결하는 일'이다. 그래서 정책에 녹아 있는 수많은 업무를 수행해야 하는 교사들이 서로 기댈 수 있는 '위로의 네트워크'를 형성해야 한다. 하지만 대체로 장학사들은 교사의 삶을 연결하는 역할을 외면하고 있다.

지원청은 정책을 내려보내고 나서 거기에 대한 피드백을 전혀 하지 않는다. 추진 계획을 내리고 나면 필요한 예산을 교부하고 담당자 설명회를 한다고 교사들을 불러놓고는 질문도 받지 않는 전달 연수를 스르륵 진행한다. 연수 막바지에 가면 "지금부터 행정 사항 전달하겠습니다." 라면서 예산을 쓰는 방법과 정산서, 그리고 보고서의 제출 기한을 설명하고 마친다. 이걸로 끝이다.

장학사의 무기력한 전달 연수가 끝났을 때, 담당 교사의 고민은 본격적으로 시작된다. 담당자는 업무를 추진하면서 예상하지 못한 수많은 어려움에 봉착하게 된다. 그런데 이 어려움들은 장학사에게 물어본다고 해서 해결되지 않는다. 교육 활동은 학교 현장과 지역 공동체라는 사회적 맥락과 연결되어 움직이기 때문이다. 이럴 때 필요한 것이 '네트워크'이다. 네트워크는 권역별 학교 담당자와 지원청의 장학사로 구성된 연결망이자 일상적인 '전문적 학습 공동체'라고 볼 수 있다. 단위 학교 담당자에게 '당신은 언제나 우리와 연결되어 있습니다.'라는 메시지를 지속해서 보내는 공동체이다. 이런 지원과 연결의 환경을 만드는 것이 지원청 장학사의 역할이 되어야 한다. 교사들의 삶을 연결하지 않는 장학사가 어떻게 정책에 대한 해설가가 될 수 있겠는가?

현장 교사들과 긴밀하게 소통하지 않는 장학사는 결코 자신의 정책에 대한 진정한 성찰에 이를 수 없다. 그런 장학사가 자신의 정책을 깊이 분석하여 그것의 의미와 해석을 기록으로 남기기는 어렵다. 그래서 업무 포털에는 매년 수천 건의 공문이 쌓여가지만, 그 가운데 장학사의 성찰이 담긴 문서는 거의 찾아볼 수 없다. 자신이 맡은 정책을 실천하는 과정에서 참고했던 연구들과 교류했던 현장 교사들과의 이야기는 궁극적으로 한 장학사가 살아온 시간에 대한 고백이다. 나아가 자신이 만들어온 정책에 대한 진정한 이야기가 된다. 진정 어린 고백과 이야기 없이는 누구의 마음도 움직일 수 없다.

정책과 현장이 어떻게 연결되고 있는지에 대한 이야기를 쓸 수 없는

　　　　　　　　서사의 추방자들과 이야기의 회복

시스템, 또는 그러한 이야기를 쓰지 못하는 교육청의 한계는 앞으로 교육이 해결해야 할 문제를 다루는 과정에서 중요하게 논의해야 할 부분이다. 이렇게 말하면 "장학사들이 얼마나 바쁜데 그런 성찰과 기록을 한단 말이오?"라고 반박할 수 있다. 물론 교육청의 장학사들은 모두 바쁘다. 그런데 그 바쁨이 교육의 본질에 다가서는 바쁨인지 아니면 신파에 다가서기 위한 바쁨인지에 대한 물음이 필요하다. 굳이 교사들에게 신파적 삶을 강요하기 위해서 억지로 하고 있는 일은 아닌지 성찰해야 한다는 말이다. 정신없는 복사가 반복되면서 불필요한 내용을 덜어내지 못하고 있는 것은 아닌지 살펴야 한다.

교육지원청은 지금이라도 불필요한 일과 허울뿐인 절차를 걷어내고 연구와 성찰에 눈을 돌려야 한다. 교육청이 그동안 교사의 삶을 구원하거나 지원하는 일에 소홀했으며 교사의 삶을 외면하고 통제해 왔던 측면이 있었기에, 지금이야말로 비뚤어진 신파적 문화를 개선해야 한다. 이 기회를 놓친다면 신파가 되어버린 교육정책은 끝내 스스로 반성하지 못할 것이고, 반성하지 못한 교육정책은 기어이 오염되고 말 것이다.

오염수가 되어버린 교육정책

교육청이 복사와 외면을 반복하는 동안 처참하게 오염된 것은 정책 그 자체이다. 정책이 담아야 할 철학도 비전도 연구도 성찰도 없는 문서는 그냥 정보를 모아놓은 활자의 총합일 뿐이며 교사에게 어떤 울림도 주지 못한다. 울림이 없는 정책은 교사의 삶에 녹아들지 못하고, 결국 교사와 정책의 거리를 멀어지게 할 뿐이다.

정책에 철학과 연구가 없으면 쉽게 휘둘릴 뿐이다. 그래서 정권이 교체되거나 교육감이 바뀔 때마다 교육정책이 손바닥 뒤집듯 쉽게 바뀌는 것이다. 원칙도 소신도 방향도 잃어버린 교육정책은 교사뿐 아니라 학생과 학부모까지 혼란스럽게 만든다. 교육 관료들은 철학과 연구의 빈자리를 허울뿐인 말로 메우고 있으며, 허울에 새로운 허울이 쌓이면서 정책은 점점 오염되어 왔다. 오염된 정책이 수많은 문제를 일으키고 있지만, 관료들은 그 책임을 지지 않는다. 언제나 말끔한 양복을 입고 나와서 "백년지대계를 준비하는 교육을 새롭게 시작하기 위해서입니다."라고 말하며 오염을 정화할 기회를 스스로 포기한다.

오염된 교육정책은 교육이 나아갈 방향을 밝히는 지표로 작동하지 못할 뿐 아니라 교육이 지향해야 할 본질을 왜곡하는 주범으로 작동하고 있다. 정부는 이러한 잘못을 수십 년 동안 반복하고 있지만 한 번도 이를 인정하지 않았고, 다시 새로운 정책을 현장에 내려보내는 방식으로 자신들의 얕음을 덮고 있다. 오랫동안 본질을 손보지 않은 교육정책은 썩어 문드러져서 고약한 냄새가 나지만, 교육 관료들은 다른 정책을 재빨리 섞는 방식으로 그 냄새를 가리려 한다.

지금 교육 현장은 오염수로 범벅되어 있다. 아이들의 성장을 돕고 삶을 북돋워야 할 학교가 경쟁과 폭력과 고통의 공간이 되어버린 지 오래이다. 오염수의 흐름을 분석하고 제거하여 교육 현장을 존엄의 공간으로 고쳐나가는 것이 교육정책의 본질이다. 그러나 여전히 교육정책은 오염의 본질과 마주하지 않고 물타기를 반복할 뿐이다. 그래서 학생과 학생 사이의 문화도, 교사와 학부모 사이도 문화도, 교사와 교사 사이의 문화도 모두 오염되었다. 오염이 일상화된 공간에서 존엄의 가치는 살아남을 수 없었고, 교사들의 삶은 납작해졌다.

그래도 아직은 희망이 남아 있다. 교사들이 현장의 변화를 따라오지 못하는 교육정책을 비판하며 다양한 대안을 제시하고 있기 때문이다. 오염수를 끝없이 생산하는 윗물이 맑아질 가능성은 없지만, 오염수라는 경고를 지속해서 보내는 교사들과 오염수를 나름의 방법으로 걸러서 아이들의 성장을 위한 생명수로 전환하려는 교사들이 여전히 존재한다. 그러니아직은 희망이 있는 것이다. 교사의 헌신과 노력, 눈물과 땀이 녹아 있는진짜 이야기가 기막힌 물타기에 덮이지 않으려면, 교사들은 교육정책이아니라 교사의 삶에 숨겨져 있는 귀한 이야기와 마주해야 한다.

교사들이 잃어버린 삶의 이야기를 회복하고 그 이야기를 동료들과 나누면서 자신이 수행하고 있는 행위의 본질을 나름의 방법으로 해석할수 있을 때, 교사의 삶을 덮고 있는 오염수는 정화될 수 있다. 이야기를회복하기 위해서 가장 먼저 해야 할 일은 자신의 일상을 남루한 것이 아닌 새로운 이야기의 원천으로 인식하는 관점의 전환이다. 삶은 일상의반복으로 이루어진다. 그 속에서 새로운 의미와 이야기를 발견하지 못할 때, 우리는 스스로의 삶을 의미 없는 것으로 낙인찍게 된다. 이러한상태를 '허무주의'라고 부른다.

03

◦~◦

허무주의와 폐쇄적 서사들

선생님이 그냥 참으세요

허무주의는 의미를 상실한 현상을 말한다. 이는 우리가 일상에서 무심코 사용하는 "어차피 인생 별거 없어!"라는 말로 둔갑하여 삶의 중요한 순간마다 우리를 괴롭힌다.

교사로 살아가는 시간은 완전히 내려놓는 것이 나를 지키는 길이라는 아린 진실을 배우는 과정이다. 교사들이 연대하여 문제를 해결하고 위로하는 문화를 만들지 못하는 동안, 업무가 아닌 수업에 대해서 지성적으로 토론하며 교사의 삶을 솔직하게 나누는 문화를 가꾸지 못한 시간 동안, 교육정책이 교사의 삶을 응원하고 수많은 상처로부터 보호하는 역할을 외면해 온 동안 각자도생의 문화가 교사 삶의 기본값이 되었다. 각자가 알아서 살 궁리를 해야 하는 학교에서, 애쓰고 노력하고 바꾸려는 열정은 오히려 교사들을 궁지로 몰아넣을 뿐이다. 궁지에 몰린 교사가 어떻게 자신의 철학을 말할 수 있겠는가?

열정은 일상에 숨겨진 의미를 적극적으로 확장하려는 힘이다. 소신은 자신이 발견한 의미가 남루한 것이 아니라 무엇보다 소중한 것이라고 긍정하는 태도이다. 철학은 이러한 열정과 소신이 방향을 잃지 않도록 도와주는 나침반이다. 그러니 완전한 내려놓음을 선택하게 된 교사는 '허무주의'라는 간이역을 지나 결국에는 '삶의 이야기 상실'이라는 종착역에 도달할 수밖에 없다.

허무주의는 교사의 삶을 너무나 쉽게 '참는 삶'으로 만든다. 부당한 교장의 지시에 들이받으려고 하는 순간에도, 교사의 말을 듣지 않는 학생을 적극적으로 지도하려고 할 때도, 업무를 새로운 방식으로 추진하려고 할 때도, 기존에 없던 새로운 것을 시도하려는 순간에도 허무주의는 언제나 교사의 열정을 멈추게 한다. 각자도생이 상식이 된 학교에서 허무주의에 저항하려는 교사는 "그냥 참는 게 나을걸요."라는 말만 듣게 된다. 이러한 말에 오랫동안 노출된 교사들은 결국 허무주의에 순응하게 된다.

순응을 선택한 교사의 삶은 편하다. 그러나 가슴속 깊은 곳에서부터 올라오는 '나는 교사로서 제대로 살고 있는가?'라는 물음이 하루에도 몇 번씩 교사를 짓누른다. 여기에 대한 답을 찾지 않고 그 물음으로부터 도망친 교사는 자신의 일상에서 의미를 발견할 수 없다. 그럴 때 교사의 삶은 소중한 이야기의 연결이 아니라 단절된 버팀으로 채워진다. 버팀에 익숙해진 교사는 자기도 모르는 사이에 동료에게 참는 삶을 권하게 되고, 그렇게 허무주의는 교사들의 삶에 독버섯처럼 번져간다.

그런 삶을 사는 교사에게 밀려드는 것은 자괴감이다. 삶의 의미를 스스로 만들지 못할 때 우리는 끝없이 내 삶과 다른 사람의 삶을 비교하게 되며, 나보다 못한 사람에게서 위안을 얻는다. 하지만 그럴수록 공허함과 자기혐오는 심해진다. 그렇기에 교사들은 허무주의를 극복해야 한다.

그렇다면 교사는 허무주의를 어떻게 극복해야 할까? 나아가 버팀과 자기 파괴로 범벅된 교사의 일상을 어떻게 고쳐나갈 수 있을까? 여기에 답하려면 먼저 '허무주의는 어떻게 시작되는가?'라는 철학적 질문에 답해야 한다. 허무주의가 시작되는 근원을 제대로 짚어내야 그것을 극복할 방법을 찾아낼 수 있기 때문이다. 나아가 허무주의가 우리 삶을 파괴하는 과정에 대한 전반적인 성찰이 필요하다. 그 성찰은 자기중심적 변명이 되지 않아야 하며, 그러기 위해서는 '거울'이 필요하다. 나는 그 거울을 〈에브리씽 에브리웨어 올 앳 원스(Everything Everywhere All At Once)〉와 〈더 웨일(The Whale)〉이라는 두 편의 영화에서 발견할 수 있었다. 이 작품들은 교사가 무엇을 잃어버리고 살고 있는지 명확히 알려준다.

경험의 가치 부정과 벤야민의 걱정

〈에브리씽 에브리웨어 올 앳 원스〉는 상당히 난해한 영화이다. 감독은 '멀티버스'라는 다층적 세계관을 보여주는데, '나'라는 존재가 다른 행성에도 살고 있으며 그곳에서는 지금의 '나'와 전혀 다른 인생을 살고 있다. 그래서 영화에 등장하는 인물들은 쉴 새 없이 다른 인물로 변주된다. 영화는 이 다층적인 맥락 속에서, 주인공 에블린이 그가 마주한 일상의 문제를 어떻게 해결해 나가는지를 그려낸다.

서사의 추방자들과 이야기의 회복

영화를 보는 내내 반복되는 '정신없음'은 '허무주의의 기원'을 설명하기 위한 중요한 장치다. 악역으로 등장하는 조부 투바키는 원래부터 악인은 아니었다. 그녀는 멀티버스 세계를 넘나들면서 다양한 삶을 경험하게 되고 그때마다 새로운 기술과 능력을 익히게 되는데, 그녀는 넘나듦과 학습 능력이 매우 뛰어난 인물이다.

문제는 그 뛰어남이었다. 그녀는 멀티버스 세계에서 누구도 따라잡을 수 없는 능력치를 얻게 되고, 이 '경험의 극대화'가 자신을 악인으로 만든다. 경험의 극대화를 이룬 그녀는 아이러니하게도 경험의 가치를 부정하게 된다. 모든 것을 경험하고 모든 것을 알아버린 투바키는 자신이 살아가는 일상적 경험에서 아무런 의미도 발견하지 못한 채 무료함을 느낀다. 그 무료함을 극복하기 위한 수단이 자기 파괴와 폭력이다. 하지만 그럴수록 허무함만 깊어질 뿐이었다.

철학자 발터 벤야민은 경험의 가치를 긍정하는 '나의 이야기'가 삶의 서사를 온전하게 하는 핵심이라고 말했다. 동시에 외부의 거대한 이야기가 안겨주는 근원적 허무를 극복하는 길이라고도 했다. 발터 벤야민 선집 9권 《서사·기억·비평의 자리》에는 〈이야기꾼: 니콜라이 레스코프의 작품에 대한 고찰〉이라는 에세이가 실려 있다. 벤야민은 이 글에서 이야기의 상실과 이야기꾼이 사라지고 있는 현상을 고찰한다. 이야기꾼이 사라진다는 것은 우리 삶을 풍요롭게 해주는 근원적 연결망이 사라지는 것이다. 벤야민은 이러한 상실의 원인을 다음과 같이 설명한다.

이러한 현상이 나타난 원인 가운데 하나는 분명하다. 즉 경험의 가치가 하락한 것이다. 그리고 그러한 경험의 가치 하락은 앞으로도 바닥없이 계속될 것처럼 보인다. (중략) 세계대전(제1차 세계대전)을 겪으면서 우리에게 어떤 변화가 생겼고, 이 변화는 그 이후 멈출 줄 모르고 계속되고 있다. 전쟁이 끝났을 때 사람들이 전쟁터에서 말없이 돌아오는 모습을 똑똑히 보지 않았던가? 전달 가능한 경험을 풍부하게 갖고 온 것이 아니라 그런 경험이 거의 없는 상태로 돌아온 그들을?

— 《서사·기억·비평의 자리》에서

벤야민의 글은 경험의 가치 하락이 거대한 외부 이야기 때문이라는 사실을 명확히 짚어낸다. 전쟁은 거대한 블랙홀이다. 그 속에 존재하는 개인의 이야기를 모조리 분쇄하고 '승리 아니면 패배'만을 남기기 때문이다. 전쟁이라는 거대한 블랙홀을 경험한 병사들이 그것을 자기의 경험과 이야기로 풀어내지 못한다는 사실은 전쟁 영화 속에 빠짐없이 등장하는 '초점 잃은 시선'에서 발견할 수 있다. 벤야민이 우리에게 주문한 '이야기의 회복'을 통해서 우리는 거대한 외부 이야기에 분쇄되지 않을 수 있으며, 동시에 허무주의에 잠식되지 않을 수 있다.

그런데 여기서 짚고 넘어가야 할 부분이 있다. 허무주의에서 벗어날 수 있는 이야기가 꼭 '나만의 이야기'일 필요는 없다는 사실이다. 우리가 경계해야 하는 것은 외부의 거대한 이야기에 자신을 맡겨버리는 완전한 내려놓음이다. 그렇게 되면 자신의 모습을 성찰하고 다시 자신의 일상을 풍부하게 하는 이야기를 만들어낼 수 없다. 나아가 우리 삶을 구성하는 이야기 중에서 오로지 나만의 삶으로 완성되는 이야기는 없다. 오히려 그러한 이야기는 나의 삶을 풍부하게 하는 이야기가 아니라 나를 가두는 망상이자 허무주의를 더욱 공고히 하는 장치로 작동하게 된다. 이러한 사실을 알려주는 영화가 〈더 웨일〉이다.

찰리의 걸음마와 단절의 거부

경험의 가치 부정이 자기 파괴적 경향으로 연결된다는 사실은 영화 〈더 웨일〉에서도 나타난다. 주인공 찰리는 삶의 전부였던 동성 연인이 죽은 뒤 자기 삶이 아무 의미가 없다고 느끼며 모든 인간관계를 단절한 채 살아간다. 고립된 생활을 이어나가면서 몸무게는 300kg 가까이 불어났고, 더는 자유로운 일상을 누리기 어려운 상황이 된다. 그를 돌보던 간호사 리즈는 찰리에게 병원 진료를 권하지만 그는 한사코 거절하고 죽는 날만을 기다린다. 연인과의 사랑 때문에 아내와 딸마저 버렸다는 자책감은 찰리를 매일 어둠의 심연으로 끌어내렸고, 폭식으로 스스로를 파괴하는 삶을 살아간다. 그를 위로하는 것은 누가 썼는지 모르는 《모비딕》에 대한 에세이뿐이다. 하루에도 몇 번씩 숨 쉬기조차 어려운 죽음의 고비가 찾아왔지만, 그 에세이를 읽는 동안은 찰리의 얼굴에 거짓말 같은 평온이 깃든다.

찰리가 삶의 이야기를 포기하려던 순간, 극적인 전환점이 찾아온다. 그의 딸 엘리와의 만남이다. 엘리는 자신을 버린 아버지를 미워하지만, 찰리가 엘리에게 작문 과목에서 낙제점을 받지 않도록 에세이 작성을 도와주겠다고 제안하면서 둘의 만남은 시작된다. 그렇게 대화를 시작하면서 찰리의 삶에도 희망이 찾아온다. 자기 삶에서 가치 있는 것은 아무것도 없다고 생각했지만, 엘리와 글쓰기에 대한 이야기를 나누면서 새로운 가치를 발견하게 된다.

영화의 후반부에는 찰리가 힘든 순간마다 읽었던 에세이의 주인공이 밝혀진다. 그 에세이는 엘리가 어린 시절에 《모비딕》을 읽고 자신의 생각을 적은 것이었다. 찰리는 그렇게 엘리의 이야기에 기대어 오랜 시간을 견뎠으며, 엘리가 풀어낸 삶에 대한 나름의 해석에 감탄하며 고통을 이겨냈던 것이다. 엘리의 에세이는 여기서 그치지 않고 찰리 자신의 삶에 대한 성찰로 연결된다. 그는 엘리의 글을 통해서 자신의 모습을 들여다보았으며, 자기 삶의 이야기를 다시 써나가게 된다.

〈더 웨일〉은 삶의 이야기가 어떻게 연결될 수 있는지에 대한 진실을 찰리의 '일어섬과 걸음마'로 표현한다. 걸음 보조기와 휠체어가 없으면 조금도 움직이지 못하던 찰리가 영화의 후반부에 스스로 일어나 혼자 힘으로 걷는 장면이 나온다. 사랑하는 엘리에게 스스로 걸어가기 위함이다. 그는 삶의 이야기를 포기했던 시간 동안 삶의 무게에 짓눌려 있었다. 그러니 그에게 '일어섬'은 단순한 수직 운동을 넘어서는, 삶의 고통이라는 거대한 짓누름에 대한 저항이라고 볼 수 있다. 찰리는 고통에 순응하는 것이 아니라 그것에 저항함으로써 삶을 짓누르는 단절과 허무를 극복할 수 있었다.

소파에서 일어선 찰리는 엘리에게로 발걸음을 옮긴다. 그런데 오랫동안 걷지 않던 사람이 걸음을 옮기는 일은 매우 고통스럽다. 아마도 그는 다시 주저앉고 싶은 마음도 있었을 것이다. 하지만 찰리는 엘리에게 가는 걸음을 멈추지 않는다. 걷는다는 것, 그래서 상대에게 다가간다는 것

서사의 추방자들과 이야기의 회복

은 둘 사이에 존재하는 거리를 좁히는 행위이자 서로가 가지고 있는 삶의 의미를 연결하겠다는 의지다. 존재와 존재가 거리를 좁혀서 얼굴을 맞대고 살아가는 이야기를 나누는 것만큼 소박하면서 확실한 행복은 없을 것이다. 찰리는 그 행복을 위해서 거리를 조금씩 좁혀나간다. 그가 내딛는 작은 발걸음은 단순한 수평 운동을 넘어서 단절을 극복하는 노력이자 타인의 이야기와 마주하려는 몸짓이라 할 수 있다.

허무주의에 잠식당하지 않고 경험이 주는 삶의 의미를 발견하기 위해서는 '저항'과 '거리 좁히기'가 매우 중요하다. 삶의 의미를 발견하는 과정이 대상과의 마주함에서 시작한다는 측면에서, 저항보다 더 시급한 것이 거리 좁히기일 것이다. 삶이 주는 고통에 무너지지 않고 자기 앞을 가로막고 있는 거대한 단절에 저항하기 위해서 거구의 몸을 이끌고 엘리에게 다가가는 찰리의 모습은 소설《모비딕》에 등장하는 고래의 모습과 같았다. 그리고 이 시대를 힘겹게 살아가는 교사의 모습 그 자체였다.

교사라는 프리다이버

교사가 허무주의를 극복하기 위해서는 '거리 좁히기'와 '저항'을 일상에서 실천할 수 있어야 한다. 그런데 일상에서 거리 좁히기와 저항을 실천한다는 것은 어떤 모습일까? 그것은 프리다이빙과 비슷하다. 아무런 장비 없이 심해로 내려갔다가 다시 수면으로 올라와서 자신의 호흡을 회복해야 하는 프리다이빙은 교사가 수행해야 할 거리 좁히기와 저항을 가장 직관적으로 알려주기 때문이다.

프리다이빙은 바다의 깊은 곳으로 스스로 내려가는 것에서 시작한다.

하지만 낯선 세계로 들어가는 것을 가로막는 거대한 힘이 있다. 하강에 대한 두려움이다. 다이버는 깊은 물속으로 내려가는 과정, 즉 대상과의 거리 좁히기 과정을 통해서 그 본질을 수행한다. 이때 물속으로 진입하는 것을 가로막는 두려움은 다이버가 극복해야 할 첫 관문이다. 다이버는 물 밖과 물 안이라는 견고한 분리를 극복하는 과정을 통해서 프리다이빙의 본질과 마주할 수 있는 것이다. 이는 교사의 삶에서도 똑같이 적용된다.

교사에게 다이빙이 필요한 이유는 교사가 본질적으로 수행하는 행위가 삶의 이야기를 다루는 일인 동시에 삶에 존재하는 견고한 분리를 극복하는 일이기 때문이다. 교사는 다른 직업과 달리 수없이 많은 사람과의 관계 속에서 살아간다. 학생, 학부모, 동료 교사라는 복잡한 관계망을 잘 연결하는 일뿐 아니라 우리 사회에서 생산되는 수많은 이야기를 자기 삶의 맥락과 연결하고 설명하는 일을 매일 수행한다. 그러니 교사에게 있어서 삶의 의미를 발견하고 그것을 연결하는 일은 가장 핵심적인 부분이라고 볼 수 있다.

삶의 이야기는 경험의 의미를 발견하고 나눔으로써 연결되지만, 이것이 쉽지가 않다. 이 시대를 집어삼킨 허무주의가 삶의 의미를 찾기 위한 성찰을 가로막고 있기 때문이다. 성찰을 회복하기 위해서 필요한 것이 '다른 사람의 이야기'인데, 이는 타인과의 거리 좁히기를 통해서 얻을 수 있다. 우리는 다른 사람에게 다가가서 그들의 이야기와 마주해야 한다. 그 이야기를 내 삶에 끌어다 놓을 때 진정한 성찰로 나아갈 수 있다.

그러니 경험이 주는 의미를 해석하기 위해서는 그것을 숙고할 시간과 함께 경험에 스며 있는 의미를 비춰볼 타인의 이야기가 필요하다. 그러한 과정을 통해 비로소 나의 이야기를 온전히 연결할 수 있다. 교사가 자신의 이야기를 연결할 수 있어야 아이들의 이야기도 연결할 수 있다.

다이버가 깊은 물속에서 침잠의 시간을 보냈다면 이제 다시 수면 위로 올라와야 한다. 문제는 내려가는 것보다 더 힘든 것이 제대로 올라오는 일이라는 것이다. 다이버들이 겪는 위험한 상황은 대부분 수면으로 다시 올라올 때 호흡의 리듬을 잃어버리면서 생긴다고 한다. 올라오는 동안 지구의 중심으로 작용하는 중력과 함께 바닷물의 무게도 견뎌야 하는데, 이를 견디지 못하면 결국 사고가 일어나는 것이다. 제대로 올라오기 위해서는 '저항의 리듬'을 유지해야 한다.

중력은 지구가 생긴 순간부터 존재해 왔고, 바닷물의 무게도 바다가 생긴 순간부터 사람을 짓눌렀다. 오랜 시간 우리에게 작용한 힘에 순응하는 것이 아니라, 그것과 마주하여 반대의 힘을 작동시키는 것이 바로 저항이다. 저항하기 위해서 중요한 것은 자기만의 리듬을 유지하는 것이다. 다이버가 수면 위로 올라왔을 때 자기 호흡의 리듬을 유지해야 성공한 다이빙이 되듯, 자신을 짓누르는 힘에 자기만의 방식으로 저항하는 삶의 태도가 교사에게도 필요하다.

학교, 다이빙 금지 구역

문제는 교사 문화에 거리 좁히기보다 의례화가, 저항보다 순응이 더 강력하게 작동하고 있다는 데 있다. 류방란 외(2002)는 의례화가 교사 개인의 문제라기보다는 학교 시스템이 가지고 있는 본질적 문제와 연결되며 교사의 업무 부담, 제한된 시간에 많은 수업 내용을 다루어야 한다는 수업 부담, 학생들의 개인차를 고려해야 하는 부담, 사교육이 공교육을 압도하는 문화 등의 요인이 복합적으로 작용한 결과이며, 이 과정에서 교사들은 일상에서 교육적 의미를 발견하기 어렵다고 말한다.

의례화는 '현재주의', '탈전문화' 현상으로 연결된다. 현재주의는 교육 활동의 장기적인 의미를 숙고하기보다 지금 당장 보여주는 활동에 집중하는 경향을 말한다. 이는 교육 활동의 결과를 양적으로 수치화하는 현상으로 이어지며, 교사의 전문성을 측정하는 잣대로 작용한다.

교사에 대한 평가가 전면 시행되면서 교사의 소신과 철학은 학교에서 환영받지 못하는 것이 되었다. 교사가 소신을 실천하기 위해서는 공동체의 결정에 반대 의견을 표현할 수 있어야 하며, 합리적이지 않은 결정에 대해서 자유롭게 비판할 수 있어야 한다. 또 공동체에는 그것을 수용하여 숙의하는 문화가 있어야 한다. 그러나 이러한 공론장과 숙의 문화가 갖추어진 학교를 찾기는 매우 어렵다. 개인이 목소리를 냈을 때 그것이 광장에서 울릴 수 있어야 하고, 울림이 지속되는 숙의 문화가 있어야 교사의 삶은 보호받을 수 있다.

공론장과 숙의 문화가 사라진 공간에서 교사의 목소리는 동료 교사의 삶에 닿지 못하고 어느 순간 사라진다. 그렇게 교사와 교사의 거리도 점점 멀어지게 된다. 그리고 자신의 목소리가 누구에게도 닿지 않는다는 것을 알게 된 교사는 결국 침묵하게 된다. 이런 문화 속에서 살아가는 교사는 자신의 진심을 말하지 않게 되며, 학생과 학부모의 요구를 수용해야 하는 감정노동자로 전락한다. 손준종(2011)은 교사의 일상이 교사 공

서사의 추방자들과 이야기의 회복

동체의 공론장에서 결정되는 것이 아니라 학생과 학부모의 요구로 인해서 재편되고 있으며, 교사 평가나 수업 공개 같은 정책이 교사에게 '강요된 부끄러움'을 유발한다고 비판한다. 교사들은 교사로서의 삶에 충실할 수도 없으며, 동료 교사의 삶에도 다가설 수 없다. 강요된 부끄러움은 자기만의 리듬으로 살아가려는 교사의 의지를 기어코 꺾어버린다. 그렇게 학교는 'No 프리다이빙존'이 되었다. 순응과 의례화는 결국 교사가 살아가는 일상의 경험이 이야기로 연결되는 과정을 가로막는 힘으로 작동하고 있다. 이렇게 허무주의에 물든 교사의 삶을 채우는 것은 공허함뿐이다.

진짜 문제는 그다음이다. 우리 사회는 교사의 삶에서 가장 중요한 '서사'를 추방한 다음 그 빈자리에 강력한 외부의 이야기를 심어놓았다. 경험의 가치를 부정하는 강요된 부끄러움이 일상이 되면서, 교사의 경험은 개인적 경험에 그칠 뿐 공동의 경험으로 발전되지 못하고 있다. 그런 까닭에 함께하는 성취와 연대적 저항도 사라졌다. 그 대신 외부에서 들어온 강력한 이야기들이 교사의 삶을 조종하고 있다. 나의 이야기를 상실하고 외부에서 만들어진 이야기에 나의 삶을 맡길 때, 교사는 자신의 이야기로 돌아가지 못하고 외부 이야기에 갇히게 된다.

압도적 이야기의 굴레

무라카미 하루키는 우리의 삶에는 출구 없는 갇힘이 자주 일어날 수 있고, 그 갇힘을 만드는 것이 다름 아닌 '이야기'라고 말한다. 하루키는 우리가 이야기에 갇히지 않는 방법에 대해서도 말했는데, 그 대표적인 글이 《잡문집》에 수록된 〈자기란 무엇인가〉와 〈벽과 알〉이다.

하루키는 〈자기란 무엇인가〉에서 단절된 개인이 거대한 외부의 이야기와 만났을 때 매우 위험해질 수 있다고 경고한다. 개인이 공동체와 소통하지 않는 상태에서 '진정한 자기란 무엇인가?'라는 질문에 대한 답을 찾아나가다 보면 깊은 혼란에 빠지게 된다는 것이다. 이러한 혼란 상태에서 선택할 수 있는 길은 두 가지다. 하나는 자신이 그동안 만들어온 삶의 이야기를 사회적 맥락에 비춰 점검하면서 자기 삶의 이야기를 계속 이어나가는 것이다. 다른 하나는 누군가가 제시하는 이야기에 자기 삶을 던지는 것이다. 전자는 성찰과 노력이 필요한 일일 뿐 아니라 매 순간 자신의 이야기를 점검해야 하기 때문에 상당히 피곤한 선택이다. 그러나 후자는 그렇지 않다. 게다가 그 이야기를 하는 주체가 사회적으로 유명한 사람이거나 압도적 권위를 가진 사람이라면 더더욱 망설일 필요가 없다.

권위 있는 사람이 "당신은 그냥 이렇게 살아가면 됩니다."라고 단호하게 말하면 개인은 그 말에 완전히 갇혀버리게 된다. 하루키는 어떤 이야기는 개인의 삶을 억압하기도 하는데, 그러한 이야기를 받아들인 사람은 다시 자신의 삶으로 돌아가기 어렵다고 말한다. 그는 이러한 이야기를 '닫힌 서킷(Closed Circuit)'이라고 했는데, 한번 그 서킷에 들어가면 좀처럼 빠져나오기 어렵다는 것이다. 하루키는 닫힌 서킷의 대표적 사례가 옴진리교의 교주였던 아사하라 쇼코가 만들어낸 '압도적 이야기'라고 설명한다.

하루키는 일본에서 일어난 비극적 참사인 '지하철 사린가스 사건'에

서사의 추방자들과 이야기의 회복

대해서 오랫동안 취재했다. 아사하라 쇼코가 만든 옴진리교는 당시 일본 사회가 마주한 저성장 시대로 인해 고통받고 있던 청년들에게 선풍적인 인기를 끌게 된다. 쇼코는 일본이 겪고 있는 복잡한 문제를 아주 쉽게 극복할 수 있다고 말하며, 지금의 일본 사회를 전복시켜서 모든 사람이 행복하게 살아갈 수 있는 사회를 만들 수 있다고 선언한다. 사린가스 사건은 그가 말한 국가 전복 이야기가 현실화된 참사였다.

참사의 비극은 그것의 본질이 너무 빨리 덮인다는 데 있을 것이다. 일본 사회 역시 '왜 말도 안 되는 이야기에 그토록 많은 젊은이들이 갇히게 되었을까?'라는 물음에 답을 찾으려 하지 않았다. 그리고 단지 '악인은 아사하라 쇼코이고 아무 죄 없는 사람들이 피해를 입은 사건'이라고 결론지을 뿐이었다.

이때 이 비극의 본질을 해부한 사람이 무라카미 하루키였고, 그는 사건의 진실을 파헤치기 위해서 피해자, 피해자 가족, 옴진리교 신자 등을 만나 인터뷰하고 그 결과를《언더그라운드》와《약속된 장소에서》라는 책으로 펴냈다. 하루키는 자신이 연구한 결과를《잡문집》의〈자기란 무엇인가〉에 요약하면서 옴진리교가 제공한 이야기가 '개방적 이야기'가 아니라 '폐쇄적 이야기'였다고 분석한다.

옴진리교에 가입한 젊은이들이 단절의 시간을 살아가고 있었다는 사실, 그리고 고립된 사람이 거대한 외부 이야기를 만났을 때 거기에 완전히 종속된다는 사실, 그렇게 이야기에 갇힌 사람은 다시 현실로 돌아오지 못한다는 사실은 결코 쉽게 넘길 수 없는 부분이다. 교사들의 삶에도 수많은 자물쇠가 채워져 있기 때문이다.

교사가 찾아야 할 자물쇠

이 시대를 살아가는 교사들이 단절의 시간을 살아가고 있다는 사실을 감안하면, 교사를 둘러싸고 있는 이야기들이 과연 개방적 이야기인지 폐쇄적 이야기인지에 대해서 깊이 숙고할 필요가 있다. 이러한 숙고가 이루어지지 않는다면, '나의 이야기'가 자신의 현실에 바탕을 둔 이야기가 아니라 남이 만들어놓은 거대한 이야기에 종속된 이야기일 가능성이 높기 때문이다.

그렇다면 이러한 구분을 어떻게 할 수 있을까? 하루키는 '허구에 대한 면역성'을 제안한다. 쉽게 말해서, 어릴 때부터 소설을 많이 읽으라는 것이다. 소설은 작가가 만들어놓은 허구적인 이야기다. 사람들은 소설을 읽으면서 허구적인 이야기에 갇히지 않고, 오히려 자기 삶을 성찰할 수 있는 거울로 삼는다. 문학적 허구가 담긴 개방적 이야기에 노출되다 보면, 자연스럽게 삶을 억압하는 폐쇄적 허구를 가려내는 안목이 길러진다는 것이다.

그런데 어린 시절부터 문학을 폭넓게 읽지 않은 사람이라면 '그럼 나는 어떡하라고?'라는 생각이 들 수 있다. 하루키의 책에는 보다 쉽게 닫힌 이야기를 구별할 수 있는 방법이 실려 있다. 바로 '계속성의 확인'이다.

개방적 이야기와 폐쇄적 이야기의 결정적 차이는 계속성의 유무에 있다. 그러니까 개방적 이야기는 그 이야기를 접한 사람이 현실로 돌아와서 내 삶을 성찰하고 북돋는 데 도움을 줄 수 있어야 한다. 동시에 삶에 새로운 영감을 주어 또 다른 이야기로 연결될 수 있어야 한다. 그렇다면 지금부터 교사가 해야 할 일은 명확하다. 우리를 둘러싸고 있는 수많은 이야기 가운데 어떤 이야기가 폐쇄성을 지니고 있으며, 그것이 교사를 어떻게 가두고 있는지 살펴보는 일이다. 나아가 그것을 어떻게 극복할 지에 대한 나름의 대안을 제시할 수 있어야 한다.

다행히 우리보다 앞서 이토록 어려운 일을 해낸 사람들이 있다. 1978년 6월 27일, 전남대 교수 11명과 성래운 선생님이다. 이들은 우리 민주주의 역사에서 중요한 전환점이 된 〈우리의 교육지표〉를 발표한다. 이 선언문은 1968년 박정희 전 대통령이 발표한 〈국민교육헌장〉이 지닌 비인간적이며 비민주적인 이념을 비판하는 대안문이다.

〈우리의 교육지표〉에 담긴 의미를 더 깊이 이해하기 위해서는 '폐쇄적 교육 담론'의 시작인 〈교육조서〉부터 살펴볼 필요가 있다. 교사들은 국 가 시스템이 만들어낸 폐쇄적 이야기야말로 영혼을 좀먹는 가장 견고한 감옥이라는 사실을 인식해야 한다.

폐쇄적 교육 담론의 시작

〈교육조서〉는 2차 갑오개혁의 영향으로 1895년 2월 2일에 고종이 발표 한 교육에 대한 특별조서이다. 이것은 우리나라 근대 교육의 출발을 알 리는 지표가 되었고, 이후 교사 양성기관과 학교 관제가 마련되는 계 기가 되었다. 무엇보다 경전 중심의 교육에서 벗어나 실용주의적 교육 을 추구했다는 점에서, 교육을 통해 근대국가의 기틀을 세우려 했던 고 종의 의지를 엿볼 수 있다. 그러나 〈교육조서〉의 핵심 내용인 '교육의 3 대 강령'과 그것이 담고 있는 함의를 비판적으로 분석해 보면, 여기에는 '현실과 나'라는 중요한 맥락이 빠져 있음을 알 수 있다.

짐이 교육의 강령을 보이노니 헛이름을 물리치고 실용을 취할지어다. 곧 덕을 기를지니, 오륜의 행실을 닦아 속강(俗綱)을 문란하게 하지 말고, 풍교를 세워 인세의 질서를 유지하며, 사회의 행복을 증진시킬지어다. 다음은 몸을 기를지니, 근로와 역행(力行)을 주로 하며, 게으름과 평안함을 탐하지 말고, 괴롭고 어려운 일을 피하지 말며, 너희의 근육을 굳게 하고 뼈를 튼튼히 하여 강장하고 병 없는 낙을 누려 받을지어다. 다음은 지(知)를 기를지니, 사물의 이치를 끝까지 추궁함으로써 지를 닦고 성(性)을 이룩하고, 아름답고 미운 것과 옳고 그른 것과 길고 짧은 데서 나와 남의 구역을 세우지 말고, 정밀히 연구하고 널리 통하기를 힘쓸지어다. 그리고 한 몸의 사(私)를 꾀하지 말고, 공중의 이익을 도모할지어다.

지, 덕, 체는 전인교육을 위해 중요한 요소이다. 이것을 조화롭게 길러야 한다고 했으니, 얼핏 보기에는 전혀 문제가 없다. 그러나 교사가 주목해야 할 부분은 이러한 요소가 제시된 순서이다. 〈교육조서〉가 근대 교육을 지향한다는 점에서 보면 이성과 합리성의 바탕인 '지'를 앞세우는 것이 맞지만, 고종은 정의적 요소인 '덕'을 맨 앞에 내세웠다. 깊이 살피지 않으면 '올바른 인성을 바탕으로 전인적 시민을 기르려는 좋은 비전을 담고 있군!'이라고 생각할 수 있다. 그러나 고종이 말한 '교육의 3대 행동강령'을 조금 더 비판적으로 읽을 필요가 있다. 고종이 '덕'을 가장 먼저 제시한 이유는, 그가 진정으로 원한 것이 근대적 '시민'이 아닌 봉건적 '신민'이기 때문이다.

고종이 '덕'에서 강조한 것은 '오륜의 행실, 풍교, 질서'이다. 여기에 개인의 행복과 시민의 품격, 그리고 저마다의 이야기는 처음부터 존재하지 않는다. 그러니 황제의 말에 복종하고 사회의 발전과 유지를 위해서 희생하는 신하를 기르는 데 목적이 있었던 것이다. 이러한 고종의 의도는 이어지는 내용에서 명확히 드러난다.

나라의 분한(憤恨)을 대적할 이 오직 너희들 신민이요, 국가의 모욕을 막을 이 오직 너희들 신민이니, 이것은 다 너희들 신민의 본분이로다.

〈교육조서〉는 '나의 이야기'를 박탈하고 그 자리를 국가로 채우고 있다. 이는 또한 조선 사회에 통용되던 '덕'의 본질조차 외면한 것이다. '덕을 창대하게 하는 궁'이라는 뜻을 지닌 창덕궁은 당시 조선 사회가 추구한 덕의 가치를 현실로 구현한 공간이다. 또 창덕궁 후원에 있는 '주합루'는 조선 사회가 추구한 덕의 철학을 현실에 구현할 수 있도록 지원하는 공간이었다.

정조 원년(1776)에 창건된 주합루의 1층에는 왕실 직속 기관인 규장각이 자리하고 있었으며, 규장각은 정조의 개혁 정치와 이를 현실에 구현하기 위한 다양한 정책들을 연구하던 공간이다. 우리는 이 공간에 들어가기 위해서 반드시 거쳐야 할 주합루의 '문 이름'에 주목할 필요가 있다. 그 문에는 '어수문(魚水門)'이라고 적혀 있다. 정조는 왕과 백성의 관계를 물과 물고기의 관계로 보았던 것이다. 물과 물고기의 관계에서 위계는 존재하지 않는다. 함께 어울려 살아갈 뿐이다. 이렇게 어우러진 관계 속에서 개인과 공동체의 상호작용인 '덕'이 탄생하는 것이다. 주합루에 들어가는 왕과 신하들은 항상 이 말을 새기면서 개혁정책을 만들어냈을 것이다. 그러니 어울림이 아닌 위계를 강조한 고종의 '덕'은 조선 왕조가 물려준 유산조차 제대로 담고 있지 못한 폐쇄적 이야기일 뿐이다.

알의 편에 서는 일과 교사의 손가락

"좋은 의도로 만든 나라의 문서를 너무 비판적으로만 보는 거 아니요?" 라고 말할 수 있겠지만, 개인의 영혼을 억압하는 폐쇄적 이야기를 가장 오랫동안 만들어온 주체가 바로 국가라는 점을 기억할 필요가 있다. 하루키는 〈벽과 알〉에서 개인을 억압하는 이야기를 가장 잘 만들어내는 주체가 국가라고 비판한다. 이 글에서 하루키는 개인의 자유와 삶의 서사가 연결되는 것을 억압하는 사회 시스템을 '벽'에, 그것에 저항하는 개인을 '알'에 비유한다. 나아가 "물론 알은 벽에 부딪혀 철저히 깨질 것이지만, 나는 언제나 알의 편에 서겠다."라고 적는다.

나는 이 글을 읽고 교사의 삶 역시 '알의 편에 서는 것'이라는 생각이 들었다. 우리 사회가 만들어낸 폐쇄적 이야기들은 아이들의 삶마저 억압하고 재단하고 분류한다. "너는 이 정도 삶이면 충분하니, 적당히 만족하고 살아."라고 강요한다. 우리 사회에 통용되는 수많은 '적당히'는 아이들의 가능성을 무참히 짓밟고 새로운 도전을 가로막는다. 사회가 만들어낸 이야기에 갇힌 아이들은 서서히 자신만의 감옥을 만들어내고, 그 감옥에 들어가서 나오지 않는다. 수많은 아이들이 갇혀 있지만 아이들이 갇혀 있다는 사실을 말하는 사람도, 아이들이 밖으로 나오는 방법을 알려줄 수 있는 어른도 우리 사회에는 거의 없다.

갇힘의 시간을 살아내는 수많은 알을 지켜낼 수 있는 것은 거창한 일이 아니다. 그저 "너희들은 지금 갇혀 있어. 그러니 너희가 있어야 할 곳은 거기가 아니라 저기야. 어서 나와!"라고 손가락을 들어 방향을 가리키기만 해도 좋다. 다른 어른들이 경쟁과 속도와 자본을 말할 때, 협력과 멈춤과 품격이라는 새로운 방향을 가리키는 존재가 알의 편에 서는 사람이다. 이는 손가락을 펴는 일이자 팔을 들어 방향을 가리키는 일이다. 우리 사회에서 이러한 일을 꾸준히 할 수 있는 사람은 교사밖에 없다.

그런데 우리 사회는 알의 편에 서려는 교사의 이야기까지 완전히 박살 냈다. 폐쇄적 이야기에 저항하여 아이들의 삶을 온전히 기르기 위해서는 교사들이 먼저 폐쇄적 이야기를 해체하고 새로운 이야기를 만들어 낼 수 있어야 한다. 하지만 이미 교사들의 삶은 폐쇄적 교육정책과 억압적 이야기에 완전히 갇혀 있다. 그야말로 방향의 상실, 지표의 부재가 교사들의 삶을 흔들고 있다.

국민교육헌장과 거대한 지표

내가 자라면서 만났던 많은 선생님들은 우리에게 '공부 열심히 하라'고 말하면서 언제나 함께 꺼낸 이야기가 있다. 학교의 전설로 남아 있는 '국민교육헌장' 이야기다. 선생님들은 수업하다가 문득 그윽한 눈빛으로 창문을 바라보면서 "너희는 참 좋은 시대에 공부하는 거야. 예전에는 국민교육헌장 못 외우면 외울 때까지 맞았어!"라고 말하곤 했다. 어떤 선생님은 "내가 한번 외워볼까?"라고 하시면서 엄숙한 표정과 어조로 긴 문장을 술술 외웠다. 나는 선생님이 외우던 말들이 너무 어렵기도 했지만, 무엇보다 그 말들이 무겁게 다가왔다. 국민교육헌장 암송이 끝나면 큰 박수를 보냈고, 선생님은 묘한 표정을 짓고는 다시 수업을 이어나갔다. 나는 교사가 되고 나서야 전문을 찾아 읽게 되었는데, 이 전설 같은 글은 다음과 같이 시작한다.

우리는 민족중흥의 역사적 사명을 띠고 이 땅에 태어났다. 조상의 빛난 얼을 오늘에 되살려, 안으로 자주독립의 자세를 확립하고 밖으로 인류 공영에 이바지할 때다. 이에 우리의 나아갈 바를 밝혀 교육의 지표로 삼는다.

국민교육헌장은 우리가 이 땅에 태어난 이유를 '민족중흥의 역사적 사명'이라고 선언한다. 이 엄숙한 한 줄의 문장은 대한민국에서 살아가는 모든 사람을 '민족중흥'이라는 트랙에 가둔다. 트랙의 끝에 역사적 사명이 자리하는 순간, 모든 선택과 판단은 '과연 나의 말과 행동이 민족과 국가의 발전에 도움이 되는가?'라는 자기 검열을 거치게 된다. 이 검열을 잘 통과하여 저마다의 삶을 소신 있게 살아간다고 하더라도, 그다음에 더 큰 벽과 마주하게 되어 있다. '인류 공영'이라는 압도적 가치는 내 삶과 일상이 주는 작은 의미들을 한없이 볼품없게 만든다. 이 말은 목에 가시처럼 걸려서 좀처럼 내려가지 않고, 충만하게 다가오는 삶의 의미들을 하루도 빠짐없이 납작하게 만들 것이다.

국민교육헌장을 암기한다는 것은 저 무거운 단어와 막중한 임무를 내 삶의 지표로 삼는 일이며, 뜻을 정확히 알기도 어려운 말에 내 삶을 가두는 것이다. 그렇게 되면 '나의 이야기'는 존재하기 어렵다. '나'는 국가 시

서사의 추방자들과 이야기의 회복

스템과 그것에 헌신하기 위해 태어난 '무색무취의 인간'이 되어버리기 때문이다.

더 큰 비극은 그것이 무의식에 각인된다는 것이다. 자다가도 툭 건드리면 나올 정도로 외운 저 화려한 말들은 자신이 살아가는 현실을 남루하게 만든다. '인류 공영'이라는 말은 슈바이처 박사나 테레사 수녀의 업적 정도를 떠올려야 겨우 닿을 수 있는 아득한 곳에 있다. 그렇기에 그것은 내가 손에 쥐고 있는 일상의 의미를 무색하게 만든다. 그렇게 나는 현실을 사는 것이 아니라 '국민교육헌장'이라는 견고한 문서에 갇히게 되고, 아무리 열심히 살아도 늘 뭔가 부족하다는 자괴감에 빠질 수밖에 없다.

지표 없는 악몽과 우리의 교육지표

이러한 짓누름에서 학생들을 구원해야 한다는 생각을 가진 사람들이 등장하기 시작했다. 1978년 3월, 전남대학교 송기숙 교수는 서울대학교 백낙청 교수를 만나 박정희 정부의 군부독재와 교육기관에 대한 탄압이 지닌 문제점을 논의한다. 송기숙 교수와 뜻을 함께하는 동료들은 '국민교육헌장'이 비인간적이고 비민주적인 교육지표들을 담고 있으며, 이는 학생들의 민주주의 교육에 방해가 될 뿐 아니라 군부독재를 정당화하고 있다고 비판한다.

이들은 적당한 때를 보아 궐기하려고 준비하고 있었다. 이때 성래운 교수가 등장한다. 그는 더 시간을 끄는 것은 학생들에게도 좋지 않다며 백낙청 교수가 작성한 〈우리의 교육지표〉를 송기숙 교수에게 건넨다. 송기숙 교수는 자신을 포함한 전남대학교 교수 11명의 서명을 받아서 서울을 포함한 전국의 교수들과 공동발표를 하려 했으나 뜻대로 되지 않았다. 성래운 교수는 박정희 정부의 방해를 예상하고 AP통신과 아사히 신문에 이 선언문을 먼저 발송했고, 다음 날 송기숙 교수를 포함한 교수 11명이 전남대에서 이 글을 발표한다. 〈우리의 교육지표〉에서 가장 중요한 내용만 옮기면 다음과 같다.

1. 물질보다 사람을 존중하는 교육, 진실을 배우고 가르치는 교육이 제대로 이루어지기 위해 교육의 참현장인 우리의 일상생활과 학원이 아울러 인간화되고 민주화되어야 한다.

2. 학원의 인간화와 민주화의 첫걸음으로 교육자 자신이 인간적 양심과 민주주의에 대한 헌신적 정열로써 학생들을 가르치고 그들과 함께 배워야 한다.

3. 진실을 배우고 가르치는 일에 대한 외부의 간섭을 배제하며 그러한 간섭에 따른 대학인의 희생에 항의한다. 특히 구속 학생의 석방과 제적 학생의 복적을 위해 우선적으로 노력한다.

4. 3·1정신과 4·19정신을 충실히 계승 전파하며 겨레의 숙원인 자주·평화·통일을 위한 민족 역량을 함양하는 교육을 한다.

(출처: 민주화운동기념사업회 사료관 아카이브)

〈우리의 교육지표〉는 거창한 번영보다 사람을 중시하고 있다. 거대한 세계보다 일상적 삶을 향하고 있다. 물질과 번영은 우리를 편안하게 만들어줄 수 있으나 행복하게 만들어주지는 않는다. 행복은 물질과의 연결이 아니라 사람과의 연결, 그리고 내 일상과의 연결을 통해서 얻어지기 때문이다. 나와 타인의 연결이 이루어지고 서로의 이야기가 연결되는 공간이 바로 '일상'인 것이다. 나아가 일상이 교육의 참현장이라고 선언한 지점은 교육이 학교라는 테두리를 넘어 지역사회와의 연결을 통해서 온전히 실현될 수 있다는 사실을 정확히 짚어내고 있다.

일상과 마을은 아이들이 학교에서 삶의 소중한 가치를 공부하고 그것을 자기 삶이 녹아 있는 현실에서 저마다의 방법으로 구현하여 '나의 이야기'를 적어나갈 수 있는 시간과 공간을 제공한다. 이 시공간은 그것을 교육적 가치로 채워나갈 때 유지될 수 있다. 그래서 〈우리의 교육지표〉는 '외부의 간섭'을 배제하자고 말한다. 외부에서 짓누르는 거대하고 폐쇄적인 이야기들은 결국 개인의 삶과 이야기를 끊어내기 때문이다.

〈우리의 교육지표〉 선언에 참여한 전남대학교 교수 11명은 전원 해직되었고, 송기숙 교수와 성래운 교수는 '긴급조치 9호' 위반 혐의로 구속되었다. 방향을 잃어버린 사회에 삶을 위한 지표를 제시했던 교육자들을 겁박하고 가둔 주체는 국가였다. 그렇게 삶을 위한 지표는 소리 없이 묻히게 되었고, 교사들과 아이들은 국가가 만들어낸 폐쇄적 이야기에 오랜 시간 갇혔다. 지금도 여전히 학교에 남아 있는 억압적이고 비민주적인 문화는 삶을 위한 지표를 상실한 학교가 필연적으로 도달할 수밖에 없는 결과이다. 지표가 사라진 학교에서 아이들은 삶의 방향을 잃어버렸고, 교사들은 삶의 이야기를 잃어버렸다. 방향과 이야기를 상실한 학교에서 아이들과 교사들은 깨어날 수 없는 악몽을 꾸고 있다.

우리는 이 악몽에서 어떻게 깨어날 수 있을까? 하루키가 여기에 대한 답을 제시하고 있다. 앞에서 언급했던 하루키의《언더그라운드》마지막에는 〈지표 없는 악몽〉이라는 에세이가 실려 있다.

> 당신은 누군가(무언가)에게 자아의 일정한 부분을 제공하고 그 대가로서 '이야기'를 받아들이고 있지 않는가? 우리는 어떤 제도(시스템)에 인격의 일부를 맡기고 있지는 않는가? (중략) 당신이 갖고 있는 이야기는 정말로 당신의 이야기일까? 당신이 꿈꾸고 있는 꿈은 정말로 자신의 꿈일까? 그것은 언제 어떤 악몽으로 변할지 모르는 누군가의 꿈이 아닐까?
>
> —《언더그라운드》에서

이제 악몽에서 깨어날 시간이다. 갇힘에서 풀려나야 하고, 잃어버린 이야기를 회복해야 하며, 허무주의에서 벗어나야 한다.

서사의 추방자들과 이야기의 회복

04

지성을 회복할 교사들의 상징

상징과 새로운 지표

교사들이 삶의 이야기를 회복하기 위해서는 통합적인 안목, 즉 지성을 회복해야 한다고 했다. 그런데 이것이 말처럼 쉽지 않다. '지성 상실의 연대기'가 길었던 만큼, 이에 대한 문제의식이 교사 공동체에서 제대로 논의된 적이 없기 때문이다.

존 듀이의 후기 저작인 《공공성과 그 문제들》은 공공성의 상실에 관한 내용으로 시작한다. 듀이는 미국 사회의 시민들이 공공의 문제와 현상에 대해서 토론하여 그 대안을 제시하는 지성적 참여가 점점 드물어지고 있다는 사실을 비판한다. 그는 시민들이 지성을 상실하면 결국 정치인과 소수 엘리트만 사회 담론을 점유하게 되고, 그 과정에서 민주성을 잃어버리게 된다고 걱정한다. 그래서 듀이는 시민들이 지성을 회복할 수 있는 방법으로 '상징의 생성'을 제안한다.

상징들은 정서와 사고의 방향을 결정한다. 그런데 새로운 시대에, 그에 맞
는 상징을 갖고 있지 못하다.

― 《공공성과 그 문제들》에서

상징은 그 시대와 공동체의 이야기를 이끌어가는 지표인 동시에 공동
체 구성원의 정서와 사고의 방향을 결정하면서 시민들이 마주한 문제를
해결할 수 있는 지속 가능한 이야깃거리를 제공한다. 듀이는 이러한 상
징이 사회에서 제대로 작동하기 위해서는 계속해서 갱신되어야 한다고
주장한다. 상징은 한번 형성되었다고 해서 끝이 아니라 시대의 변화에
따라서 바뀔 수 있어야 하며, 만약 그 시대에 공동체의 문제의식을 담아
내는 상징이 없다면 그것을 만들어내는 것이 현대를 살아가는 시민들의
중요한 역할이라고 말한다.

상징은 오랜 시간 축적된 삶의 이야기가 응축되어 만들어진다. 자신
들이 수행하는 행위의 본질에 대해서 깊이 숙고하고 토론하는 과정을
통해서 유지되며, 공동체의 자발적 합의에 의해 새롭게 태어난다. 이런
이유로 사회에서 소위 전문직이라고 인정받는 공동체는 그들만의 상징
을 가지고 있다. 상징에 의미를 부여하고 상징으로 소통하며 상징으로
답한다. 공동체 구성원들은 자신들이 추구하는 가치를 표현한 상징, 자
신들이 하는 일상적 행위를 표현하는 상징, 꿈꾸는 미래의 모습을 표현
하는 상징을 만들어나간다. 의사에게는 의술의 신이었던 아스클레피오
스의 지팡이, 흰색 가운, 청진기라는 상징이 있고, 판사에게는 정의의 신
디케와 법전, 판사봉이 있다.

서사의 추방자들과 이야기의 회복

그러나 교사 공동체에는 이러한 상징이 없다. 삶의 본질을 투영한 이야기도, 자부심을 표현하는 매개도, 추구하는 미래를 구현하는 청사진도 없다. 가르침에 대한 철학적 이야기도, 삶의 본질에 대한 토론도, 공동체와의 자발적 합의 과정도 없다. 그러니 교사가 지성을 회복하는 일은 교사의 삶과 문화를 대표하는 상징을 만드는 것에서 시작해야 한다.

그렇다면 기존에 이렇다 할 상징을 만들지 못했던 공동체가 어떻게 그것을 만들 수 있을까? 교사들이 '추구하는 가치', '일상적 행위', '꿈꾸는 미래'를 담은 상징을 어떻게 만들어낼 수 있을까? 교사들이 겪고 있는 고통을 극복하고 인간으로서의 존엄을 요구하는 외침을 어디에서 찾을 수 있을까? 이토록 어려운 질문에 온몸으로 답하고, 그것을 역사에 남긴 공동체가 있다. 바로 백정들이다.

백정의 저울

1894년 이루어진 갑오개혁으로 당시 존재하던 신분제도는 공식적으로 폐지되었다. 천민 신분이었던 백정도 갑오개혁을 기점으로 인간다운 삶을 살아갈 수 있는 시대가 열린 것이다. 그러나 개혁이라는 이상과 삶이라는 현실 사이에는 여전히 큰 격차가 있었다. 양반은 백정의 신분 해방을 인정하지 않았고 그들에 대한 차별을 그대로 유지했다. 더 아린 비극은 평민들의 시선이었다. 평민들은 갑오개혁으로 자유로운 삶을 누리게 되었으나, 자신들이 누리는 자유를 백정에게만큼은 허락하지 않았다. 억압받던 이들이 자기보다 약한 자를 다시 억압하는 비극적인 사건들이 곳곳에서 일어났다.

백정들은 교회도 마음대로 갈 수 없었다. 신 앞에 만인이 평등하며 누구나 신에게 귀의할 수 있는 권리가 있다고 말하는 종교의 세계에도 편히 발을 들일 수 없었다. 예배를 드리려고 자리에 앉으면 기존에 앉아 있던 사람들이 싫은 내색을 하며 자리에서 일어났고, 백정들과는 같은 공간에 있을 수 없다며 시위까지 벌였다. 백정에 대한 차별은 어른과 아이를 가리지 않았다. 백정의 자식들도 공교육을 받을 수 있는 제도가 마련되었지만 자기 자식과 백정의 자식을 함께 공부시킬 수 없다고 반대하는 촌극이 벌어지기도 했다. 이상과 현실 사이에는 이처럼 커다란 간극이 존재했다. 이러한 괴리는 일제강점기가 시작되면서 극에 달한다.

일제는 조선 사회가 근대적 평등사회로 나아가는 것을 원하지 않았다. 그저 자신들의 말을 잘 듣는 신민으로 구성된 봉건사회로 남아 있기를 원했다. 그래서 관공서 등에 제출하는 모든 문서에 신분을 표기하도록 했다. 백정은 '도한(屠漢)'이라고 표기하거나 백정의 표시로서 붉은 점을 찍어야 했다. 백정 출신은 아무리 실력이 출중해도, 일본으로 유학을 다녀와서 학문적 소양이 뛰어나도 결국 주류 사회로 진입할 수 없었다. 이에 분노한 백정들은 사람다운 삶을 스스로 쟁취하기 위해서 '형평운동'을 일으켰다.

형평운동은 경남 진주에서 백정을 향한 사회적 차별에 저항하기 위해서 조직된 '형평사'라는 공동체에서 시작한다. 형평사는 '저울처럼 공평한 사회를 만드는 조직'이라는 뜻을 담고 있다. 백정들은 자신들이 수행하는 본업을 압축해서 표현하는 상징이자 조선이 추구해야 할 미래의 모습을 천명하기 위한 상징으로서 '저울'을 가져온 것이다. 형평사는

서사의 추방자들과 이야기의 회복

1923년 4월 25일 자신들이 추구하는 가치를 담은 주지문(주요 취지를 담은 문서)을 발표하는데, 이 글은 다음과 같이 시작한다.

공평은 사회의 근본이요, 애정은 인류의 본량(본래 타고난 양심)이라.

이 문장은 전국 40만 백정들의 가슴을 울렸고, 형평운동은 들불처럼 번져나갔다. 백정들은 주지문을 함께 읽고 그 속에 담긴 가치와 신념을 자신의 이야기에 붙여나갔다. 이내 전국에 형평사의 지사와 분사가 설립되었고, 형평운동은 다양한 사회운동으로 이어졌다. 이를 통해 시민들은 수많은 지역 공동체에서 자신들이 살아가고 있는 일상을 나누고 앞으로의 사회에 대한 비전을 공유하면서 '지성적 저항인'으로 성장해 나갔다.

형평운동이 전국으로 퍼져나가고 다양한 사회운동과 지성적 토론이 이루어질 수 있었던 이유는 그 중심에 '모두를 위한 해방'이라는 메시지가 담겨 있었기 때문이다. 형평사 주지문의 첫 문장에는 '공평'과 '애정'이라는 말이 들어 있다. 백정들이 형평운동을 시작한 이유는 단순히 자기들의 신분 해방만을 위한 것이 아니었다. 당시 우리나라는 일제에 나라를 빼앗긴 상태였으며 제국주의는 그 시대 사람들을 교묘한 방식으로 억압하고 있었다. 이러한 억압은 다양한 방식의 짓누름을 불러왔다.

짓누름을 이겨낼 교사의 상징

짓누름의 본질은 '약한 곳'을 향한다는 데 있을 것이다. 강한 것과 약한 것이 부딪혔을 때 결국 짓눌리고 으깨지는 것은 약한 존재이다. 강자는 새로운 강자에 의해서 짓눌리고 약자는 더 약한 존재를 찾아 짓누른다. 백정들은 짓눌림을 이겨낼 상징으로서 '저울'과 '공평'이라는 가치를 제시한 것이다. '우리는 각자가 살아가는 자리와 시간에서 인간으로서 존중받을 권리가 있다.'라는 외침이 제국주의 시대를 살아가는 모든 사람에게 각자의 해방일지를 제공한 것이다.

공평한 삶을 지속하는 데 필요한 것이 '애정'이다. 짓눌려 살아가는 사람들은 그 시간을 견디기 위해서 각자도생하게 된다. 다른 사람의 고통을 외면하고 나의 안위를 도모하게 된다는 말이다. 그렇다 하더라도 짓눌림의 칼날을 벗어나기가 쉽지 않다. 이 칼날에 저항하기 위해서는 타인의 삶으로 발걸음을 옮기는 태도가 필요하다. 이러한 발걸음의 바탕이 애정이다. 애정은 타인에게 마음을 쓰는 모든 일을 통칭하는 말인 동시에 타인의 삶을 내 삶에 들여놓겠다는 온전한 열림이기 때문이다. 형평운동은 일본 제국주의가 만들어낸 거대한 짓눌림을 연대하여 떨쳐내자는 민족해방운동이었다. 따라서 형평운동의 주지문은 그 시대를 살아가는 모든 사람을 위한 '해방일지'였으며 '나의 이야기'였다.

교사에게도 교사를 가두는 수많은 폐쇄적 이야기를 걷어내고 단절을 극복할 수 있는 상징이 필요하다. 교사가 좋은 상징을 만들기 위해서는 '어떻게'에 주목해야 한다. 동시에 가장 중요하게 여겨야 하는 것이 '일상'이다. 상징에서 왜 일상성이 중요한가? 여기에 대한 답은 백정들이 매일 수행하는 행위의 본질을 '저울'이라는 상징으로 제시했다는 사실에 명확히 들어 있다. 저울의 본질은 균형에 있고 이 균형을 찾아나가는 일을 매일 수행하는 것이 도축업의 본질이기 때문이다. 백정들은 일상

서사의 추방자들과 이야기의 회복

에서 자신들이 수행하는 행위의 본질을 정확히 포착하여 그것을 상징이라는 사회적 이상으로 제시했으며, 상징을 바탕으로 치열하게 토론하며 잃어버린 이야기를 회복해 나갔다.

교사들도 삶의 이야기를 이어나갈 상징을 형성하는 과정에서 일상이 담고 있는 핵심 가치와 의미가 무엇인지를 발견하고 그것을 상징으로 표현할 수 있어야 한다. 일상에서 의미를 발견하여 다양한 상징을 주체적으로 만들어낸다는 것은 국가와 사회가 만들어낸 폐쇄적 이야기에 잠식당하지 않는 과정이자 내 삶의 의미를 지켜나가는 확실한 방법이기 때문이다. 나아가 사회가 만들어낸 압도적 상징에 잠식당하지 않으려면 더더욱 일상에서 건져 올린 상징을 만들어야 한다. 철학자 게오르그 짐멜 역시 사회에서 생산한 거대하고 폐쇄적인 상징이 다른 가치와 삶의 의미를 짓누르는 시대에, 일상적 의미 부여가 결국 개인의 삶을 구원할 수 있다고 힘주어 말했다.

결국 교사는 자신이 매일 수행하는 일상적 행위와 매일 사용하는 사물에 의미를 부여하고, 그것을 매개로 동료와 이야기 나누면서 하나의 이야기로 연결할 수 있어야 한다. 그런 과정에서 만들어진 상징은 교사 공동체가 지성을 회복하는 힘이 되어줄 것이다.

교사에게 필요한 사랑의 기술

형평사 주지문으로 돌아가 보자. 백정들은 '애정이 인류의 본래적 양심'이라고 힘주어 말하고 있다. "너무 당연한 이야기 아뇨?"라고 반문할 수 있다. 그러나 사람들이 당연하게 생각하는 소중한 가치가 실제로는 왜곡된 형태로 우리 삶을 고통스럽게 하는 경우도 있고, 그것이 삶에서 송두리째 빠져 있는 경우도 많다. 대표적인 것이 바로 사랑이다.

사랑은 기본적으로 자신을 아끼는 마음에서 비롯되며, 그것은 나를 정직하게 바라보고 나의 모습을 있는 그대로 인정할 때 비로소 가능하다. 또 나에 대한 사랑이 타인에게 번져야 그 가치가 완전해진다. 요컨대, 나와 타인의 정직한 마주함이 필요한 것이다. 그러나 식민지 사람들은 이러한 마주함을 상실한 채 살아간다. 프란츠 파농이《검은 피부, 하얀 가면》에서 적었듯이, 제국주의는 식민지를 살아가는 사람들의 마음 속에 수치심부터 심는다. 그래서 자신을 억압하는 존재인 제국주의 사람들을 증오하지만, 자신도 모르는 사이에 지배국 사람들의 높은 문화 수준을 동경하게 된다. 이 과정에서 개인의 내면은 분열되고, 나에 대한 사랑과 타인에 대한 애정이 왜곡된 방식으로 표출된다.

일제강점기를 살았던 사람들도 마찬가지였을 것이다. 주변에 고통받는 사람들이 있어도 그들과 정직하게 마주하지 못했다. 이러한 시대에 백정들이 '애정은 인간의 본래적 양심'이라고 외친 것은 자신의 내면뿐 아니라 타인과의 분리에 저항하자는 상징인 동시에, 사랑의 본질을 온전히 우리 삶에 녹여내자는 선언이다. 그러니 형평운동이 주장한 사랑은 '분리에 저항하는 삶의 태도'라고 볼 수 있다. 에리히 프롬 역시 사랑의 본질을 '분리가 가져다주는 불안에 대한 저항'으로 설명한다.

분리는 정녕 모든 불안의 원천이다. 분리되어 있다는 것은 내가 인간적 힘을 사용할 능력을 상실한 채 단절되어 있다는 뜻이다. 그러므로 분리되어

　　　　　　　　　　　　　서사의 추방자들과 이야기의 회복

있다는 것은 무력하다는 것, 세계(사물과 사람들)를 적극적으로 파악하지 못
한다는 것을 의미한다.

—《사랑의 기술》에서

프롬은 이어지는 글에서 사랑이 나와 나의 내면, 나와 타인, 나와 세계
사이에 존재하는 분리를 극복하겠다는 저항의 결의인 동시에 판단이며
약속이라고 말한다. 형평사와 프롬의 사랑에 대한 해석은 교사들이 상
징을 만들어나가는 과정에서 '분리에 대한 저항'으로서 사랑을 중요한
원리이자 지표로 삼을 필요가 있다는 사실을 알려준다. 그런데 이 말이
상당히 애매모호하다. 과연 교사가 상징을 형성하는 과정에서 사랑의
가치를 염두에 둔다는 것은 어떻게 하라는 말인가? 이에 대한 답도 프롬
의 글에서 발견할 수 있었다.

프롬은《사랑의 기술》에서, 우리가 사랑을 제대로 실천하기 위해서는
사랑을 제대로 배워야 한다고 말한다. 그가 말하는 '기술'은 테크닉이 아
니라 사랑에 대한 철학과 그것을 일상에서 실천하는 삶의 태도에 가깝
다. 우리가 당연하게 여기는 사랑은 '학습이 아닌 본능의 영역'이라는 상
식이 실제로는 사랑의 본질과 멀어져 있을 뿐 아니라, 진정한 사랑을 가
로막는 주범이라는 것이 프롬의 생각이다. 그래서 프롬은 이 책의 첫 장
인 〈사랑은 기술인가?〉에서 우리의 문화 속에는 사랑에 대한 왜곡된 관
념이 많이 녹아 있으며, 우선 그것을 비판적으로 살펴볼 필요가 있다고
주장한다. 이 책에서 주요하게 다루고 있는 것이 '문화의 힘'인 만큼, 프
롬이 설명하는 사랑의 본질은 교사들이 만들 상징에 '사랑'이라는 원리

를 제대로 담아낼 수 있는 지표가 될 것이다.

먼저 프롬은 "대부분의 사람들이 사랑의 문제를 '사랑하는', 곧 사랑할 줄 아는 능력의 문제가 아니라 오히려 '사랑받는' 문제로 생각한다."라고 말한다. 사랑을 '받는 것'으로 인식하는 순간 우리의 모든 관심은 내가 사랑할 줄 아는 사람이 되는 것이 아니라 '어떻게 하면 사랑받을 수 있는가, 어떻게 하면 사랑스러워지는가'의 문제가 된다는 것이다. 그러니 교사들이 만들어내는 가치와 의미가 과연 다른 사람에게 보여주는 것이 목적인지, 아니면 그것을 통해 교사 공동체의 지성을 단련하는 것이 목적인지부터 물어야 한다.

다음으로 "사랑의 문제는 '능력'의 문제가 아니라 '대상'의 문제라고 생각하는 것"이다. '사랑한다'는 것은 쉬운 일이고, 사랑할 대상을 찾지 못해서 진정한 사랑을 하지 못한다는 생각이다. 이는 우리가 일상에서 많이 사용하는 "사랑은 타이밍이야!", "네가 아직 짝을 못 만나서 그래." 같은 말로 나타난다. 프롬은 이렇게 사랑을 적절한 대상과의 만남으로 한정하는 순간, 사랑은 그 사람에게 온전히 다가가려는 노력을 기울이는 것이 아니라 마음에 들지 않으면 금방 바꾸는 '교환 형식'이 된다고 말한다. 사랑을 정직한 소통이 아닌 거래 행위로 인식하는 문화는 우리의 만남을 매일 납작하게 만들 뿐이다. 따라서 교사들이 상징을 만드는 과정에서 제시하는 가치들이 '성장'이라는 교육적 가치가 아니라 '힘의 거래'라는 정치적 가치나 '자본의 거래'라는 경제적 가치에 의해서 만들어진 것은 아닌지 비판적으로 살피는 것이 중요하다.

마지막으로 프롬은 "사랑을 하게 되는 최초의 경험과 사랑하고 있는

서사의 추방자들과 이야기의 회복

지속적 상태, 좀 더 분명하게 말한다면 사랑에 머물러 있는 상태를 혼동하는 것"이라고 말한다. 우리는 사랑을 '사랑에 빠지는 것'으로 인식하지 '사랑을 유지하는 것'으로 인식하지 못하고 있다는 말이다. 사랑에 빠지는 것보다 그 사랑을 유지하는 것이 훨씬 어렵고, 사랑을 지속하는 과정에서 우리는 상대와 진정으로 하나 될 수 있다는 측면에서 사랑은 쉬운 것이 아니며, 그러하기에 사랑에 대한 기술을 학습하고 연마해야 한다는 것이다. 프롬이 말한 지속성의 가치는 교사들이 일상의 행위를 상징으로 옮기는 과정에서 그것이 교사 삶의 본질을 지속적으로 설명할 수 있는지 깊이 생각해 볼 필요가 있음을 알려준다. 상징이 시대에 따라서 바뀌는 것은 맞지만, 너무 근시안적으로 설정한 가치들은 오히려 교사의 삶을 왜곡할 수 있음을 기억해야 한다.

이렇게 상징을 만드는 과정은 치열한 고민이 필요할 뿐 아니라 많은 시간이 걸린다. 그럼에도 교사는 상징을 만들어나가면서 삶의 본질과 마주할 수 있고, 상징을 기반으로 삶의 이야기를 이어나갈 수 있다. 물론 그 상징은 교사 공동체가 주체적으로 만들어야 하며, 거기에 담는 의미 역시 교사의 삶이 녹아 있는 일상에서 출발해야 한다. 이렇게 만들어진 상징은 교사가 자신의 일상에서 의미를 발견할 수 있도록 도와줄 것이며, 삶의 이야기를 단절시키는 다양한 요인에 저항할 수 있는 힘을 줄 것이다. 상징은 교사가 잃어버린 삶의 이야기를 회복하고 허무주의를 극복하는 데 소중한 지표가 되어줄 것이며, 자신만의 해방일지를 적어나갈 힘을 줄 것이다. 지금부터는 삶의 이야기를 회복한 교사가 어떤 삶을 살아갈 수 있는지를 조금 더 구체적으로 그려보자.

05

마비되지 않을 용기

마비된 도시, 멈춘 사람들

상징은 일상에서 건져 올려야 한다고 했다. 일상은 우리가 삶을 이어나갈 에너지를 제공하기 때문이다. 따라서 삶의 이야기를 회복한다는 것은 일상에 숨겨진 의미를 발견하고 그 이야기를 공동체와 연결하면서 단절을 극복하는 것이다. 제임스 조이스는 공동체와 개인의 서사가 모두 단절된 상태의 위험성을 경고하며, 이것이 우리 삶을 가두고 있다고 했다. 그의 단편집《더블린 사람들》은 당시 더블린 사람들이 공통적으로 겪고 있던 상실감과 단절 현상을 적나라하게 표현하고 있다.

나의 의도는 우리 도덕사의 한 챕터를 써보겠다는 것이었고, 그 무대로 더블린을 선정한 것은 이 도시가 내게 마비의 중심지로 보였기 때문입니다.
— 《더블린 사람들》에서

서사의 추방자들과 이야기의 회복

오랫동안 영국의 지배를 받아온 아일랜드 사람들은 스스로 국가와 공동체의 이야기를 만들 수 없었다. 영국이 강제하는 규범에 그들의 삶을 욱여넣으며 오랜 세월을 살아왔다. 그럼으로써 더블린은 삶의 이야기가 넘치는 역동적 공간이 아니라 하루하루를 수동적인 버팀으로 이어나가는 마비의 공간이 되었다. 제임스 조이스는 자신이 태어난 마을이자 삶이 녹아 있는 더블린 사람들에게 그들이 마비 상태에 있다는 것을 알리기 위해서 《더블린 사람들》을 썼다. 그래서 소설에 등장하는 인물들과 이야기가 하나같이 적나라하다.

마비된 도시에서 살아가는 개인은 필연적으로 마비될 수밖에 없다. 《더블린 사람들》의 첫 작품인 〈자매〉는 마비 증상을 겪는 신부를 바라보는 화자의 이야기로 시작한다. 신부의 반복되는 발작과 마비를 지켜보던 화자가 "밤에 유리창을 쳐다볼 때면 나는 으레 '마비'라는 단어를 속으로 되뇌었다."라고 하는데, 이는 '나의 이야기'를 잃어버린 사람들은 결국 마비된 채 살아갈 수밖에 없다는 사실에 대한 은유이다.

마비의 가장 큰 비극은 자신이 마비되었다는 사실을 스스로 인정하지 않으려는 태도에서 시작된다. 마비에서 벗어나려는 노력을 멈추게 되면 자기 자신뿐 아니라 타인의 삶까지 가두기 때문이다. 이러한 사실을 좀 더 직관적으로 알고 싶다면 《더블린 사람들》에 실려 있는 〈대응 (Counterparts)〉을 읽어볼 필요가 있다. 소설의 주인공 패링턴은 서류를 베껴 적는 일을 한다. 하지만 알링 사장은 언제나 패링턴의 일하는 방식을 못마땅해하며 그를 힘들게 한다. 패링턴은 이러한 상황을 견디지 못하고 자신이 해야 할 일을 다 마치지도 않은 채 술집으로 향한다. 신세 한

탄과 폭음으로 자신을 달래고 집으로 돌아온 패링턴은 자신이 집에 들어오지도 않았는데 불이 꺼져 있는 것을 발견하고 아들 톰을 때리기 시작한다.

> "불을 끄다니, 혼쭐을 내주마!"
> 꼬마는 "아, 아빠!" 하고 소리치고는 식탁 주위를 울먹이며 뛰었으나, 사내는 그 뒤를 쫓아 아이의 외투를 잡았다. 꼬마는 정신없이 주위를 둘러보았지만 빠져나갈 길이 없다는 것을 알고는 털썩 무릎을 꿇었다.
>
> —《더블린 사람들》에서

'서사 상실'이라는 화두를 깊이 고민하고 있던 시절에 읽었던 이 장면은 나의 가슴을 크게 울렸다. 동시에 '불을 끄다니, 혼쭐을 내주마!'라는 문장에서 고단한 시대를 살아가는 보통 사람들의 슬픔을 읽을 수 있었다. 여기서 '불'은 단순히 조명을 의미하는 것을 넘어서 삶의 지표이자 일상의 의미를 밝히는 '이야기'라고 볼 수 있다. 그러니 그 말은 타인에게 하는 것이 아니라 삶의 의미를 상실하고 자신의 이야기를 적어나가지 못한 채 다른 사람들이 적어놓은 이야기를 베껴 적는 일을 반복하는 패링턴 자신에게 하는 말로 읽혔다.

삶의 이야기를 상실한 사람들은 작은 일에 분노하고, 그 칼끝은 대상을 가리지 않는 혼쭐로 이어진다. 나의 마비와 마주하는 것이 두려운 사람은 그것을 타인에게 투영하면서 해소하기 때문이다. 지금 우리 사회에 일어나고 있는 '묻지 마 범죄'와 혐오, 존엄을 외면한 무례함 역시 이

서사의 추방자들과 이야기의 회복

러한 이야기 상실 현상과 무관하지 않을 것이다.

마비된 사람은 스스로 깨어나기 어렵다. 그래서 《더블린 사람들》에 등장하는 인물들 대부분은 새로운 시도를 하지 않고 기존 삶의 방식에 그대로 머문다. 사랑하는 사람을 만나도 그와의 미래를 포기하고, 가슴 뛰는 존재가 있어도 그 대상으로 걸음을 옮기지 않는다. 그렇게 일상은 '차이 없는 반복'으로 채워지고, 그런 일상은 버려야 할 악몽일 뿐이다. '빠져나갈 길이 없다는 것을 알고는 털썩 무릎을 꿇었다.'라는 문장은 이 시대를 살아가는 교사들의 자화상과도 같다.

교사들은 이야기 상실과 폐쇄적 교육정책의 시간을 지나면서 '차이'를 만들어내지 못한 채 마비되어 있다. 교사가 삶의 이야기를 회복하기 위해서는 마비 상태에서 벗어나야 한다. 그러려면 일상을 작은 변화와 새로운 시도로 채워나가야 한다.

교사의 철방과 외침

마비를 극복할 방법을 찾지 못해 어둠 속을 방황하던 나에게 불을 밝혀준 사람이 바로 루쉰이다. 루쉰의 작품 가운데 맨 처음 접한 것이 그의 단편 〈광인일기〉이다. 루쉰은 이 오묘하고 기괴한 작품을 통해서 '깨어 있는 삶'이 어떤 것인지 알려주었다. 그렇게 루쉰의 작품을 읽어나가면서 자연스레 《아Q정전》과 《루쉰 잡문선》을 만났고, 그 책들을 읽으면서 루쉰의 단편들을 모은 《외침》을 만나게 되었다. 《외침》의 서문에는 교사들이 마주한 마비를 어떻게 극복할 수 있는지에 대한 결정적 단서가 숨어 있었다.

루쉰은 책의 서문에서 자신이 어떻게 글을 쓰게 되었는지 설명한다. 그는 의사가 되기 위해서 일본의 센다이 의전에서 공부했다. 그러던 어느 날, 교수가 보여준 한 장의 사진을 보고 충격을 받는다. 사진은 당시 러일전쟁의 참상이 담긴 것이었다. 사진 중앙에 중국 동포가 무릎을 꿇고 있었고, 그 뒤로 일본군이 긴 칼을 들고 그 사람의 목을 베기 직전이었다. 이는 그 시대에 자주 볼 수 있는 모습이었으나 루쉰의 눈을 사로잡은 것은 따로 있었다. 동포가 참수되는 것을 구경하기 위해서 몰려든 사람들의 모습이었다. 그 순간 루쉰은 동포들의 썩어빠진 정신 상태를 깨우쳐야겠다고 다짐하고는 의전을 자퇴한다. 그리고 동포의 비극적인 죽음마저 구경거리로 치부하는 시대의 적막을 깨울 방법을 고민한다.

루쉰은 민족이 마주한 적막과 마비를 흔들어 깨울 가장 좋은 방법이 글을 쓰는 것이라고 생각했지만, 과연 자신의 글이 동포들을 깨어나도록 만들 수 있을지 망설인다. 그런 루쉰에게 어느 날 친구가 찾아와서 소설을 좀 써보라고 추천하지만 루쉰은 다음과 같이 말한다.

"가령 말일세, 쇠로 만든 방이 하나 있다고 하세. 창문이라곤 없고 절대 부술 수도 없어. 그 안에 수많은 사람이 깊은 잠에 빠져 있어. 머지않아 숨이 막혀 죽겠지. 허나 혼수상태에서 죽는 것이니 죽음의 비애 같은 건 느끼지 못할 거야. 그런데 지금 자네가 고래고래 소리를 질러 의식이 붙어 있는 몇몇이라도 깨운다고 하세. 그러면 이 불행한 몇몇에게 가망 없는 임종의 고통을 주는 게 되는데, 자넨 그들에게 미안하지 않겠나?"

— 《루쉰 잡문선》에서

서사의 추방자들과 이야기의 회복

이 말을 들은 친구는 루쉰에게 "그래도 기왕 몇몇이라도 깨어났다면 그 방을 부술 희망이 절대 없다고 할 수야 없겠지."라고 답한다. 루쉰은 이 말에 용기를 얻어서 소설을 쓰기 시작했고, 그렇게 처음으로 탄생한 작품이 〈광인일기〉이다.

학교도 오랜 시간 깨어나지 못하고 있다. 사회에서 만들어낸 폐쇄적 이야기 속에 갇혀 있었으며, 누구도 교사들을 꺼내주지 않았다. 간혹 큰 소리로 교사들을 깨우는 사람도 있었지만, 교육부와 교육청은 그들의 목소리에 확성기를 대어주지 않고 법과 원칙을 운운하면 재갈을 물려왔다. 그렇게 큰 소리로 외치던 교사들의 목소리는 소거되었고 우리는 깨어나지 못하고 있다. 이제 이 적막을 깨울 외침이 필요하며, 이는 혼자의 외침이 아니라 연대의 외침이어야 한다. 지성과 상징을 바탕으로 나의 이야기와 함께 교사 공동체의 서사를 다시 써나가야 하며, 그렇게 연결된 이야기는 누구도 재갈을 물릴 수 없는 거대한 외침으로 울려 퍼질 것이다. 함께하는 외침은 철방(쇠로 만든 방) 속에 잠들어 있는 교사들을 깨우기에 충분할 것이다. 깨어난 교사들이 할 일은 자신이 그동안 마비되어 있었다는 사실을 알아차리는 일이다. 그리고 교사들을 오랜 시간 가두었던 철방을 함께 부수는 일이다. 철방이 존재하는 한 누군가는 또 교사들을 그곳에 가둘 것이며, 교사들은 또다시 마비될 것이기 때문이다.

코드화의 거부와 바둑 두는 교사

세상은 정책이라는 이름으로, 이데올로기라는 이름으로, 제도라는 이름으로, 매뉴얼이라는 이름으로, 문화라는 이름으로 교사들을 가둔다. 또 교사들을 '헌신하는 사람', '참는 사람', '견디는 사람', '묵묵히 자기 일을 하는 사람', '혼자 잘 해결하는 사람'으로 규정하고는 거기에서 벗어나는 교사들에게 "교사답지 못하다."라며 손가락질을 해댔고, 학교 구성원들 역시 "자기만 선생이야?"라며 암묵적인 눈치를 보냈다.

결국 교사는 사회와 학교가 만들어놓은 철방에 갇히게 되고, 이내 조직의 움직임에 기여하는 수동적 낱알로 살아간다. 그러니 교사가 철방을 부수는 일은 외부에서 규정한 이미지를 벗어던지는 일이자, 사회에서 정해놓은 '하나의 길'에서 탈주하는 일이며, 공동체의 마비를 깨뜨리는 일이라고 볼 수 있다. 나는 이러한 교사의 삶을 '바둑을 두는 삶'이라고 표현하고 싶다. 이 말은 들뢰즈와 가타리의 《천 개의 고원》에서 빌려온 말이다.

철학자인 들뢰즈와 실천이론가인 가타리가 함께 쓴 《천 개의 고원》은 난해한 책으로 유명하다. 이 책에는 우리가 살아가는 과정에서 당연하게 여겨왔던 신념과 문화에 숨겨진 억압의 덩어리를 어떻게 해체할 수 있는지에 대한 탁월한 통찰이 담겨 있다. 이 책을 읽으면서 내가 가장 주목한 억압의 덩어리는 '코드화'이다. 들뢰즈와 가타리는 촘촘하게 설계된 시스템 같은 사회에서 개인의 역할은 명확하게 정해져 있으며, 개인이 정해진 경로를 벗어날 수 없도록 갇혀 지내는 상황을 '코드화'라고 설명한다.

들뢰즈와 가타리는 코드화를 거부하는 것을 넘어서서 궁극적으로는 그것을 해체해야 한다고 주장한다. 나아가 이 거부와 해체를 가장 잘 보여주는 것이 바로 '바둑'이라고 설명한다.

　　　　　　　　　서사의 추방자들과 이야기의 회복

말끼리의 관계도 장기와 바둑은 완전히 다르다. 장기의 말들은 내부성의 환경 속에서 자기 진영의 말들끼리 또는 상대방 진영의 말들과 일대일 대응 관계를 맺는다. 구조적으로 기능하는 것이다. 이와 달리 바둑알은 오직 외부성의 환경만을, 즉 일종의 성운이나 성좌를 가진 외부적인 관계만을 구성하며, 이 관계들에 따라 집을 짓거나 포위하고 깨어버리는 등 투입 또는 배치의 기능을 수행한다.

— 《천 개의 고원》에서

장기의 말은 시스템의 하위 요소로 존재하고 정해진 길만 갈 수 있다. 그러나 바둑알은 다르다. 바둑알은 전체라는 맥락과 상호작용한다. 그래서 정해진 길이 없으며 가고 싶은 대로 갈 수 있다. 장기의 말은 시스템에 순응할 뿐이지만, 바둑의 알은 시스템 자체를 새롭게 만들어낼 수 있는 것이다. 그렇게 바둑은 '관계'를 지향하는 일이며, 또 '짓거나 포위하고 깨어버리는' 해체와 재구성이 가능한 일이다.

교사가 철방을 부순다는 것은 사회가 정해놓은 길을 걷지 않겠다고 선언하는 것과 같다. 외부에서 만들어놓은 폐쇄적 시스템의 하위 낱알로 기능하는 것을 거부하고 자신만의 관계를 만들어나가는 일과도 같다. 그렇게 교사는 코드화에 저항하는 해체와 재구성을 반복해야 하며, 이를 통해 교사의 서사를 추방하는 억압을 극복해야 한다.

교사는 삶을 이어주는 이야기를 끝없이 연결하는 일을 멈추지 않는 사람이다. 그러니 교사는 서사의 추방자들이 쳐놓은 철방을 부수고 나아가 다시 자신의 이야기를 적어나가야 한다. 그렇게 회복한 삶의 서사는 교사가 마주한 수많은 단절을 극복할 상징이 되어줄 것이며, 마비된 삶을 깨워줄 외침이 되어줄 것이고, 고통과 직면할 용기를 줄 것이다.

삶의 서사를 회복한 교사는 이제 세상으로 눈을 돌려야 한다. 여전히 교사의 삶을 가두는 견고한 철방은 존재하고, 그 철방은 언제나 소리 없이 교사의 삶에 스며들기 때문이다.

서사의 추방자들과 이야기의 회복

2부

이분법적 세계관

이분법의 굴레와
황야의 이리

01

⌒

이분법의 칼날과 잘려나간 삼지대

도착적 구도가 불러온 이분법

학교는 왜 변하지 않는가? 교사들이 아무리 고통을 외쳐도 바뀌는 것이 별로 없다. 학교를 바꾸려는 교사들의 외침은 왜 번번이 좌절될까? 혁신적인 시도에 대한 무력감이 왜 이토록 교사 문화에 강하게 자리하게 되었을까? 나는 이 문제들에 대해 탐구하면서 나름의 해답을 발견할 수 있었다.

내가 발견한 답은 '도착적 구도'이다. 나는 이 개념을 접하면서 교육 현장을 지배하는 이분법적 세계관이 어떻게 탄생하는지를 이해할 수 있었다. 이를 간단히 말하면, 교육 현장의 본질을 제대로 설명할 수 없는 사람들이 교육 혁신 정책과 담론을 만들어내고 있으며, 자신들이 혁신의 본질을 모른다는 것을 숨기기 위해서 혁신의 반대편에 있는 것을 '악'으로 치부하는 도착적 담론을 끝없이 만들어내고 있다는 것이다. 이러한 도착적 구도는 학교 현장을 이분법적 정책이 지배하는 공간으로 만들어왔다. '도착적 구도'는 우치다 타츠루의 글에서 빌려온 말이다.

우치다 타츠루는 《푸코, 바르트, 레비스트로스, 라캉 쉽게 읽기》에서 니체 철학의 한계를 '도착적 구도'로 설명한다. 그는 니체가 인간의 본성을 설명하는 과정에서 이분법적 프레임을 반복하는 실수를 했다고 말한다. 우치다 타츠루는 《도덕의 계보학》에서 니체가 주장한 '초인 도덕'이 매우 의미 있는 주장임을 인정한다. 니체는 지금 현대인들이 지키고 있는 도덕률이 근대에 만들어진 것이며, 이는 타인과 같음을 '선'으로, 타인과 다름을 '악'으로 규정하는 '노예 도덕'이라고 선언한다. 노예들은 귀족과 달리 스스로 결정할 수 없으며 주체적 판단을 내릴 수 없었기에 남과 최대한 비슷하게 살아야 했다. 니체는 귀족이 노예와 구분되는 가장 중요한 측면이 주체적 판단을 내릴 수 있으며, 무엇보다 남과 다르게 행동할 수 있었다는 사실이라고 말하면서, 현대인들이 노예 도덕에서 벗어나서 주인 도덕을 실천해야 한다고 주장한다. 문제는 그가 주인의 삶을 살아가는 사람을 '초인'이라고 말할 뿐, 초인이 어떻게 살아가는 사람인지 구체적으로 설명하지 않았다는 데 있다. 본질에 대해 답하지 않는 니체의 방식은 필연적으로 도착적 구도를 불러온다.

우치다 타츠루는 니체가 '초인이란 누구인가?'라는 본질적 문제에 대해서는 구체적으로 답하지 않고 그저 '인간이란 무엇인가?'에 대해서만 말했다고 비판한다. 나아가 "'귀족이란 무엇인가?'라는 문제는 '노예란 누구인가?'라는 문제로, '고귀함이란 무엇인가?'라는 문제는 '비천함이란 무엇인가?'라는 문제로 바꾸어 말했다."라고 적는다. 이렇게 대상의

이분법의 굴레와 황야의 이리

본질에 대해서 설명하는 방식이 아니라, 반대편에 있는 대상을 설명하는 것으로 원래 대상을 정의하는 방식이 도착적 구도이다. 여기서 이분법적 구도가 형성되는 것이다.

수많은 바꿔치기와 악의 시간

교육 혁신 정책을 만들어내고 그것을 자랑하는 사람들은 학교 현장에서 그것을 몸소 실천해 본 경험이 없다. 학교 현장에서 교육 혁신을 실천한 경험이 없는 사람은 혁신의 본질에 대해서 제대로 설명할 수 없다. 혁신의 본질을 설명하기 위해서는 변화가 일어나는 맥락을 직접 체험하며 그 감각을 축적해야 한다. 무엇보다 어떤 변화를 만들어내기 위해서는 '변하지 않는 것'이 있어야 한다는 사실을 알아차리고, 교육 현장에서 변하지 않아야 할 것이 무엇인지에 대한 나름의 해석을 할 수 있어야 한다.

그런데 한 번도 혁신의 공간을 살아내지 않은 관리자와 장학사, 이론가와 저널리스트, 교육 관료들과 사업가들이 어떻게 혁신을 설명할 수 있겠는가? 그들이 가져오는 것은 혁신의 본질이 아니라 혁신의 반대편에 존재하는 '그 무엇들'에 대한 무조건적 비난이고, 그것은 혁신의 반대편에 있다는 이유만으로 한순간에 '악'이 된다. 본질을 그 반대편에 있는 것으로 바꿔치기하여 설명하는 방식은 이분법적 담론을 만들어내고, 이분법은 끝내 혐오감을 불러온다. 니체는 초인을 설명하기 위해서 반대편의 노예를 가져왔지만, 도착적 구도에서 노예는 초인을 위해 영원히 사라지면 안 되는 '악'으로 남아야 하는 것이다. 누군가의 삶을 한순간에 악으로 평가하는 바꿔치기 앞에서 교사의 삶은 끝내 무너질 수밖에 없다.

교육 현장을 살아가지 않는 사람들은 교육을 모른다. 교실에서 살아가지 않는 사람들은 아이들이 귀한 시민으로 성장하는 과정의 맥락과 철학을 알지 못한다. 그들은 현장이라는 '발'의 세계가 아닌 말이라는 '머리'의 세계를 계속 만들어내는 방식으로 바꿔치기를 한다. 바꿔치기의 결과, 학교에는 매년 줏대 없는 정책과 담론이 쏟아진다. 정권이 바뀌면 그 정권의 입맛에 맞는 문서를 꾸미느라 정작 정책이 담아야 할 교육철학은 빠져버린다. 본질을 모르는 관료들은 자신들이 만든 교육정책의 고귀함을 설명하기 위해서 이전에 시행했던 정책을 악으로 규정한다. 그렇게 이전의 이야기들은 한순간에 남루한 것이 되지만 그들은 전혀 부끄러움을 느끼지 않는다.

그러한 바꿔치기에 가장 부끄러워하는 존재는 교사이다. 아이들의 성장을 위해서 헌신했고, 교육의 방향을 고민하며 뜬눈으로 밤을 새웠고, 망가져 버린 교육 현장을 조금이나마 고쳐보겠다고 동료의 등을 두드려온 사람들이 현장을 살아낸 교사들이다. 그런 교사들 앞에서 관료들은 눈 하나 깜빡하지 않고 교사들이 지나온 고귀한 시간을 '악의 시간'으로 바꿔치기한다. 정치인과 고위 관료라는 사람들이 나와서 "이 문제는 이전 정부에서부터 내려온 문제입니다."라는 말을 내뱉는 순간, 교사들은 잔인한 바꿔치기를 경험할 것이고, 그 반성 없는 말들은 끝내 교사들을 철퍼덕하고 주저앉힌다.

바꿔치기 앞에서 교사의 삶은 선과 악으로 완전히 쪼개질 뿐이고, 교사들이 외치는 수많은 고통 역시 선과 악의 심판 앞에서 소리 없이 사라질 뿐이다. 바꿔치기가 만들어놓은 이분법적 구도는 교사들의 시간을

'혐오스러운 것'으로 만들어왔다. 그렇기 때문에 교사들은 혁신에 대한 무기력감을 가지게 되었고, 교육 담론은 점점 힘을 잃어갔으며, 교육 현장은 바뀌지 않았다. 이러한 이분법적 구도는 단순히 교육 혁신에만 작동하는 힘이 아니다.

충돌의 시간과 죄인이 된 교사

바꿔치기의 시간 동안 학교 현장은 이분법적 세계관이 지배하는 공간이 되었다. 사회의 다른 공간은 그렇다고 하더라도 학생들의 전인적 성장을 지원하는 학교가 서로 대립하는 양극단의 힘으로 작동한다는 것은 심각한 문제이다. 과정과 결과, 수단과 목적, 이론과 실제, 보수와 진보, 혁신과 전통은 서로 분리해서 생각할 수 없는 가치들이다. 교육은 낱개로 흩어져 있는 삶의 가치들을 유기적으로 연결하여 아이들이 자기 삶의 이야기를 적어나갈 수 있도록 도와주는 일이다. 그래서 교사들은 분리되어 있는 가치들을 교실이라는 통합의 장에서 이어붙이려고 노력하지만, 오랫동안 축적된 바꿔치기의 시간은 그런 가치들을 대립의 요소로 만들어버렸다. 그러니 그것을 이어붙이려는 교사는 수많은 상호 충돌적 메시지와 마주하게 된다. 이처럼 서로 충돌하는 메시지에 끼인 사람은 어떤 선택을 해도 죄인이 된다.

교사는 과정과 결과를 통합하는 사람이다. 그래서 평가도 아이들의 성장을 위한 통합적 과정으로 재구성하려고 노력한다. 그러나 대학 서열화가 지배하는 경쟁 문화는 교사에게 과정이라는 '이야기'에 집중하지 말고 결과인 '숫자'에만 헌신하라고 말하며 교사의 삶을 강사의 삶으로 바꿔치기한다. 교육청은 여기다 대고 '과정중심평가'라는 오묘한 말을 가져와서 "선생님, 결과 말고 과정에 집중하세요!"라고 닦달한다. 교사들은 도대체 어떻게 해야 하는가?

교사의 수업에서도 충돌하는 메시지가 존재한다. 수업에서 '지식'은 방법이라는 수단과 성취라는 결과를 연결하는 징검다리이자 그 자체로 다음 수업을 위한 접착제가 된다. 따라서 교사는 지식의 중요성을 인식하고 그것을 자신의 수업에 녹여내려고 한다. 그런데 '배움중심수업'이라는 오묘한 정책은 교사의 삶에서 지식과 가르침을 도려내라고 주문했다. 교사가 전하는 가르침이 남루한 수업 방식으로 바뀌치기되면서, 교사는 수업에 열심히 매진하면 할수록 마음속에 밀려드는 죄책감을 견뎌야 하는 충돌의 시간을 살아가고 있다.

상호 충돌적 메시지는 교사의 서사가 담긴 교육과정에도 스며 있다. 교사들은 '교육과정 – 수업 – 평가 – 기록'이 사전에 정해진 어떤 순서에 따라서 할 수 없는 일이라는 것을 알고 있다. 이는 교사의 일상에서 반복되는 일인 동시에 언제나 통합적으로 수행된다. 그러니 이 과정은 순서보다 교사의 리듬에 의해서 유기적으로 연결되는 것이며, 교사들은 이를 자기만의 방식으로 녹여서 일상을 살아간다. 그런데 '백워드 설계'라는 오묘한 이론이 현장에 내려오면서 교사의 삶에 이론과 실제의 충돌이 발생했다. 평가를 먼저 고려하여 교육과정을 설계하라는 것은 좋은 취지지만, 평가라는 측정의 잣대를 교육과정의 입구로 당겨오는 순간 교사들의 리듬은 깨어진다. 리듬을 상실한 교사의 삶은 수많은 충돌로 으깨진다.

이분법의 굴레와 황야의 이리

분리의 공간이 되어버린 혁신학교

교사를 괴롭히는 상호 충돌적 메시지의 정점은 '혁신학교 정책'에 있다. 혁신학교의 원래 취지는 교육의 본질로 돌아가자는 것이었다. 학교가 지금까지 제 기능을 발휘하지 못한 이유는 교육이 성장을 실현하는 '주체적 공간'이 아니라 정치적 이데올로기를 지원하는 '죽음의 공간'으로 작동했기 때문이다.

학교가 힘의 담론에 휘둘리는 동안 아이들의 삶으로 녹아들었어야 할 소중한 가치들이 양극단으로 분리되어 서로를 공격하고 있었다. 그러니 혁신학교가 추구해야 할 본질은 진보와 보수, 혁신과 전통의 대립이 아니라 이 가치들에 묻어 있는 정치적 담론을 씻어내서 교육적 가치로 전환하는 일이다. 그래서 분리된 삶의 가치들을 아이들의 삶에 다시 녹여내는 통합적 접근이 중요하다. 실제로 교사들은 혁신학교가 만들어지기 전부터 나름의 방식으로 이러한 통합적 접근을 시도해 왔고 혁신 교육을 해오고 있었다.

혁신학교 정책도 그 시작은 좋았다. 그러나 무리하게 혁신학교의 수를 늘리는 일반화 정책이 시작되면서 그나마 혁신학교가 유지해 오던 통합적 안목을 상실했다. 무리한 일반화는 혁신학교가 새로운 학교이며, 일반 학교는 낡은 학교라는 새로운 이분법의 프레임을 작동시켰다. 이런 갈라치기 앞에서 학교는 양극단으로 쪼개졌다. 학교 현장은 보수와 진보, 혁신과 전통의 대립이 본격화되기 시작했다. 그러면서 혁신학교는 학력이 낮은 학교가 되었고, 일반학교는 학생의 자율성이 존중받지 못하는 학교가 되었다. 갈라치기가 만들어놓은 상호 충돌적 메시지는 교사가 어떤 학교에 있다고 하더라도 그 '헌신'을 '헌신짝'으로 만든다.

일반화 정책의 더 큰 비극은 양극단에 분리된 가치가 서로 융합될 수 없도록 견고한 벽을 친다는 데 있다. 그 벽은 '모델학교'라는 이름으로 학교 현장에 유령처럼 떠다니고 있다. 일반화는 완성된 모델을 만들어 놓고 그것을 다른 학교에 이식하겠다는 '모델 중심적 접근'이다. 그렇게 되면 학교의 이야기를 담을 수 없다. 이야기가 담기지 않은 모델학교는 결국 껍데기일 뿐이고, 화려하고 빈틈없이 설계된 껍데기를 접한 교사들은 그것의 본질과 마주하지 못한 채 기가 죽을 뿐이다. 교육청에서 찍어내는 수많은 모델은 저마다의 방식으로 혁신을 실천해 온 교사들의 삶에 거대한 벽이 되고, 교사들은 그 벽과 마주하여 끝내 자신의 실천을 접고 만다.

이분법의 시간을 살아오면서 교사는 서로 충돌하는 메시지에 반복해서 노출되었다. 서로 충돌하는 메시지에 오랫동안 노출된 사람은 어떤 선택을 해도 질타를 받게 되고, 결국에는 어느 것도 선택하지 못한 채 스스로 만든 죄책감에 갇히게 된다. 교사는 자신이 잘못한 일도 아닌데 언제나 죄책감을 느껴야 했고, 자신의 죄가 아님에도 "죄송합니다."라는 말을 입에 달고 살아온 것이다.

나는 교사들이 무의식적으로 뱉어내는 '죄송합니다.'라는 말의 밑바닥에 이분법이 만들어낸 상호 충돌적 메시지가 있다는 사실에 주목할 필요가 있다고 생각한다. 교사 문화를 지배하고 있는 이분법을 극복하기 위해서는 교사가 일상에서 마주하는 수많은 죄책감을 견디기 위해서 자신을 스스로 속여왔다는 사실과 직면해야 한다. 그레고리 베이트슨은

이분법의 굴레와 황야의 이리

《마음의 생태학》에서 '이중구속' 상황에 놓인 사람의 내면은 반드시 분열된다고 경고한다.

이중구속, 분열에 이르는 급행열차

그레고리 베이트슨은 인류학의 3대 명저로 꼽히는《네이븐》의 저자이다. 그는 인공두뇌학, 유전학, 정신의학, 병리학, 생태학 등 여러 분야에 걸쳐서 폭넓은 연구를 수행했고, 생애에 걸친 연구 결과를 정리하여 펴낸 책이《마음의 생태학》이다. 베이트슨은 오랜 시간 정신분열증을 연구하면서, 현대인이 겪는 분열 현상은 사람들과의 의사소통 내용이 아니라 의사소통 방식에 의해서 일어난다는 사실을 발견한다. 그래서 베이트슨은 내면 분열에 시달리는 사람을 '희생자'라고 표현한다. 분열의 고통에 시달리는 사람들은 결국 왜곡된 상호작용 틀에 갇혀서 빠져나올 수 없는 사람이기 때문이다.

베이트슨은 희생자들의 집을 방문하여 그들이 가족과 평소에 주고받는 상호작용 방식을 분석한다. 그 결과, 상호 충돌적이며 모순적인 메시지에 오랫동안 노출되었다는 사실을 발견한다. 이런 시간이 길어지게 되면 희생자는 메시지들이 주는 충돌 때문에 이러지도 못하고 저러지도 못한 채 불안한 행동을 반복하게 된다는 것이다. 베이트슨은 희생자가 상충하는 두 가지 메시지 모두에 갇히게 되는 현상을 '이중구속'이라고 정의한다.

그는 이중구속의 과정을 '연쇄 과정'으로 설명한다. 의사소통 과정에서 서로 충돌하는 메시지가 지속적으로 주어지고, 희생자가 그 메시지를 정확히 구분하면 칭찬이 아니라 오히려 처벌을 받는 상황에 반복적으로 노출되며, 그 상황이 주는 고통을 외면하기 위해서 의미를 왜곡하는 일을 수행하게 되고, 이것이 내면화되어서 자신의 심리 상태를 스스로 속이게 되며, 궁극적으로는 자신의 의사소통 방식에 문제가 있다는 사실을 스스로 성찰하는 능력을 상실하게 된다는 것이다. 나는 이 연쇄 과정에 대한 설명을 읽으면서 가장 가슴 아팠던 부분이 연쇄 과정의 마지막에 이르게 된 희생자의 모습이었다.

> 마지막으로, 희생자가 이중구속 패턴으로 자신의 세계를 지각하도록 학습되었을 때 구성 요소의 완전한 세트는 더 이상 필요 없다.
>
> —《마음의 생태학》에서

이중구속 패턴으로 세상을 지각한다는 것은 어떤 메시지에 대해서 해석한 의미를 있는 그대로 받아들이지 않고 의도적으로 왜곡하고, 감정을 속이며, 그러한 움츠림의 과정에 완전히 순응한다는 것을 말한다. 자신이 스스로를 속이고 있다는 것을 알고 있지만 거기에서 벗어나려는 시도를 포기한 채 자신을 완전히 가두는 것이다. 나는 이 문장을 읽으면서 교사로 살아오면서 내가 스스로를 달래기 위해서 했던 말들과 설명할 수 없었던 감정들, 어떤 선택을 해도 비난을 받을 수밖에 없었던 일들이 주마등처럼 스쳐 갔다. 나는 완전히 분열되어 있었던 것이다. 분열은 교사들 대부분이 매일 겪고 있는 현상이다.

교사를 둘러싼 상호 충돌적 메시지는 교사가 발견한 이야기들이 삶에

이분법의 굴레와 황야의 이리

녹아들지 못하게 하고, 소신과 철학을 의심하도록 만들며, 자신이 헌신하고 있던 가치들을 남루하게 한다. 교사는 수많은 자기 검열이 쉴 새 없이 물어다 주는 자괴감을 견딜 수 없어서 결국 스스로를 속이고 있었던 것이다.

타인의 고통을 외면한 채 강자의 삶만을 숭상하는 이 시대에, 하나의 덩어리였던 삶을 기어코 양쪽으로 쪼개서 분리하는 거대한 힘이 작동하는 이 시대에, 품격과 통합과 어루만짐을 말하는 교사의 삶은 필연적으로 분열될 수밖에 없다. 교사에게 남은 것은 분열의 노래뿐인가?

02

야만인을 기다리는 교육청과 키키의 빗자루

괜찮아, 미래교육이야

그렇다면 오늘날 학교를 집어삼킨 가장 강력한 이분법의 구도는 무엇일까? 많은 대립 구도 중에서도 교사의 삶에 존재하는 삼지대를 앗아가는 가장 무서운 이분법은 역시 과거와 미래의 대립일 것이다. 지금 교육현장은 그야말로 미래교육으로 몸살을 앓고 있다. 무슨 정책이든 '미래'라는 말이 붙지 않으면 안 될 것처럼 모두가 홀려 있다. 교육부가 "자, 이제 교육은 앞만 보고 갑니다!"라고 선언하자 시도교육청은 서로 경쟁하듯이 모든 정책에 '미래'를 붙이기 시작했다. 그러면서 교사와 아이들의 삶이 녹아 있는 과거의 이야기는 낡아 빠져서 버려야 할 것으로 인식되기 시작했고, 현재의 삶은 미래를 위해서 견뎌야 하는 투자 가치로 전락해 버렸다.

미래교육 담론은 미래를 바라보는 시선이 진정한 교육의 변화를 이끌어낼 수 있다고 말한다. 그런데 과연 그 말은 사실일까? 그리고 과거와 현재의 가치를 외면한 미래교육 담론이 교육 현장의 변화를 가져올 수 있을까?

교육청에서 제시하는 미래교육 담론의 가장 큰 문제점은 화려한 개념들을 남발하는 데 있다. 미래교육 관련 공문은 '자율, 공존, 창의, 혁신, 역량, 민주시민, 에듀테크, 생태교육, 디지털 리터러시'와 같은 말들로 포장되어 있다. 이 말들은 그 자체로 하나의 정책이자 가치이며 비전이다. 이것들 가운데 하나라도 제대로 구현하려면, 현장 교사들이 어떤 어려움과 마주하고 있고 그것을 어떻게 지원할지에 대한 숙고가 먼저 이루어져야 한다. 그리고 연구와 철학적 비전을 바탕으로 그것을 구현할 수 있는 세부 추진 계획과 현장 지원 방안, 지속적인 피드백과 네트워크 운영 등을 아우르는 통합적 설계가 필요하다.

하지만 앞서 언급했듯이 교육부와 교육청은 뛰어난 안목도, 그것을 지원할 의지도, 그것을 수행할 능력도 없다. 안목과 의지와 능력이 없을 때, 앞에서 말한 저 명사들은 '설명될 수 없는 것'이 되어서 관료의 머릿속 여기저기를 배회할 뿐이다. 그러다가 "에잇, 모르겠다!" 하고 하나로 뭉뚱그렸을 '미래교육'이라는 추상명사가 완성된다. 미래교육은 교사들이 이해할 수 없는 기막힌 것이 되었고, 그 기막힘을 매일 견뎌야 하는 것이 교사의 일상이다. 서재민은 《미래교육 이전에 내 미래가 더 걱정이다》에서 이러한 무력감을 다음과 같이 적는다.

2019년 7월, 서울시교육청은 '혁신학교'와 '미래학교'를 합친 '혁신미래학교'

라는 새로운 학교 모델을 만드는 정책을 발표했다. 서울시교육청이 제시한 '혁신미래학교 4대 중점과제'에서 알 수 있듯이, '미래사회를 대비한 교육과정과 학교 환경'(미래학교)과 '교원의 성장과 협력의 학교 문화'(혁신학교)를 한 학교에서 구현하려는 구상이다. 정말 '잘되면 좋겠다'고 먼 곳에서 박수를 쳐주고 싶다.

—《미래교육 이전에 내 미래가 더 걱정이다》에서

저 어려운 명사들은 과거와 현재의 가치를 소거한 상태에서는 결코 이해될 수도 존재할 수도 없는 가치들이다. 그러나 교육청은 개조식 정보가 나열된 문서만 내려보낼 뿐, 저 오묘한 말들은 무엇이며, 저토록 대책 없는 조합은 어떻게 만들어진 것인지 말하지 않는다. 그저 "괜찮아, 미래교육이야."라는 말을 반복하며 "단위 학교와 교사에게 주어진 자율성을 마음껏 발휘하여 멋진 사례를 보여주세요."라고 교사를 다독인다. 이어서 "교육이 변하려면 학교가 변해야 하고, 학교의 미래는 선생님의 손에 달려 있습니다."라는 당부의 말도 빼먹지 않는다. 교육청은 교육의 변화를 위해서 거듭 미래를 준비하자고 교사를 다독이지만, 그 말이 교사의 삶을 더욱 캄캄하게 만든다.

그러면서 소외되어서는 안 될 과거와 현재의 가치가 소리 없이 흩어지고 있다. 미래교육 담론은 교사의 삶에 존재하는 통합적 가치들을 억지로 분리하는 힘으로 작동하고 있는 것이다. 교사는 미래교육이라는 옷을 걸치면서 새로운 분열의 시간을 살아가고 있으며, 그동안 교사들이 저마다의 방식으로 실천해 온 진정한 변화들은 한순간에 낡은 것이

이분법의 굴레와 황야의 이리

되어버렸다. 미래교육에는 교사들이 주도하는 진정한 변화를 근원적으로 차단하는 두 가지 요소가 숨어 있다. 바로 '공포감'과 '현상 유지'다. 미래교육 담론은 결코 학교와 미래를 위한 것이 아니었다.

야만인을 기다리는 교육청

교육청은 정말 혁신과 변화를 위해서 '미래'라는 추상적 시공간을 가져온 것인가? 나는 아니라고 생각한다. 교육청은 성장이라는 교육적 원리가 아니라 안정이라는 관료주의적 원리로 움직이고 있다. 아이들의 삶을 기르는 교사의 삶을 지원하고, 교사와 학생들이 살아가는 학교의 시스템을 설계하며, 이를 친절하게 고쳐나가는 일을 해야 하는 교육청은 당연히 '계속성'과 '상호작용'이라는 교육적 가치를 추구해야 한다. 계속성과 상호작용의 총체적 연결이 바로 '성장'이기 때문이다.

그러나 우리나라 교육청은 이야기의 연결에서 만들어지는 계속성에도, 대상과의 거리 좁히기에서 시작되는 상호작용에도 전혀 관심이 없다. 연결과 거리 좁히기를 실천할 수 없는 관료주의 안에서 개인은 철저히 부품화되고 스스로를 검열하게 된다. 부품화와 자기 검열은 자연스럽게 소극주의와 현재주의로 흐르게 된다. 그냥 앞사람이 하던 대로 하면 되고, 위에서 시키는 대로 하면 된다. 그러면 내가 책임지지 않아도 되고, 피라미드 끝까지 갔다가 갑자기 아래로 추락하는 일을 겪지 않는다. 교육청은 소극주의와 현재주의로 움직이는 조직이기 때문에 본질적으로 변화를 추구하지 않는다. 여기서 교육청의 아이러니가 시작된다. 스스로 변화하고 싶지 않은 교육청이 끝없는 변화를 추구하는 학교 현장을 움직이는 정책을 만들어내야 하기 때문이다.

이럴 때 필요한 것이 공포감이다. 권력자들은 자신이 만든 체제를 유지하기 위해서 언제나 공포의 상징을 만들어낸다. 그들이 만들어낸 공포는 우리의 일상을 지배하고 있는 지배 구조에 대한 비판 의식을 흐리게 하고, 모든 신경을 공포의 대상에 집중하도록 만든다. 그렇게 공포는 일상을 움직이는 거대한 폭력을 숨기는 힘으로 작동하는 동시에, 자신들이 누리던 안정을 포기하지 않으려는 현상 유지에 머물게 한다.

이러한 '공포'와 '현상 유지'의 힘을 잘 표현한 작품이 J. M. 쿳시의《야만인을 기다리며》일 것이다. 이 소설의 주인공 '나'는 제국주의의 식민지를 관리하는 치안판사이다. 그는 제국주의를 유지하는 일에 헌신해 왔고, 제국주의야말로 세상의 번영과 안정을 유지하는 데 꼭 필요한 가치라고 믿었다. 그러던 주인공이 나이가 들어 변방의 조그마한 식민지를 다스리며 노년을 살아가게 된다. 그의 일상은 식민지 사람들과 제국주의 군대를 위협하는 '야만인'의 동태를 파악하고, 군대의 지휘관과 소통하며 그들의 움직임을 기록하고 보고하는 일로 채워져 있었다. 그런데 주인공은 야만인을 정복하러 나갔던 군인들이 번번이 빈손으로 돌아오는 모습을 목격하게 된다. 군인들은 실제로 야만인을 만나지 못할 뿐 아니라 오히려 그들을 찾기 위해서 오랜 시간 방황하고 있었던 것이다.

주인공은 왜 군대가 야만인을 만나지 못하는지 의아해하면서 점점 자신이 하고 있는 일에 대해서 의문을 품기 시작한다. 그러다가 홀로 여행을 떠나게 되고, 그곳에서 만난 원주민들과 함께 살면서 제국주의에서 말하는 야만인이 실제로는 존재하지 않는다는 사실을 알게 된다. 야만

이분법의 굴레와 황야의 이리

인은 제국주의라는 폭력적 지배 구조를 유지하기 위해서 만들어낸 공포의 대상이었다. 식민지 사람들을 효과적으로 지배하기 위해 허구의 존재가 필요했던 것이다. 소설은 주인공이 그동안 맹신했던 가치가 강요된 가치라는 것을 깨닫고 그곳을 떠나는 것으로 끝이 난다.

> 요즘 들어 다른 많은 일에서도 그러하듯이, 나는 바보가 된 기분으로 그곳을 떠난다. 오래전에 길을 잃었지만 어디로 통하는지 모르는 길을 따라 계속 걸어가는 사람처럼.
>
> ─《야만인을 기다리며》에서

나는 교육 현장을 지배하고 있는 미래교육도 교육청이 만들어낸 '야만인'이라고 생각한다. 제국주의 군대가 아무리 기다려도 야만인은 나타나지 않듯, 교육청이 아무리 기다려도 그들이 말하는 역량, 에듀테크, 혁신으로 범벅된 미래는 오지 않을 것이다. 교육청은 스스로 변화하지 않고 교사들을 변화시키는 방식으로 자신들이 일하고 있다는 사실을 증명하고 있으며, 교사들을 움직이게 만들기 위해서 끝없이 새로운 공포감을 만들어내고 있다. 교육청은 새로운 야만인을 계속 만들어내는 방식으로 자신들의 '변하지 않음'을 유지해 온 것이다.

교육청은 단단히 준비해야 한다고 겁주기 위해서 '미래'라는 야만인을 만들어냈고, 교사들은 그것의 실체와 마주하지도 못한 채 두려움에 사로잡혀 있다. 그 두려움은 미래를 제외한 다른 가치들이 교사들의 삶에 녹아들지 못하도록 막고 있다. 교사가 이 공포감에서 벗어나기 위해서는 미래라는 공포의 민낯과 마주해야 한다. 나아가 미래교육이 우리 삶을 지배하는 과정에서 교사가 잃어버린 가치가 무엇인지 살피고, 그것을 회복할 수 있는 길을 마련해야 한다. 그 길은 교사에게 가장 가까이 있는 것, 곧 현재의 삶을 유지하는 이야기에서 찾아야 한다.

치안판사는 자신이 살아온 공포의 시간을 벗어나서 새로운 길을 찾아 나선다. 하지만 그 길이 어디로 통하는지 감을 잡기 어렵다. 치안판사가 길을 찾을 수 있는 방법은 이미 소설 속에 들어 있다. 길을 잃은 사람이 길을 찾으려면 자신이 걸어온 길부터 살펴야 한다.

미래의 솜사탕보다 과거의 눈빛

미래교육 담론이 범람하면서 가장 외면받은 가치는 바로 '과거'이다. 과거는 생생히 확인할 수 있는 기억이며 삶의 이야기와 상징이 녹아 있는 원천이다. 힘든 일상이지만 하루하루 힘을 내어 걸어갈 수 있는 것은 내가 살아온 삶의 궤적이 살아갈 힘을 주기 때문이다. 그래서 과거는 나의 온전한 삶이 깃든 샘이자 내가 걸어온 가장 가까운 길이다.

어떤 사람들은 "에이, 그래도 미래에 대한 희망이 더 큰 힘을 주는 거 아뇨?"라고 말할 수 있겠지만, 손에 잡히지 않는 추상적 기대가 주는 힘은 생각보다 오래가지 않는다. 오히려 과거의 삶이 나에게 보내는 온전한 위로가 더 큰 힘을 발휘한다. 과거의 삶은 일상에 생생히 스며들어 매 순간 나에게 "그래도 잘 살아왔고, 앞으로도 잘 살아갈 거야!"라는 힘을 주기 때문이다. 내가 살아온 일상은 내가 만질 수 있는 실체이자 나의 이야기가 녹아 있는 생생한 기억이며, 나의 일상을 지켜주는 힘이다. 인간

이분법의 굴레와 황야의 이리

은 미래를 기다리며 살아가는 존재가 아니라 과거에 기대어 살아가는 존재이다.

과거는 단순히 '기댐'을 넘어 우리가 살아갈 시간을 이겨낼 수 있게 하는 원동력이 된다. 과거 속에는 수많은 경험과 감정이 녹아 있기 때문이다. 과거 속에는 주저앉았던 내 삶을 일으키고 공동체를 알뜰하게 꾸려 갔던 수많은 경험이 저장되어 있다. 내 옆의 동료가 내밀어준 손을 잡고 일어났던 기억, 광장에 모여 "우리는 가르치고 싶다!"를 외쳤던 순간 등이 다양한 감정으로 저장되어 있다. 이 풍부한 경험과 감정은 삶을 이어나가는 원동력이며 고통을 극복하는 근원적 힘으로 작용한다. 인간의 삶과 고통의 본질에 대해 탁월한 식견을 지녔던 작가인 윌리엄 포크너 역시 우리 삶을 구원하는 것들이 '과거'에 있다고 말한다.

> 인간은 이겨낼 것입니다. 인간이 불멸인 것은 만물 가운데 홀로 지치지 않고 뭔가를 주절거리는 존재이기 때문이 아니라, 연민과 희생과 인내를 가능케 하는 영혼과 정신의 소유자이기 때문입니다. 바로 그러한 것에 대해 쓰는 것이, 시인과 작가의 의무입니다. 인간이 스스로의 마음을 드높일 수 있도록, 지난날을 영예롭게 했던 용기와 명예와 희망과 자긍과 연민과 동정과 희생을 스스로에게 상기시킬 수 있도록 하여 인내하게 도와주는 것이, 작가가 가진 특권입니다.
>
> ─《윌리엄 포크너》에서

이 글은 윌리엄 포크너의 노벨문학상 수상 연설문 가운데 한 부분이다. 포크너는 삶의 본질을 파헤치는 작품들을 발표하여 전 세계적으로 알려진 작가이다. 장편《소리와 분노》, 단편 〈헛간 타오르다〉 같은 작품을 통해서 인간은 근원적으로 과거의 영향을 피해 갈 수 없는 존재라는 것을 섬뜩한 필체로 그려낸다. 〈헛간 타오르다〉는 과거의 경험과 감정을 어떻게 다루느냐에 따라서 그 인물의 삶이 완전히 달라질 수 있다는 사실을 알려준다. 그는 인간이 현재를 이겨내고 극복할 수 있는 이유가 과거의 삶에 존재하는 명예, 희망, 자긍심, 연민, 동정, 희생 등을 현재의 삶으로 가져올 수 있기 때문이라고 말한다. 이런 이유로 포크너는 작가로서 자신이 해야 할 일을 "과거를 현재의 삶으로 가져오는 것"이라고 했다. 이분법의 대립 구도에서 고통받고 있는 교사의 삶에서 가장 시급한 일도 바로 이것이다.

교육 현장을 지배하는 이분법적 구도는 '미래'라는 가치와 공존해야 할 '과거'의 가치를 남루하게 만들었다. 미래교육에서는 철저히 계획하여 불확실한 미래를 통제하자고 말하지만, 삶이라는 것이 그렇게 단순하지 않다. 지금보다 훨씬 많은 변수와 선택 속에 살아갈 아이들을 제대로 기르기 위해서는 그것을 예측하고 통제하는 힘이 아니라, 삶에서 마주하는 수많은 예측 불가능한 일들을 긍정적으로 마주할 힘을 가르쳐야 한다. 포크너의 말을 빌리자면 그러한 긍정은 '되돌아봄'에서 온다. 빈틈 없는 비전을 세우고 그것을 향해 돌진하는 것이 아니라, 동료와 발걸음을 맞추고 자신이 정한 방향이 맞는지를 계속 살피고 되돌아봄으로써 앞으로 내디딜 힘을 얻을 수 있는 것이다.

이러한 '되돌아봄'을 가르치기 위해서는 교사부터 먼저 되돌아보아야 한다. 교사 문화를 지배하고 있는 가치의 대립 현상이 교사가 마주하고 있는 문제들을 이겨낼 수 있는 힘을 도려냈을 가능성이 높기 때문이다. 그러니 이것도 저것도 아닌 새로운 삼지대를 찾는 일은 교사들이 잃어버린 과거의 가치를 회복하는 '되돌아봄'에서부터 시작해야 한다. 되돌아보지 않고 곧장 가는 사람은 길을 잃거나 사람을 잃는다.

지식과 사람의 소중함

미래교육은 아이들의 삶에 지식보다 역량을, 사람보다 기술을, 철학보다 콘텐츠를 더 많이 들여놓자고 말한다. 불확실의 시대를 살아갈 아이들에게는 지식보다 실제로 할 수 있는 힘(역량)이 중요하다고 말한다. 사람과 연결되는 의사소통보다 미래사회를 움직일 수많은 기술의 원리를 이해하고 그것을 학습하는 에듀테크가 중요하다고 강조한다. 삶의 방향에 대한 숙고보다 방대한 정보와 실시간으로 접속하여 자신의 삶을 목록화한 콘텐츠로 만들 수 있어야 한다고 말한다. 교육 현장에서 지식과 역량, 사람과 기술, 철학과 콘텐츠는 공존해야 하고 통합적으로 제시되어야 하지만, 미래교육은 지식과 사람, 그리고 철학이 아이들의 삶에 스며드는 것을 차단하고 있다.

지식은 낡은 것이며 지식을 가르치는 일은 주입식 교육처럼 죄악시되고 있다. 인문학 교육은 기술을 이해하기 위한 도구 정도로만 받아들여진다. 철학은 지루하고 따분한 것이어서 감히 교육 현장에서 쉽게 꺼낼 수도 없는 전문적 영역이 되어버렸다. 이러면서 아이들은 지식과 사람 그리고 철학을 배우지 못한 채 스마트폰에서 고개를 들지 못하고 있다.

과연 지식과 사람과 철학은 미래교육을 위해서 소외되어도 되는가?

지식은 인간이 세상을 만나도록 도와주는 새로운 감각이자 도구이다. 지식은 우리의 경험을 해석하고 연결한다. 그렇게 지식은 점점 단계를 높이게 되고, 지식이라는 길을 통해서 인간은 진리에 다가갈 수 있다. 기본 지식이 있어야 그것을 바탕으로 응용을 할 수 있고, 지식에 기반한 의미 있는 실천이 가능하며, 이러한 의미가 삶에서 구현될 때 역량이 되는 것이다. 그런데 지식 교육을 과거의 주입식 교육과 같은 것으로 치부하는 사회에서 교사는 더 이상 지식을 당당히 가르칠 수 없다. 세상을 인지하는 감각이자 도구를 잃어버린 아이들은 학교에서 검증된 지식을 배우지 못하고, 유튜브나 SNS에 널려 있는 검증 안 된 정보들을 받아들이고 있다. 아이들은 단편적 경험을 반복할 뿐 삶을 위한 온전한 공부를 하지 못하고 있는 것이다.

사람에 대한 교육이 사라져가는 것은 더 심각한 문제이다. 기술은 과학의 결과이다. 과학은 인간에게 머물러 있던 시선을 자연으로 돌렸고, 그렇게 외부로 향한 시선을 다시 내면으로 돌리는 길을 끊어버렸다. 인류는 자연을 깊이 들여다보면서 수많은 법칙과 사실을 발견했고, 그 결과 엄청난 풍요를 누리고 있다. 그런데 역사상 유례없는 풍요의 시대를 살아가는 우리의 삶은 과연 행복한가? 우리의 삶이 신석기시대를 살아가던 사람들의 삶보다 행복하다고 볼 수 있을까?

철학과 알고리즘

이제 외부로 돌렸던 시선을 다시 인간의 내면으로 가져오는 '돌아봄'이

이분법의 굴레와 황야의 이리

필요하다. 그 돌아봄의 바탕이 바로 인문학이다. 인문학은 아이들의 삶에 내면으로 향하는 시간을 돌려준다. 앞으로 어떤 어른으로 살아갈지, 지금 꿈꾸고 있는 삶이 바른 삶인지, 나의 말이 친구에게는 어떤 의미였을지, 내가 했던 행동이 타인에게 상처가 되지는 않았는지 스스로를 돌아보는 시간이 모두 인문학의 시간이다. 그래서 나와 내 주변에 있는 사람들의 존엄과 소중함을 배우는 과정이 모두 인문학이다. 스마트폰에서 고개를 들지 못하는 아이들에게 가장 절실한 교육은 코딩교육이 아니라 곪아가고 있는 내면을 들여다볼 수 있는 인문학 수업일 것이다.

그러한 인문학의 원류가 철학이다. 철학은 삶 그 자체이며 우리가 살아가면서 마주하는 수많은 문제를 해결하는 과정이다. 물론 철학을 공부한다고 해서 인생에서 마주하는 문제를 당장 해결할 수 있는 것은 아니다. 철학은 그러한 내용이나 방법보다 '내가 어디에 위치하고 있는지'에 대한 상황 인식을 가능하게 한다. 다시 말해, 내가 지금 어디에 서 있으며, 내가 걸어가야 할 방향은 어디인지, 그 방향을 바라보고 있는 나는 현재 어떤 모습인지에 대해서 조망할 수 있는 시각을 제공하는 것이다. 그러니 철학을 깊이 공부한 사람은 다른 사람이 걸어간 길이나 사회가 만들어놓은 규범에 크게 연연하지 않는다. 내가 걸어갈 길의 방향과 그 방향 속에 어디쯤 있는지를 확인할 수 있다면, 그 길은 어떤 내용으로 채워도 문제가 되지 않는다.

현재의 미래교육은 '나의 위치'에 대한 성찰을 중시하는 철학보다 단선적 흐름을 추구하는 알고리즘을 중요하게 가르친다. 문제는 아이들이 알고리즘을 공부하면 할수록 단선적 사고를 삶의 기본값으로 설정하게 된다는 데 있다. 알고리즘은 근본적으로 효율성을 추구한다. 알고리즘의 세계에서 불필요한 과정과 헤맴은 그 자체로 버그이다. 삶은 결코 알고리즘 방식대로 흘러가지 않는다. 수많은 되돌림과 멈춤, 헤맴이 우리네 삶이다. 그러나 단선적 알고리즘에 익숙해진 아이들은 점점 헤맴을 견디지 못하게 된다.

알고리즘의 더 큰 문제점은 여기에 익숙해진 아이들이 자신의 삶을 주체적으로 결정할 힘을 잃어버린다는 데 있다. 알고리즘은 축적된 데이터 값에 의해서 작동한다. 그 데이터는 사용자들의 성별과 나이, 취향을 기준으로 수많은 카테고리를 만들어낸다. 그래서 유튜브나 넷플릭스와 같이 알고리즘으로 작동하는 플랫폼은 비슷한 연령대와 성별의 사람들이 많이 클릭하는 영상을 사용자에게 추천한다. 보편적 평균의 세계에 익숙해진 아이들은 자신의 결정이 주체적 결정인지 알고리즘의 추천에 의한 선택인지를 점점 헷갈리게 되고, 나중에는 알고리즘이 추천한 콘텐츠를 자신의 취향으로 믿게 된다. 그렇게 알고리즘은 개인의 고유한 영역인 '선택'마저 통제한다.

미래교육 담론이 휘몰아치는 속에서 교사의 삶에도 지식과 사람, 그리고 철학이 사라졌다. 교사들은 미래교육 관련 연수를 쫓아다니느라 정작 교사의 삶에 대한 인문학적 지식을 축적하지 못하고 있다. 에듀테크 정책이 불러온 수많은 스마트 수업은 사람을 마주하는 교사의 품격은 묻지 않고, 디지털 장치에 얼마나 잘 연결될 수 있는지만을 묻는다. 갑자기 불어닥친 코딩교육 광풍은 교사에게 통합적 사고가 아닌 단선적 사고를 가르치는 일을 강요하고 있다. 이 견딜 수 없는 '미래의 시간' 앞

이분법의 굴레와 황야의 이리

에서 교사는 완전히 길을 잃었다.

길을 잃은 교사에게 가장 가까이 있는 이야기인 '과거'를 회복하는 일이 무엇보다 시급하다. 나아가 지식과 사람, 그리고 철학에 숨겨진 과거의 맥락을 현재로 가져와야 한다. 다행스러운 사실은 이것을 한 번에 회복할 수 있는 방법이 있다는 것이다. 바로 '사람'을 회복하는 일이다. '사람이 온다'는 말은 지식과 철학이 함께 온다는 말이며, 그것이 담고 있는 과거 역시 함께 온다는 말이기 때문이다. 길을 잃은 사람이 걸어가야 할 길을 가장 정확히 알려줄 수 있는 사람은 그 길을 먼저 걸어온 사람일 것이다. 우리는 그 사람을 '선배'라고 부른다.

키키의 빗자루와 마녀 선배

선배란 무엇인가? 선배는 단순히 어떤 분야에서 더 많은 시간을 보낸 사람이 아니다. 그 시간에 스며 있는 경험의 의미를 나름의 방법으로 기록한 사람이자 그 기록 속에 녹아 있는 수많은 삶의 방향을 해석할 수 있는 사람이다. 그래서 우리가 서 있는 위치와 나아가야 할 방향을 다정한 이야기로 풀어낼 수 있는 사람이다. 진정한 선배는 "이건 이렇게 하고, 저건 저렇게 해!"라면서 내용과 방법을 지시하는 사람이 아니라, "우리는 지금 여기에 있고, 앞으로 이 방향으로 나아가야 해요!"라며 위치와 방향을 말할 수 있는 사람이다. 위치와 방향을 말할 수 있는 선배는 철학자에 가깝다. 그러나 학교는 철학자를 반기지 않는다.

학교는 수업보다 업무를 중시해 왔고, 지성을 축적한 사람보다 점수를 축적한 사람을 유능한 사람으로 대우해 왔으며, 모호한 방향을 말하는 사람보다 구체적 내용을 채울 수 있는 사람을 높이 평가했다. 업무와 점수와 내용이 수업과 지성과 방향을 압도하는 공간에서 철학자는 자신의 이야기를 꺼낼 수도 없었고, 아무도 철학자의 이야기를 들어주지 않았다. 그렇게 점점 후배는 선배에게 삶의 방향을 배우지 못하고 있다. 선배를 잃어버린 후배는 혼자 버둥거린다.

　모든 전문직이 그렇듯, 한 분야의 전문가로 성장하기 위해서 선배의 역할은 매우 중요하다. 선배는 그 일의 본질이 무엇인지 간파한 사람이다. 일을 수행하는 과정에서 마주하는 수많은 선택을 몸소 체험한 사람인 동시에, 어떤 선택을 하든 거기에는 우리가 예측하지 못한 양면성이 숨어 있다는 것을 알아차린 사람이다. 그렇기 때문에 자신의 선택을 믿고 소신 있게 실천하여 나름의 의미를 발견하면 그것으로 족하다는 것을 알고 있다. 그래서 후배들에게 한 걸음 물러나서 의미를 발견할 수 있는 조망적 시각을 갖게 해줄 수 있는 것이다.

　선배는 자신의 풍부한 경험을 이야기로 전달할 뿐이다. 선택을 강요하거나 확신하지 않는다. 오히려 후배가 이미 마음속에 담아온 결정의 씨앗에 힘을 불어넣어 준다. 진정한 선배는 자신의 판단을 의심하는 교사에게 "너무 좋은데요. 일단 해봐요!"라든지, "괜찮은 생각이에요. 혹시 어려운 일이 있으면 내가 도와줄 테니 걱정 말고 밀어붙여요!"라든지, "망하면 어때요. 누군가는 선생님의 노력을 기억할 거예요!"와 같이 말해준다. 그리고 자신의 경험을 들려줄 뿐이다. 그렇게 선배의 응원과 이야기는 후배의 삶에 덧대어진다. 마음속에 담아온 소신이 선배의 이야기에 덧대어질 때, 후배는 학교에서 진정한 주인으로 살아갈 수 있다. 그

　　　　　　　　　　이분법의 굴레와 황야의 이리

렇게 후배는 선배가 되고, 그 선배는 다시 후배에게 자신의 이야기를 당당하게 내놓을 수 있다. 선배는 새로운 시작에 스며 있는 근원적 두려움을 어떻게 떨쳐낼 수 있는지 알려주는 사람이자, 삶의 구원은 과거에 있다는 것을 몸으로 보여주는 사람이다. 이토록 담백한 삶의 진리를 가장 잘 표현한 사람이 미야자키 하야오이다.

선배의 경험과 조망적 시각은 모두 과거에서 나온 것이다. 선배는 모든 사람이 "미래를 제대로 준비하지 않으면 큰일 납니다!"라고 겁박할 때, 온화한 미소를 지으며 "아닙니다. 제 경험에 의하면 미래를 준비하는 힘은 과거에 있으니 너무 조급하게 생각하지 마세요."라며 과거의 가치를 현재의 삶으로 가져온다. 그래서 선배가 사라지면 과거도 함께 사라진다. 선배가 곁을 지켜주어야 우리의 삶은 온전해지는 것이다.

미야자키 하야오 연구자인 수전 네이피어는 《미야자키 월드》에서 그의 작품이 탁월한 이유를, 우리가 살아가면서 마주하는 두려움을 어떻게 극복할 수 있는지에 대한 메시지를 너무나 아름답게 그려내었기 때문이라고 설명한다. 네이피어는 〈이웃집 토토로〉가 '엄마의 부재'로 시작한다는 데 주목할 필요가 있다고 말하면서, 시골로 이사 가는 아빠와 두 딸의 모습은 우리가 삶에서 마주하는 수많은 '시작'과 '부재'가 담고 있는 두려움을 의미한다고 말한다. 그렇다면 우리는 새로운 시작과 중요한 존재의 부재가 주는 두려움을 어떻게 극복할 수 있을까? 여기에 대한 답을 보여주는 작품이 〈마녀 배달부 키키〉이다.

이 애니메이션은 카도노 에이코의 소설 《마녀의 택급편》을 각색한 작품이다. 실제 원작소설은 키키가 결혼하고 자녀를 낳아서 기르는 이야기까지 포함되어 있지만, 애니메이션은 키키가 새로운 마을에 정착하면서 경험하는 좌절과 극복을 중심으로 전개된다. 여기서 키키는 마녀로 묘사되는데, 마녀는 만 13세가 되면 다른 마녀가 살지 않는 새로운 마을로 가서 1년 동안 수습 마녀 기간을 보내야 한다. 새로운 시작과 나를 지켜주던 사람의 부재를 이겨내야 진정한 마녀로 성장할 수 있는 것이다.

키키가 마녀로서 '홀로서기의 삶'을 성공적으로 시작할 수 있었던 가장 큰 이유는 '빗자루'이다. 마녀가 자신만의 마을을 찾기 위해서는 마을을 전체적으로 내려다볼 수 있는 '조망적 시각'이 필요한데, 이것은 하늘을 난다는 마녀의 본질적 행위를 통해서만 얻을 수 있다. 마녀가 날기 위해서 가장 중요한 것이 빗자루이다. 빗자루는 마녀의 상징인 동시에 마녀에게 조망적 시각을 부여하는 도구이다.

그래서 키키가 새로운 마을로 떠나는 날 '빗자루 실랑이'가 벌어진다. 키키는 새로운 시작을 앞두고 있기 때문에 자신만의 빗자루를 만들어 온다. 선배 마녀인 엄마는 그 빗자루를 유심히 보더니 다시 집으로 들어가서 자신의 큰 빗자루를 가져온다. 엄마는 온화한 목소리로 자신의 것을 가져가라고 말한다. 그러자 키키는 "낡아서 싫어요."라고 말한다. 이때 엄마는 단호한 목소리로 "길이 잘 들어서 폭풍우에도 끄떡없어."라고 말한다.

이 말은 엄마로서가 아닌 선배 마녀로서 한 말이었다. 키키는 선배 마녀가 건네준 '과거의 시간'에 기대어 미래로 나아간다. 하지만 키키는 새로운 마을에서 수없이 상처받고 좌절한다. 그럴 때마다 키키를 일으켜 준 것은 엄마의 빗자루가 선사하는 하늘의 시간이었다. 키키는 선배가

　　　　　　　　　　　　　이분법의 굴레와 황야의 이리

건네준 과거의 시간을 통해서 현재를 살아갈 수 있었고, 과거의 시간에 기대어 자신만의 미래를 그릴 수 있었다.

무엇보다 〈마녀 배달부 키키〉에서 가장 감동적인 부분은 선배 마녀가 언제나 그 자리를 지켜준다는 사실일 것이다. 이 작품은 키키가 새로운 마을에서의 이야기를 기록하여 집으로 편지를 보내는 것으로 끝난다. 그 편지에는 빗자루가 선사한 현재 삶에 대한 긍정과 함께 자신의 미래에 대한 애착이 녹아 있었다. 선배 마녀인 엄마는 그것을 읽어주는 아빠의 목소리를 들으며 흐뭇한 미소를 짓는다. 선배 마녀는 키키에게 "힘들면 언제든 돌아와도 좋다."라고 말할 뿐 키키와 자신의 삶 모두를 위해 언제나 자신의 자리를 지킨다. 나는 키키 엄마가 보여준 '건넴'과 '자리 지킴'에서 품격 있는 선배의 모습을 보았다. 그리고 한없이 부러웠다.

가장 먼저 사라진 선배, 관리자

우리 사회는 서이초등학교에서 근무하던 젊은 교사의 비극적 죽음과 마주해야 했다. 그 뒤로 시간이 제법 지났지만 하나도 변한 것이 없다. 교육부도 교육청도 전혀 변하지 않았다. 무엇보다 참담한 것은 수없이 많은 대책과 담론이 쏟아져 나오고 있지만 교사의 비극적 죽음은 계속되고 있다는 사실이다. 이 기막힌 시간을 더 고통스럽게 만드는 것은 우리 사회가 그토록 많은 교사들이 비극적 선택을 할 수밖에 없도록 방치하고 있었다는 사실이다. 교사는 그동안 보이지 않는 공간에서 혼자 싸워왔고, 보이지 않는 눈물을 흘렸고, 보이지 않게 삶을 내려놓았던 것이다.

사회와 교육부와 교육청은 그렇다 치더라도, 학교는 왜 바뀌지 않는가? 이토록 비극적인 죽음과 교사들의 통곡이 넘쳐나는데도 왜 학교는 여전히 교사의 비극을 방치하는가? 여기에 대한 답을 찾기 위해서는 이 책에서 반복적으로 다루고 있는 '문화'의 힘에 집중할 필요가 있다. 지금 교사들이 지나고 있는 비극적 시간의 밑바닥에는 사람의 가치를 외면하는 수많은 힘이 복합적으로 그리고 오랫동안 작용해 왔다. 그 결과 우리 사회는 '존중의 상실'이 일상이 되었고, 사람에게 향하는 폭력의 수위는 통제할 수 있는 수준을 넘어섰다. 사람이 그 자체로 존중받을 수 없는 사회에서 개인의 목소리는 금방 묻힐 뿐이다.

우리 사회에 존엄을 외면하는 문화가 오랫동안 쌓여온 만큼 이 비극을 해결하는 데도 오랜 시간이 걸릴 것이다. 교사를 보호하기 위한 법과 제도가 만들어져도 그것이 제대로 작동하려면 우리 사회가 다시 사람을 존중하는 문화를 회복해야 하는데, 이것은 쉬운 일이 아니다. 그 시간 동안 사람을 존중하는 태도를 가르치는 일을 본업으로 하는 교사의 삶 또한 무너져 버릴 것이다.

이럴 때 교사의 삶을 보호할 마지막 보루가 학교이다. 학교는 법과 제도가 만들어지는 동안, 그리고 우리 사회가 존엄을 회복하는 동안 교사의 삶을 보호하는 최소한의 방탄막이 되어주어야 한다. 이를 위해서는 학교 문화를 사람을 존중하는 문화로 만들어야 한다. 교사를 보호하는 것은 결국 문서에 적힌 조항이 아니라 사람이기 때문이다.

법과 제도가 없더라도 교사는 매일 수업을 하고 아이들을 지도해야 하며, 학부모들의 이런저런 요구에 답해야 한다. 존중을 상실한 사회는 학교와 교실을 무례함이 넘쳐나는 공간으로 만들었고, 교사는 더 이상 일상의 수업을 꾸려나가기 어려운 상황이 되었으며, 교사를 존중하지 않는 학부모들의 말은 감당할 수 없는 총알이 되어 교사의 몸에 박히고 있다. 그래도 교사는 오늘도 교실에서 사람을 존중하는 삶을 가르쳐야 한다. 그러니 학교는 법과 제도를 기다리기 전에 먼저 '사람이 사람을 보호하는 문화'를 만들어서 총알을 맞고 있는 교사를 보호해야 한다. 학교에서 '사람부터 살리자'는 목소리를 공식적으로 그리고 가장 확실하게 낼 수 있는 선배 교사가 교장과 교감이다. 그 목소리는 관리자의 자리에서 나오는 것이 아니라 '후배의 삶을 위하는 선배의 자리'에서 나온다. 하지만 이들은 자신들의 자리를 지키지 않았다.

교장과 교감은 단위 학교에서 가장 풍부한 경험과 이야기를 가진 선배이다. 누구보다 교사의 삶을 잘 알고 있기에 후배 교사에게 조망적 시각을 안내하고 절대적인 지지를 보내줄 수 있다. 하지만 그들은 그런 역할을 전혀 하지 못하고 있다.

비극적 선택을 한 교사들의 유언과 주변 동료들의 증언은 하나같이 관리자의 부재를 말하고 있다. 관리자들은 학교에 있으면서도 후배를 도와주지 않았고, 학부모에게 모욕적인 말을 듣고 있는 교사를 방치했으며, 제발 도와달라고 손 내미는 후배의 손을 뿌리쳤다. 그들은 자신의 자리를 지키기 위해서 온 힘을 다해서 침묵했을 뿐 후배의 삶을 지키는 역할은 하지 않았다.

후배가 막다른 길에 이르기 전에 그 상황을 한 걸음 뒤에서 볼 수 있도록 도와주는 것이 선배이다. 견딜 수 없는 폭언과 감당할 수 없는 민원에 시달린 교사의 자존감은 한없이 추락한다. 자존감이 무너진 교사의 시선은 바늘구멍처럼 좁아진다. 그 좁은 시선은 삶을 위한 빛을 모조리 차단하여 교사가 처한 상황을 제대로 볼 수 없게 만든다. 잃어버린 삶에 대한 조망적 시각을 되찾아 줄 수 있는 사람이 선배이고 관리자이다. 선배들은 언제나 후배에게 '당신은 누구보다 귀하고 훌륭한 사람'이라는 메시지를 보내어 후배가 다시 빛을 볼 수 있도록 도와줘야 한다. 학부모가 아무리 교사를 욕해도 "저 선생님은 그런 사람이 아닙니다. 다른 것은 몰라도 우리 동료를 그렇게 공격하는 언행은 저도 참을 수 없습니다."라고 말하는 것이 선배이다. 하지만 관리자들은 침묵했다. 그들은 후배를 지켜주지 않았고, 스스로 교사의 삶과 멀어졌다. 그래서 관리자는 학교에서 가장 먼저 사라진 선배가 되었다.

문화를 만들지 못하는 관리자

그렇다면 이 시대의 교감과 교장이 관리자의 역할은 제대로 하고 있는가? 관리자가 관리해야 할 핵심은 '학교 문화'이다. 조금 더 정확하게 말하면 '문화를 만드는 일'이다. 모든 조직은 문화를 가지고 있으며, 그 문화는 사람과 현상을 대하는 방식을 통해서 만들어진다. 공동체는 언제나 문제 상황과 갈등에 직면한다. 문제 상황과 갈등을 해결하는 과정에서 자연스럽게 공동체만의 독특한 문화를 형성하는데, 이를 '하위문화'라고 한다. 학교의 관리자는 거대한 문화를 가꾸는 사람이 아니다. 단위학교의 하위문화를 촘촘히 살피고 개선해 나가는 일을 쉬지 않고 수행하는 사람이다.

　문화는 과거의 시간이 축적한 결과들을 어떻게 해석하고 연결하는지

이분법의 굴레와 황야의 이리

에 대한 관점에 따라서 전혀 다르게 형성된다. 그렇기에 관리자는 학교 구성원들이 걸어온 시간에 대한 나름의 해석을 가지고 있어야 한다. 바로 여기서 관리자의 책임이 나온다. 관리자는 '사람과 현상을 대하는 방식'과 '과거의 시간'에 가장 직접적인 영향을 줄 수 있는 사람이기 때문에, 관리자는 자신이 알고 있는 일뿐 아니라 자신이 알지 못했던 일이 불러온 결과까지 모두 책임을 져야 한다. 그래서 관리자는 교사들이 겪는 수많은 실패와 두려움 앞에서 "괜찮아요. 내가 챙겨볼 테니 선생님은 마음 쓰지 마세요!"라고 말하면서 교사의 어깨를 가볍게 해주어야 한다. 결국 관리자가 만들어나가야 할 학교 문화의 핵심은 '사람을 지키는 것'이다.

사람을 지키는 문화를 만드는 일은 거창한 것이 아니다. 교사를 존중하는 것을 학교 문화의 대원칙으로 정하면 된다. 학교 문화는 교육과정이 교사와 학생, 그리고 학부모의 삶에 녹아드는 상호작용의 방식에서 형성된다. 이 상호작용의 시작은 교실에서 이루어지는 수업에 있으며, 교사들이 매일 수행하는 교육 활동에 대한 피드백이 축적되어 문화가 형성된다. 이러한 측면에서 관리자의 가장 중요한 책임은 교사가 존엄을 유지하며 수업할 수 있는 '존중의 문화'를 만들어나가는 것이다. 교사를 존중하는 문화가 형성되어야 아이들은 교사의 수업을 학원 수업보다 중요하게 생각할 것이고, 학부모는 교사에게 품격 없는 악다구니를 쏟아낼 수 없으며, 힘들어하는 동료의 고통을 보고 '그냥 견디라'는 말을 아무렇지 않게 내어놓는 문화가 사라질 수 있다.

문제는 대부분의 교장과 교감이 이러한 문화를 만들어나가는 일에는 관심이 없다는 사실이다. 무엇보다 관리자들은 과거의 시간에 대해서 말하지 않는다. 교사들이 겪어온 고통, 교사들이 살아낸 품격 있는 시간, 교사들이 들었던 참혹한 말들, 그 말을 견디며 교실에서 실천했던 수많은 애씀을 말하지 않는다. 그들은 철저히 침묵했고, 그 침묵 속에서 교사들은 광야에 던져졌다. 관리자가 교사의 교육 활동에 숨어 있는 가시들을 촘촘히 걸러내지 않는 한, 지금 교사들이 견디고 있는 지옥 같은 시간은 영원히 끝나지 않을 것이다.

왜곡된 학교 문화와 사라진 철학자들

선배 교사로 살기를 거부한 관리자들은 학교에 사람을 존중하는 문화가 아니라 위계를 중시하는 문화를 심어놓았다. 그 위계는 교사와 교사 사이에 넘을 수 없는 장벽을 만들었고, 그 벽 앞에서 자신들의 고통과 어려움을 솔직하게 꺼낼 엄두를 내지 못하게 했다. 관리자들은 학부모의 민원으로부터 몸을 숨기기 위해서 불필요한 위계를 끝없이 쌓아나갔고, 위계의 문화가 만들어낸 수많은 벽 앞에서 교사들의 삶은 분열되었다.

선배 교사들은 학부모의 눈치와 경쟁을 강요하는 교육정책 틈에서 고통받는 교사들이 숨 쉴 수 있게 해야 한다고 외쳤지만, 관리자들은 이를 외면했다. 화려한 계획서에 맥락 없는 내용을 욱여넣어서 사업을 따 오는 것이 중요하다고 말하는 관리자에게 철학과 덜어냄을 말하던 선배 교사는 불편한 존재로 낙인찍힌 채 학교의 구석으로 유배되었다. 교육청에서 철학 없는 공문을 내려보내고 그것을 하지 않으면 안 될 것처럼 겁줄 때도, 선배 교사들은 현장에 적용할 수 있는 다양한 대안을 제시했다. 하지만 관리자들과 교육청은 이를 경청하지 않았다.

이분법의 굴레와 황야의 이리

교육 현장을 양극단의 대립 구도로 만들어놓고 그중에 한 가지만 선택하도록 강요받는 삶을 극복하기 위해서는 선배 교사의 자리가 절실하다. 교사 문화에서 사라진 선배 문화를 되살릴 수 있는 방법은 '리더교사로서의 삶' 챕터에서 자세히 설명할 예정이다.

그 전에 먼저 짚고 넘어갈 것이 있다. 왜 교사 문화에서 이렇게 이분법적 세계관이 오랫동안 자리할 수 있었을까? 그 이유를 이해하기 위해서는 교사의 삶을 지배하고 있는 '경쟁 문화'에 대해서 살펴볼 필요가 있다. 경쟁이 교사의 삶에 어떻게 작동하는지를 정확하게 알아야 새로운 삼지대를 만들어낼 수 있기 때문이다.

03

경쟁의 탄생과 강요된 선택

산소가 된 경쟁

이분법적 세계관은 세상의 모든 것을 이것 아니면 저것으로 갈라치며 우리의 삶을 극단으로 몰아간다. 다양한 가치가 있음에도 불구하고 대립하는 가치 가운데 하나를 선택하게 만드는 것은 불행한 방식이다.

사람들은 이러한 선택이 불러오는 비극성을 알고 있다. 그런데도 이분법적 세계관에서 좀처럼 벗어나지 못한다. 오히려 그것을 자신들이 추구하는 논리를 강화하는 데 이용하고 있다. 여성과 남성, 청년과 노인, 동성애와 이성애, 국민과 난민, 수도권과 지방, 정규직과 비정규직 등의 대립 구도는 현재 우리 사회를 움직이는 강력한 이념인 동시에 수많은 혐오의 원천으로 작동한다. 어울림이 아닌 배제를 불러오는 혐오는 교육에까지 그 힘을 뻗치고 있다.

본캠퍼스와 지방캠퍼스, 의대 입시를 성공한 학생과 실패한 학생, 인

서울대학과 지잡대 같은 범주의 말들은 전자의 삶은 성공한 삶이요 후자의 삶을 실패한 삶으로 규정한다. 이분법으로 갈라친 대학생의 삶은 전자의 범주에 들어간 학생들에게 우월감을 선사하고 후자의 범주에 들어간 학생들에게 자괴감을 준다. 우월감과 자괴감 사이에 그 어떤 여백도 존재하지 않는다. 이 같은 갈라치기가 생겨나면서 '조려대'와 '원세대' 같은 혐오의 말도 등장하게 되었고, 삶에 대한 조망적 시각을 길러야 할 대학생들은 자기 삶을 스스로 가두게 되었다.

  이분법이 그어놓은 선은 기어코 범주화의 힘을 작동시켜 우리의 삶을 가두고 있다. 그런데 우리는 왜 이것을 극복하지 못할까? 여기에 대해서 재미있는 설명을 들려주는 책이 알피 콘의 《경쟁에 반대한다》이다. 콘은 이분법적 세계관을 통해서 우리가 경쟁을 무의식적으로 학습하게 된다고 말한다.

> 이분법적 사고는 경쟁을 널리 퍼트릴 뿐만 아니라 경쟁의 결과이기도 하다. 경쟁에는 두 가지 결과밖에 없다. 승리 또는 패배. 세상을 두 가지 중 하나로 보는 사람에게 경쟁은 매력적이다. (중략) 경쟁 문화가 사람들에게 세상은 승자와 패자로 나뉜다는 점을 가르치며, 우리는 그 배움을 내면화하여 흑과 백의 세계관을 체득했다는 점이다.
>
> ― 《경쟁에 반대하다》에서

'승자와 패자' 구도는 현재 우리 사회를 움직이는 강력한 프레임이다. 대학 서열화가 만들어놓은 치열한 경쟁 체제에서 자란다는 것은 끝없이 남과 비교하는 시간을 견디는 것이며, 그 비교에서 한 걸음이라도 앞서려고 발버둥 치는 삶을 내면화하는 것이다. 우리는 '좋은 삶'을 위해서 당연히 더 열심히 살아야 하고, 좋은 대학에 들어가야 하며, 그 결과로 누리는 보상은 온전히 '나만의 결과'라는 생각을 가지게 되었다. 경쟁과 보상이라는 단선적 회로는 우리 사회를 살아가는 아이들을 경주마로 만들었다. 좋은 영화를 보는 것도, 고전을 읽고 토론하는 것도, 좋아하는 사람과 서로의 생각을 깊이 나누는 것도, 멋진 미술 작품을 감상하는 것도, 사회에서 고통받는 사람들의 목소리에 귀 기울이는 것도 관심 밖의 일이 되는 것이다.

경쟁을 내면화한 아이들은 대학에 입학해도 여전히 맹목적 경쟁을 이어간다. 사람들은 모두 새로운 한 걸음을 위해서 끝없이 자기를 착취하게 되고, 패자의 범주에 들지 않으려고 발버둥 친다. 발버둥 치는 사람들은 점점 늘어만 가고, 모두가 발버둥에 정신이 팔려 있어 주변을 돌아보지 못한다. 그 결과 사람을 향하는 시선은 더욱 흐려질 것이고, 그렇게 승자의 위치에 올라선 사람은 다른 사람을 존중하는 품격 있는 삶이 아닌 패자를 내려다보는 오만한 삶을 살게 된다. 우리 사회에서 일어나고 있는 수많은 혐오와 대립의 밑바닥에는 이러한 경쟁 문화가 만들어놓은 이분법적 세계관이 자리하고 있다.

그래서 콘은 경쟁의 내면화 상태를 비판적으로 숙고하자고 제안한다. 다시 말해, 우리가 당연하게 받아들이고 있는 경쟁이 과연 우리 사회에서 꼭 필요한지 생각해 볼 필요가 있다는 것이다. 콘은 수많은 논문과 실험 데이터를 바탕으로 '경쟁은 필연적인가?', '경쟁은 더 생산적인가?',

이분법의 굴레와 황야의 이리

'경쟁은 더 재미있는가?'와 같은 물음에 대한 자신만의 해석을 들려준다. 그는 "경쟁은 그 자체로 필요해서가 아니라 우리 사회를 경쟁적 사회로 유지하기 위해서 경쟁하는 상황을 포기하지 않는 것"이라고 말한다. 결국 승자와 패자로 나뉘는 이분법적 사회를 유지하기 위해 모든 사람이 각자 행복하게 살아갈 수 있는 사회를 선택하지 않은 것은 우리 자신이라는 말이다. 그래서 경쟁을 극복하려면 경쟁이라는 시스템을 손보는 것이 아니라 완전히 새로운 선택을 해야만 한다.

나는 교사 문화를 회복하는 데도 새로운 선택이 필요하다고 생각한다. 그러기 위해서는 우리가 일상에서 하는 선택이 '강요된 선택'이라는 사실을 정확하게 인식해야 한다. 강요된 선택은 경쟁을 유지하는 지름길이기 때문이다.

선택 중독

존 듀이는 〈자유의 철학〉이라는 에세이에서 "진정한 선택은 사회가 만들어놓은 선택지에서 더 좋은 것을 고르는 수동적 선호가 아니라, 자신만의 새로운 선호를 만드는 일"이라고 말한다. 자신의 소신과 철학을 담지 않은 선택은 강요에 가깝기 때문이다.

경쟁과 이분법이 지배하는 세계를 살아가는 사람들이 마주한 선택지에는 이미 패권적 가치판단이 개입되어 있다. 우리 시대를 잠식한 패권은 '자본'이다. 자본은 우리가 다른 사람과 다르게 보이려면 끝없이 소비하라고 말한다. 상대방이 어떤 사람인지 알기 위해서는 그 사람과 마주하고 이야기를 나누어야 한다. 삶의 철학과 이야기를 접할 수 있어야 그 사람을 이해할 수 있다. 그러나 자본은 그러한 시간은 필요 없다고 선언한다. 자본은 우리에게 시간 대신 교환에 헌신하라고 말한다. 자본이 만든 사회에서 살아가는 우리는 삶의 이야기를 명품 옷, 고급 시계, 브랜드 신발, 외제 차, 프리미엄 아파트 등과 교환한다.

자본은 교환이라는 바꿔치기를 반복하면서 '바꿔치기하는 행위 그 자체'에서, 다시 말하면 소비 행위 자체에서 쾌락을 느끼도록 만든다. 자본은 교환 행위가 지닌 공허함을 숨기기 위해서 선택의 과정에서 느끼는 어려움을 최대화하는 방식으로 선택에 집중하도록 만들고, 그 어려움 끝에 마주한 선택의 결과에 중독되도록 만든다. 이 중독 메커니즘을 유지하기 위해서 등장하는 것이 복잡한 메뉴들과 옵션들이다. 수많은 옵션에서 하나를 고르는 것이 쾌락이 되는 순간 우리는 선택의 노예가 된다. 수많은 메뉴에서 하나를 고르고, 수많은 모델에서 하나를 고르고, 수많은 타입에서 하나를 고르는 것은 진정한 선택이 아니다. 타인이 만들어놓은 욕망의 틀에 스스로를 가두는 일이다. 그런 선택이 계속될수록 내면은 더 빈곤해지는 것이다.

엄기호의 《단속사회》에는 자본주의가 만들어놓은 '욕망의 선택'이 불러온 허무함과 마주한 '수현'이라는 인물의 이야기가 나온다. 수현은 자본이 제공하는 수많은 체험을 끝없이 반복하지만, 그 체험이 남들과 다른 나를 만들어주지 못한다는 것을 깨닫게 된다. 남들과 다른 삶을 살고 싶었던 수현은 자신에게 '아무것도 하지 않는 시간'을 주기로 하고 아무 계획도 정보도 없이 50만 원이 든 카드 한 장을 갖고 떠난다. 엄기호는 수현이 진정한 자유와 선택의 의미를 간파했다고 말한다.

이분법의 굴레와 황야의 이리

이분법적 세계관이 만든 경쟁 시스템은 우리를 조급한 선택자로 만들었다. 자본주의는 그 선택이 우리를 빛나게 만든다고 가스라이팅을 한다. 자본주의는 얼핏 보면 수많은 메뉴와 선택지를 제공하는 것처럼 보인다. 카페에만 가도 눈이 휘둥그레질 정도로 메뉴가 많다. 그러나 어떤 것을 선택한다고 하더라도 경쟁과 자본이 만들어놓은 선택지를 벗어날 수 없다. 선택을 하면 할수록 그 선택이 우리의 삶을 더욱 틀에 박힌 삶으로 만들고 있는 것이다. 그러고 보면 이 시대를 살아가는 사람들이 공통적으로 겪는 선택의 어려움은 메뉴에 대한 진솔한 고민 때문이라기보다 강요된 선택에 대한 근원적 거부감 때문일 것이다.

교사의 삶이 이분법에서 벗어나기 힘든 이유도 바로 이러한 경쟁 시스템이 강하게 작동하기 때문이다. 경쟁이 만들어놓은 강요된 선택만이 존재하는 교사의 삶에서 자신의 철학을 녹인 진정한 선택은 찾아보기 어렵다. 경쟁과 강요된 선택이 그어놓은 견고한 선이 바로 교사의 승진 트랙이다. 교사의 삶은 이 트랙 앞에서 분열될 수밖에 없다.

교사 승진 시스템, 이분법의 거미줄

교사로 살아가면서 '멋진 교장 선생님'이라고 생각되는 관리자를 만나기는 쉽지 않다. 교사들이 무용담처럼 늘어놓는 갑질 경험은 그렇다 치더라도, "아니, 지금도 그런 교장이 있어?"라며 분노하는 모습은 내가 첫 발령을 받은 순간부터 지금까지 사라지지 않고 있다. 시대가 변하고 사회가 바뀌고 교육이 바뀐다고 하지만, 교사에게 관리자는 자신의 고민을 편안하게 내어놓을 수 있는 사람이 아니라 가급적 피하고 싶은 불편한 존재이다. 좋은 관리자의 이야기가 전설처럼 들려오기도 하는데, 그분들은 강호의 무림 고수처럼 금세 소리 없이 사라지시고 만다. 교사들은 인품과 실력을 고루 갖춘 관리자를 누구보다 기다리고 있다.

학교에서 관리자들은 누구보다 존경받고 선망의 대상이 되어야 마땅하다. 오랜 시간 교사의 삶을 살아오면서 열심히 승진 요건을 채운 사람들이며, 무엇보다 학교를 책임지는 얼굴이기 때문이다. 이러한 자리에 있는 사람들이 교사가 닮고 싶은 사람이 아니라 피하고 싶은 사람이 되었다는 것은 매우 서글픈 현실이다.

왜 이토록 서글픈 일이 오랜 시간 동안 반복되었을까? 그리고 우리는 이런 문화를 어떻게 극복해야 할까? 현재의 교원 승진 시스템이 '품격 있는 관리자를 길러낼 수 없는 트랙'이라는 것을 인정하는 것에서부터 시작해야 한다. 교사가 현재의 승진 시스템에 헌신적으로 다이빙하면 할수록 교육의 본질과 멀어지는 동시에 교사의 삶과도 멀어지기 때문이다. 이는 교원 승진 시스템이 가지고 있는 '이분법의 거미줄'이라는 특성 때문이다. 지금부터 승진 시스템의 씨줄과 날줄을 함께 살펴보자.

먼저 지금의 승진 시스템은 승자와 패자가 구분되는 '종적 이분법'으로 유지된다. 승진하기 위해서는 교사로 살아가는 시간 동안 연구 점수, 벽지학교 점수, 연구학교 점수, 근평 점수, 연수 점수 등을 빈틈없이 채워야 한다. 하나라도 부족하면 승진하기 어렵다. 이러한 점수 중에서도 벽지학교 점수와 연구학교 점수는 상당히 받기 어려운 점수이다. 이 점수를 받으려면 그 학교로 가기 위한 '이동 점수'를 따로 모아야 한다.

점수에 목매는 삶을 살아가다 보면 어느 순간 '점수'라는 폐쇄적 세계

이분법의 굴레와 황야의 이리

에 완전히 갇히게 된다. 점수를 생각하고 싶지 않아도 계속 그것을 계산하게 되고, 심지어는 다른 사람의 점수까지 계산해서 나의 것과 비교하게 된다. 이는 승진 트랙이 승자와 패자로 정확하게 구분되는 이분법의 트랙이기 때문이다. 수많은 사람이 연구학교와 벽지학교에 들어가기 위해서 줄을 서지만, 점수의 세계는 그들을 연구학교에 들어간 사람과 들어가지 못한 사람, 벽지학교에 들어간 사람과 들어가지 못한 사람으로 양분한다. 전자는 승자이고 후자는 패자가 된다. 점수는 승자와 패자를 구분하는 단 하나의 기준이 되기 때문에, 승진 트랙을 오래 달린 사람의 삶은 자연스럽게 점수가 되는 것과 점수가 되지 않는 것을 구분하는 삶을 살게 된다. 이렇게 교사의 삶에서 점수는 수단이 아닌 목적이 되는 것이다.

승진 트랙의 더 큰 비극은 동료를 구분하는 '횡적 이분법'에 있으며, 이는 '외부로의 시선'으로 연결된다. 경쟁에 오래 노출된 교사는 자기가 소속된 학교의 공동체와 소통하기보다, 자신과 같은 목적으로 점수를 축적하는 동료들과 소통하는 것이 점점 편해진다. 점수를 쌓기 위한 경쟁력을 갖추려면 점수에 대해서 잘 알고 있고 거기에 관심이 있는 사람들과 정보를 교류해야 하기 때문이다. 그러니 승진 트랙에서 달리는 교사는 자연스럽게 점수 이야기를 할 수 있는 동료와 가까워지고, 점수 이야기에 관심 없는 동료와 멀어진다.

자신이 지금 근무하고 있는 학교가 연구학교나 벽지학교를 가기 전의 단계라고 하면 이러한 '외부로의 시선'은 더욱 심해진다. 현재 자신이 속한 학교는 다음 학교를 위한 징검다리일 뿐이고, 승진 점수를 받기 위한 간이역일 뿐이다. 결국 승진 트랙이 가지고 있는 횡적 이분법은 교사의 동료를 두 개의 범주로 갈라치기한다. 이 갈라치기의 힘은 교사의 시선을 자신이 살아가는 현재 학교에 두지 않고 바깥으로 돌리게 한다. 끝없이 바깥으로 관심이 향하는 교사는 자신의 내면이 공허해지고 있다는 사실을 알아차리기 어렵다. 그렇게 승진 트랙에 갇힌 교사는 공허한 삶을 견뎌야 한다.

이분법이 베어간 도덕적 판단

이분법의 거미줄 속에 걸어 들어간 교사는 결국 거미줄에서 빠져나올 수 없다. 이분법적 세계관은 수많은 가치뿐 아니라 다양한 사람들이 살아가는 교육 현장의 선택을 '점수가 되는 것과 되지 않는 것'으로 바꿔치기한다. 바꿔치기에 익숙해진 교사는 일상에서 마주하는 수많은 선택과 판단의 과정 역시 이분법의 관점에서 수행하게 된다. 이러한 판단에 익숙해진 사람은 무엇을 잃어버리게 될까?

> 이러한 이분법적 세계관에는 또 하나의 문제가 있다. 선택할 수 있는 것이 두 가지밖에 없다면 전형적으로 하나는 좋은 것이 되고 다른 하나는 나쁜 것이 된다. 우리가 맞닥뜨리는 모든 것을 합리와 비합리, 정의와 악, 진보와 보수, 온건과 급진으로 간단히 나누어버린다. 이렇게 단순하게 둘로 나뉘는 세상은 어려운 도덕적 문제가 발생하지 않는 매우 편리한 세상이다. (중략) 이분법적 사고가 경쟁과 결합하면 '최고'라는 것에 병적으로 집착하게 된다. 자기 자신을 포함하여 1등이 아니면 쓸모없는 존재가 된다.
>
> ―《경쟁에 반대한다》에서

이분법적 판단은 결국 도덕적 판단을 소거한다는 것이다. 승진 트랙이 지닌 문제점을 깊이 성찰하지 않은 채 거기에 맹목적으로 헌신해 온 사람은 자신도 모르는 사이에 비윤리적이고 비도덕적인 판단을 하게 되고, 자신이 소속된 공동체의 삶보다 학교 밖 공동체의 삶에 더 관심을 가지게 되는 것이다. 학교의 문제는 외면하고 교육청을 기웃거리는 자신의 무책임함을 반성하지 않는다. 고통과 홀로 싸우다 지쳐 떨어져 나간 교사의 빈자리는 보지 않고, 교육장의 빈자리에만 관심을 둔다. 자신의 도덕성을 성찰하지 않는 관리자는 결코 교사의 삶을 구원할 수 없다.

최근 교사들이 겪고 있는 비극적 일상 뒤에 빠짐없이 등장하는 '무책임한 관리자'의 모습은 도덕적 판단을 상실한 사람들의 민낯을 보여준다. 학부모의 어처구니없는 요구를 견디다 못한 교사가 스스로 목숨을 끊었고, 이 비통한 죽음의 진상을 어떻게 하면 알 수 있는지 묻는 유족에게 "그걸 왜 저한테 묻나요?"라고 되묻는 교감의 말에는 한 뼘의 도덕적 판단도 없다. 함께 근무하던 교사가 학교에서 목숨을 끊었지만, 그 교사가 겪었던 어려움들은 "본인이 스스로 선택한 겁니다."라고 말하는 학교 입장문을 낼 수 있으려면 그 학교의 교장에게는 한 뼘의 양심도 없어야 한다. 판단과 양심이 없는 사람은 사람이 아니다.

2023년 어느 때보다 뜨거웠던 광장을 가득 메운 교사들이 공통적으로 했던 말은 "관리자의 무책임한 태도와 나를 죄인 취급하는 말 때문에 더 상처받았다."이다. 교사는 언제까지 이토록 아린 말들을 들어야 하는가? 사람이 사람을 지키지 않는 한 교사들의 참담한 삶은 한 뼘도 나아지지 않으리라.

이분법이 아닌, 동료가 길러낸 관리자

수면 위로 떠오른 교사의 비극적 삶을 돌아보면, 관리자들이 교사의 삶을 지원하고 서로 존중하는 학교 문화를 만들어나가는 능력이 없다는 사실을 알 수 있다. 나아가 현재의 승진 시스템은 사람과 문화를 향하는 품격 있는 관리자를 길러낼 수 있는 시스템이 아니라 할 수 있다. 교사들과 학교에 필요한 관리자는 사람과 문화를 볼 수 있는 품격 있는 사람이다.

법과 제도가 마련되지 않아도 품격 있는 관리자만 있으면 교사들은 얼마든지 어려운 상황을 극복할 수 있다. 품격 있는 사람은 도대체 어디에 있는가? 힘든 일을 겪었을 때 위로를 건네는 동료, 바쁜 일이 있어도 차 한잔하자면서 상처받은 마음을 풀어주는 동료, 큰 행사를 처음 준비하는 후배를 위해서 어두운 강당에 불을 밝히고 묵묵히 의자를 놓아주는 선배가 품격 있는 사람이다. 그러니 학교 문화를 기르는 사람을 굳이 승진 트랙에 갇힌 사람들에게서 찾을 필요가 없다. 오히려 그 트랙 밖에 있는 교사들이 훨씬 더 교사의 삶을 잘 지킬 수 있다. 이제 이분법으로 범벅된 승진 시스템을 완전히 뜯어고쳐야 한다.

이 일은 결코 어렵지 않다. 단위 학교에서 동료 교사의 추천을 받아 임기를 정해 교감과 교장의 일을 돌아가면서 수행하면 된다. 임기가 끝나면 교사로 돌아와서 교사의 삶을 다시 살아가면 된다. 물론 힘든 관리자의 일을 맡으려는 교사에게는 그에 걸맞은 수당이 함께 제공되어야 한다. 관리자가 교사의 삶을 떠나는 자리가 아니라 다시 교사로 돌아오는 자리로 재개념화되었을 때, 관리자는 교사들의 이야기를 경청할 수밖에 없다. 교사로 돌아오는 것이 관리자의 삶이라는 문화가 정착될 때, 학교

이분법의 굴레와 황야의 이리

는 업무와 경쟁이 아닌 마주함과 다가섬의 공간이 된다.

이렇게 하려면 현재의 교원 연수 시스템부터 손봐야 한다. 그 가운데 핵심은 생애주기별 전문적 연수 시스템을 마련하는 일이다. 예산을 투입하여 전문연구팀을 만들어서 제대로 해야 한다. 물론 팀원의 절반 이상은 교사로 채워야 한다. 교사의 삶을 지키는 방법을 배우는 연수에서 가장 필요한 것이 무엇인지는 교사들이 제일 잘 알기 때문이다. 그래서 모든 교사가 생애주기별 전문 연수를 받을 수 있도록 해야 한다. 이러한 시스템을 마련하려면 오랜 연구와 준비가 필요한데, 지금이야말로 그 일을 시작할 때이다. 대부분의 일이 그렇듯, 교사 승진 시스템을 바꾸는 일도 결국은 의지의 문제이다. 밑그림만 잘 그린다면 결코 어려운 일이 아니다.

가령, 경력 5년 차는 일급 정교사 자격연수를, 경력 10년 차는 리더교사 자격연수를, 경력 15년 차는 교감 자격연수를 받도록 하되 그 프로그램은 좋은 내용과 지원 시스템을 갖춰야 한다. 모든 과정은 상대평가가 아니라 절대평가로 이루어져야 하고, 경쟁적 배제가 아니라 협력적 지성을 수련하는 시간이 되어야 한다. 그렇게 모든 교사가 관리자의 자격을 갖추고, 인성과 실력을 인정받은 동료를 추천하여 돌아가면서 관리자의 역할을 수행한다면 교사를 통제하고 관리하려는 교육 관료들의 얄팍한 밑그림을 완전히 구겨버릴 수 있다. 교육부는 실효성 없는 고시와 허울뿐인 정책을 내려보낼 것이 아니라, 지금이라도 교사를 품격 있는 어른으로 기를 수 있는 시스템을 개발하는 일에 힘써야 한다. 괜히 어설프게 나서려고 하지 말고, 교사와 전문연구자들이 좋은 연수 프로그램을 만드는 데 필요한 예산과 행정 지원만 해주면 된다. 제발, 이분법이 길러낸 껍데기는 가라.

교사들이 이분법을 극복하는 방법은 새로운 선택을 만들어내는 방식으로 이루어져야 한다. 지금부터는 교사가 어떻게 이러한 삼지대를 만들어갈 수 있으며, 그 삼지대를 바탕으로 어떤 삶을 살아갈 수 있는지 구체적으로 살펴보자.

이분법의 굴레와 황야의 이리

04

황야의 이리와 리더교사의 삶

이분법과 진지함

앞서 이분법이 교사 문화에 뿌리내릴 수 있었던 이유를 '경쟁 메커니즘'
으로 설명했다. 경쟁 메커니즘은 우리 삶을 두 개의 범주로 나누고 삶의
의미를 끝없이 바꿔치기하는 과정이다. 이 바꿔치기가 교사의 삶을 비
극으로 만들고 있지만, 여기에서 쉽게 벗어나지 못하고 있다. 여러 가지
이유가 있겠지만, 이분법이 기본적으로 '진지함'의 힘으로 작동하고 있
기 때문이다. 그 진지함 때문에 교사들은 망설임과 유연함을 잃어버리
고 산다.

이분법은 우리를 둘러싼 세상의 요소들을 둘로 갈라서 거대한 그릇에
나누어 담는 과정을 반복한다. 이분법이 만들어놓은 두 개의 그릇은 압
도적인 크기와 위용을 자랑하고 있어서, 이 그릇 안에 담기지 않는 가치
는 쓸모없는 것이라고 말한다. 누군가 나타나서 "아무리 생각해도 이건

두 개의 그릇 어디에도 들어갈 수 없는 것 같아요."라고 말해도, 사회는 그러한 망설임을 받아들이지 않는다. 자신의 손에 쥔 것을 두 그릇 중 하나에 넣을 때까지 가자미눈을 뜨고 지켜본다. 내 삶이 인정받기 위해서는 다른 사람이 인정하는 그릇에 나의 삶을 담을 수밖에 없다.

그럴 때 우리는 유연함을 잃어버린다. 내가 원하는 그릇에, 내가 원하는 시기에, 내가 원하는 방식으로 나의 삶을 담을 수 없기 때문이다. 그러면 우리는 자신의 경험에 의미를 부여하지 못하고 압도적 가치에 매몰된다. 그러면서 '진지함'이 시작된다. 진지함은 하나의 틀로 작동하면서 우리가 새로운 그릇을 만드는 일을 가로막는다. 다시 말해, 어떤 가치에 자신의 해석을 덧붙이는 일을 남루한 것으로 만들어버리고, 우리가 살아가면서 하는 모든 상호작용을 '엄숙한 것'으로 만든다. 이는 결국 우리가 새로운 것을 발견하고 그것을 자기 삶에 수용하는 것을 차단하는 문화로 발전하게 된다.

그렇다면 이러한 진지함을 어떻게 극복할 수 있을까? 시대가 만들어놓은 강요된 선택과 경직성을 어떻게 넘어설 수 있을까? 궁극적으로 어떻게 두 개의 거대한 그릇을 부수고, 그 사이에 존재하는 소중한 가치들을 세상에 풀어놓는 문화를 만들 수 있을까?

헤르만 헤세의 소설 《황야의 이리》는 스스로를 '황야의 이리'라고 지칭했던 '하리 할러'라는 인물의 수기를 전달하는 형태로 구성되어 있다. 소설에서 헤세는 "인간의 삶이 정말로 고통과 지옥으로 변하는 건 두 시대, 두 문화, 두 종교가 교차할 때뿐이다."라고 적는다. 두 시대와 문화, 종교가 교차할 때는 양극단의 힘들이 워낙 강력하기 때문에 그 사이에서 망설이는 사람들이 새로운 삶을 살아가도록 기다려주지 않는다는 말이다. 이 상황에서 개인이 선택할 수 있는 선택지는 두 가지다. 하나는 두 개 중 하나를 선택하여 순응하는 삶을 살아가는 것이고, 다른 하나는 아무것도 선택하지 않는 삶을 선택하여 시민사회 밖으로 나가는 일이다.

하지만 하리 할러는 두 가지 선택 사이에서 스스로 매서운 시선을 포기하지 않는 이리가 된다. 그래서 순응하는 것도, 시민사회 밖으로 탈주하는 것도 거부한다. 하리 할러는 이분법 사이에서 어슬렁거리는 이리처럼 자신의 삶을 이어나간다. 또 어슬렁거리는 것에서 멈추지 않고 나름의 방식으로 삼지대를 만들어낸다. 그 삼지대는 바로 유머이다.

시민사회에 얽매여 있으나 그래도 시민들로부터 재능을 인정받는 사람들에게는 제3의 세계가 열려 있다. 그것은 가상적이기는 하지만 절대적인 세계, 바로 유머의 세계이다. (중략) 가장 위대한 일을 행하라는 소명을 받았으나 이를 저지당한 비극적인 사람들과 뛰어난 재능을 타고났으나 불행한 사람들의 탁월한 발명품인 유머, 오로지 (아마도 인간의 가장 독특하고 천재적인 업적일 터인) 유머만이 이 불가능한 일을 실현할 수 있다. 유머만이 인간 존재의 모든 영역을 망라하면서, 그것을 자신의 프리즘을 통과하는 빛들과 통합시킬 수 있다. 세상을 부정하면서 세상에 사는 것, 법을 존중하면서 법을 넘어서는 것, 소유하지 않은 듯 소유하는 것, 포기하지 않은 듯이 포기하는 것. 자주 인용되고 즐겨 요구되는 이 모든 고귀한 삶의 지혜들을 실현시켜 주는 건 오직 유머뿐이다.

— 《황야의 이리》에서

헤세는 유머의 핵심이 공존과 통합에 있음을 말하고 있다. 공존은 이분법이 만들어놓은 순응과 도피 모두를 거부하는 것이다. 순응과 도피는 수많은 가치의 공존을 허락하지 않는 극단적 선택이다. 공존이 만들어낸 유연함이 사라질 때 진지함이 찾아온다. 물론 진지함은 우리가 마주한 사태의 본질에 다가서기 위해서 필요한 요소이긴 하지만, 진지함이 지나치면 내 앞에 있는 상황을 조망하기 어렵다. 분열되었던 가치들을 연결하고 그것을 내 가치관과 연결하는 삶의 방식이 '유머'인 것이다. 유머는 진지한 상태에서 벗어나게 하는 힘이 있다. 그래서《황야의 이리》를 번역한 김누리 교수는 헤세가 말한 유머의 핵심을 '진지함의 상대화'라고 설명한다.

헤세가 제시한 삼지대가 가장 필요한 사람이 교사이다. '황야의 이리'는 이 시대를 살아가는 교사의 모습과 너무나 닮아 있다. 이분법의 시공간을 살아가는 교사들에게 유머는 진지함을 극복하게 하고, 매서운 이리의 눈빛으로 세상을 바라볼 수 있게 할 것이다. 나아가 하나의 가치를 선택하고 그 가치에 갇혀 사는 것이 아니라, 그 가치들을 막고 있는 그릇의 벽을 깨뜨려 다양한 가치가 아이들과 교사들의 삶에 녹아들 수 있도록 도와줄 것이다.

그렇다면 교사는 어떻게 일상에서 유머를 실천할 수 있을까? 썰렁한 아재 개그를 남발하는 방식으로 유머를 실천했다가는 그나마 교사 공동체에 남아 있던 따스한 온기마저 사라질 것이다. '진지함의 상대화'를 실천하기 위해서는 교사가 상대화해야 할 진지함의 대상을 찾아야 한다. 그리하여 진지함이 밀어낸 수많은 가치를 다시 교사의 삶에 녹일 수 있는 공존의 삶을 시작해야 한다. 교사들이 가장 많이 모이는 공간이자 진지함의 독백으로 채워지는 시간, 우리는 그것을 '교직원회의'라고 부른다.

진지함으로 채워지는 회의 문화

학교 문화에서 가장 진지한 시간을 꼽으라고 하면 대부분 '교직원회의'라고 말할 것이다. 이 시간에 학교에서 중요한 결정과 업무의 방향이 정해지기 때문에 교직원회의가 진지한 것은 당연하다. 문제는 이 회의가 엄숙주의의 상징이라는 데 있다. 학교 문화에 정착한 '과도한 진지함'은 그 상황 속에 있는 자신의 모습을 성찰할 여유를 빼앗는다. 그렇게 교사는 유연함을 잃어버리게 되고 진지함으로 채워진 교직원회의는 회의가 되지 못하고 전달에 머무른다.

회의가 되려면 거기에 참가한 구성원들이 자기의 생각을 자유롭게 꺼내놓을 수 있어야 하고, 상대방의 생각에 대한 현실적인 대안을 말할 수 있어야 하며, 무엇보다 자신의 생각만큼이나 동료의 생각을 깊이 경청해야 한다. 특히 학교는 다른 기관과 다르게 아이들의 지속적이며 전인적인 성장을 추구하는 공간이라는 측면에서, 회의 시간에 동료 교사가 겪고 있는 어려움에 공감하고 그것을 함께 해결해 나가려는 협력적 문화가 중요하다. 그러나 지금의 교직원회의에서는 이러한 토론과 공감, 협력을 찾아보기 어렵다.

토론이 사라진 이유는 여전히 많은 학교의 의사 결정 주도권을 교사가 아니라 관리자가 쥐고 있기 때문이다. 관리자는 교사들의 유연한 생각과 창의적 시도를 응원하기보다는 기존의 체제를 유지하는 것을 선호하는 경향이 있다. 그래서 교사들이 열심히 토론하여 나름의 대안을 제시하더라도 관리자가 다른 결정을 내리면 몇 시간의 회의는 물거품이 된다. 교사의 삶을 결정하는 중요한 회의가 여전히 관리자에 의해서 결정되고 있다는 사실을 경험한 교사는 회의 시간에 점점 이야기를 하지 않게 되고, 동료의 일이 더 복잡해질까 걱정하는 마음에 좋은 생각이 있어도 쉽게 제안하지 못한다. 이렇게 교직원회의는 일방적 전달과 조용한 받아쓰기가 반복되는 엄숙한 시간이 되었다.

교직원회의에서 공감이 사라진 것은 학교가 업무 중심의 관료제를 유지해 온 결과이다. 공감은 다른 사람의 입장에서 다시 생각해 보는 과정이다. 복잡한 절차와 결재 라인으로 점철된 관료주의 문화에서 타인의 입장을 천천히 반추하는 시간은 허락되지 않는다. 안 그래도 바쁜데 교직원회의에서 업무 이야기 외에 다른 이야기를 늘어놓을 틈은 없다. 그래서 교사들은 모이자마자 바로 안건 협의를 시작한다.

교직원회의 안건은 대부분 수많은 문제와 복잡한 갈등이 녹아 있는 것들이다. 아무리 작은 안건이라도 학교 현안에 대한 분석과 교육청에서 내려오는 공문의 지침에 근거하여 심도 있는 이야기를 나누게 되고, 자연스럽게 이야기가 길어진다. 그러다 보면 안건은 어느 순간 수많은 이야기 틈에서 공회전을 하게 되고, 처음에 제기했던 문제의식의 본질로 돌아가기 어려워진다.

이렇게 되면 동료 교사의 근심과 걱정보다 공문과 지침의 굵은 글씨에 더 집중하게 된다. 결과적으로 교사들이 자기 학년의 이야기, 자기 교과의 이야기, 자기 업무의 이야기, 자기 부서의 이야기, 자기 세대의 이야

이분법의 굴레와 황야의 이리

기만 하도록 만든다. 다른 학년의 어려움, 다른 부서의 고통, 다른 세대의 소외에 공감할 시간을 주지 않는다. 동료에게 공감하지 못했다는 미안함은 정신없이 진행되는 다음 안건에 밀려나고, 그렇게 회의는 진지한 상처로 범벅된다.

회의에서 협력이 사라진 이유는 학교에서 이루어지고 있는 의사 결정 체계가 교사 개인의 생각을 담지 못하기 때문이다. 지금의 회의 문화는 몇 가지 안을 정해주고 그 가운데 가장 선호하는 것을 고르거나, 하나의 안에 대한 찬성과 반대 정도의 의견을 수렴하는 것에서 그친다. 미리 정해진 메뉴에 대한 선호를 취합하여 의견을 결정하는 지금의 회의 문화에서 교사 개인의 솔직한 생각이 담길 곳은 어디에도 없다.

이런 회의 문화에서 결정된 내용으로 학교 구성원들을 설득하기는 어렵다. 개인의 의견을 솔직히 들어주고, 거기에 대한 피드백이 없는 상태에서 이루어진 결정은 누군가의 결정일 뿐 나의 결정이 아니다. 협력은 본질적으로 참여로 인해서 작동하는 것이고, 그 참여는 나의 생각이 반영된 지분에 따라서 결정된다. 개인의 생각이 반영되지 못하고 어딘가로 계속 미끄러지는 일이 반복되면서, 교직원회의는 경청과 참여를 위한 시간이 아닌 진지함과 소외로 채워진 시간이 되고 있다.

진지함을 깨기 위한 주파수

교직원회의가 일방적 전달, 진지함, 소외의 시간이 되면서 학교는 유연함을 잃어버렸다. 우리는 이를 어떻게 극복할 수 있을까? 결론부터 말하자면, 회의를 진지한 안건이 아니라 일상의 유머에서 시작해야 한다. 나아가 모든 구성원이 안건을 제안할 수 있어야 하며, 안건에 대한 의견을 실시간으로 기록하고 확인할 수 있어야 한다. 이는 내가 교방초등학교에 근무하면서 직접 경험한 '더불어숲 다모임'이라는 회의 문화를 통해 알게 된 사실이다. '더불어숲 다모임'은 부장회의인 '더불어숲 주간다모임'과 모든 구성원이 다 모이는 '더불어숲 월간다모임'으로 구성된다. 여기서는 유머로 시작하는 '더불어숲 주간다모임'에 대해서 자세히 설명하고자 한다.

먼저 '더불어숲 주간다모임'은 모든 교사가 실시간으로 구글 문서에 안건을 제안하는 것부터 시작한다. 학교 구성원이라면 누구든 제안할 수 있다. 학년부장들은 그렇게 일주일 동안 모인 안건을 바탕으로 학년 선생님들과 안건에 대해서 자유롭게 토론하고, 토론 결과를 바탕으로 학년의 의견을 구글 문서에 기록한다. 물론 의견이 하나로 수렴되지 않을 때도 많다. 이럴 경우는 개인의 의견을 그대로 구글 문서에 기록한다. 학년에서 의견을 수렴하는 동안 교무실의 업무지원팀 부장들은 학년에서 기록한 의견을 천천히 읽어보면서 학교의 철학과 비전을 어떻게 학년의 의견과 연결할지 고민한다.

이러면 회의 준비가 모두 끝난다. 모두가 모이면 그날 진행을 맡은 부장교사가 회의를 진행한다. 회의 진행은 한 명이 하지 않고 회의에 참여하는 부장교사가 돌아가면서 맡는다. '더불어숲 주간다모임'은 '꾸아드네프 - 독서 토론 - 안건 협의 - 기타 토의 및 건의 사항 - 미담 나누기' 순서로 진행된다.

먼저 '꾸아드네프(Quoi de neuf?)'는 불어인데, 우리말로 '요즘 어떻게

이분법의 굴레와 황야의 이리

지내요?'라는 뜻이다. 교방초등학교는 꾸아드네프를 통해 완전히 새로운 일상 나누기 문화를 만들어냈다. 원래 교방초등학교도 회의 때 바로 안건 협의를 시작했는데, 앞에서 말했던 문제들이 반복되었다. 그러한 모습을 지켜보면서 이것을 어떻게 극복할지 고민하던 혁신학교 담당 교사가 "우리, 안건 협의 전에 일상을 좀 나눠보면 어때요?"라고 제안하면서 '일상 나누기'가 시작되었다고 한다. 처음에는 "안건 협의 시간도 없는데 일상 나누기는 안 하는 게 어때요?"와 같은 부정적인 반응도 있었다고 한다. 그러나 교방초등학교가 오랜 시간 다져온 '교사의 삶을 응원하는 문화' 덕분에 혁신학교 담당 교사의 제안은 "일단 해봐요!"라는 압도적 응원을 받게 되었고, 그렇게 시작한 일상 나누기는 회의 문화 속에 단단히 자리하기 시작했다.

처음에는 자신의 일상을 나누는 일이 어색하고 부끄럽다. 교사들은 자신의 삶을 공론장에서 꺼내놓은 경험이 거의 없기 때문이다. 이는 일상 나누기를 오래 해온 교사에게도 마찬가지다. 그러나 자신의 일상을 꺼내놓아야 교사와 교사는 연결될 수 있다. 그래서 일상 나누기 시간에는 업무 이야기 말고 자신이 일상에서 겪은 작은 행복이나 고민, 재미있었던 이야기, 교실 이야기, 여행 이야기, 카페 이야기 등을 편안하게 풀어놓았다.

처음에는 어색하고 어렵지만, 시간이 좀 지나면 동료가 겪고 있는 소소한 이야기는 그 자리에 함께한 동료 교사들의 마음속에 '저 선생님도 나와 같은 고민이 있구나.'라든지, '저 선생님도 나처럼 어려운 시간을 지나고 있구나.'와 같은 공감의 끄덕임이 파도처럼 일어난다. 그래서인지 그 시간은 대부분 웃음으로 가득 찬다. 서로의 삶을 나누면서 그 속에 스며 있는 망설임과 고민을 긍정하고, 자신만의 다정한 경험을 덧대 주었다. 그렇게 함께 웃으며 연결되고 있었다. 일상 나누기를 한 다음에 바로 안건 협의로 들어가지 않는다.

일상 나누기 다음에는 독서 토론을 한다. 회의 시간에 함께 이야기 나눌 책을 사전에 투표로 정하고 학교 예산으로 사준다. 부장교사들은 회의 오기 전에 정해진 페이지까지 읽고, 거기서 인상 깊은 구절과 그 구절에 대한 자신의 생각을 미리 구글 문서에 적어둔다. 회의 시간에는 구글 문서를 함께 보면서 돌아가며 자기가 적은 글을 동료에게 소개한다. 이 시간 역시 자신의 일상과 교육에 대한 솔직한 생각들이 넘쳐난다. 책은 단지 서로의 삶을 연결하는 징검다리일 뿐 그것 자체가 목적이 아니다. 책에 적힌 문장들은 교실에 갇혀 있던 교사가 다시 세상과 마주할 수 있는 시간을 부여하고, 동료 교사의 재미있는 해설은 각자의 고민에 갇혀 시야가 좁아져 있던 교사에게 신선한 여유를 선사한다. 이렇게 교사들은 자신이 가지고 있던 진지함을 상대화하고 잃어버렸던 웃음을 되찾아 나갔다.

'일상 나누기'와 '독서 토론'을 지나고 나면 저마다의 이유로 지쳐 있던 눈에 생기가 돌기 시작한다. 그리고 동료들을 바라보는 눈빛이 달라져 있다. 이때 나는 '아, 우리의 주파수가 맞춰졌구나!'라고 생각한다. 우리는 '유머의 시간'을 통해서 하나로 연결되는 것이다. 동료의 일상과 동료의 망설임, 그리고 동료의 고민과 마주하지 않은 채 진지한 안건 협의에 들어가면 모두가 다른 주파수로 말하는 것과 같다. 각자 자기 입장에

이분법의 굴레와 황야의 이리

서 최선의 대안을 제시하지만 그 이야기들은 단지 독백이 되어 미끄러질 뿐이다. 진지함이라는 벽은 나의 이야기가 동료의 가슴에 스며드는 것을 차단한다. '일상 나누기'와 '독서 토론'은 그러한 진지함을 상대화한다. 그렇게 내가 마주하고 있는 고민과 어려움을 내어놓으면, 그것은 동료와 연결될 수 있는 강력한 주파수가 되어준다.

이렇게 30분 남짓 주파수를 맞춘 다음에야 안건 협의를 시작한다. 안건 협의 역시 실시간으로 구글 문서를 보면서 진행하고, 여기서 나오는 모든 말을 실시간으로 기록한다. 실시간으로 적히는 회의 이야기들은 결론만 전달받는 기존의 회의 문화를 극복할 수 있는 좋은 장치이자 거기에 기록된 개인의 생각에 대해서 짧게나마 피드백을 달 수 있는 소통의 장이었다. 나아가 구글 문서로 의견을 실시간으로 기록하는 행위 자체가 진지함을 상대화하는 시간이었다. 자신이 하는 말이 기록되는 것을 지켜보게 되면, 말에 담긴 자신의 감정과 생각의 흐름을 스스로 확인할 수 있기 때문이다. 회의에 참가하는 교사들은 자신의 말에 비추어 스스로의 모습을 상대화하고 있었다. 실시간으로 기록되는 소중한 이야기들은 진지함에서 벗어나서 유연하게 생각하고 말할 수 있도록 도와주었고, 그렇게 안건 협의 시간은 '진지함의 상대화' 시간으로 채워졌다.

그러면서 우리는 공문에 적혀 있는 강요된 선택을 넘어서서 우리 학교만의 대안을 소신 있게 실천해 나갈 수 있었다. 그렇게 유머의 시간을 통해서 학교 문화에 스며 있는 수많은 이분법의 선을 뭉갤 수 있었고, 교사로 살아오면서 한 번도 경험하지 못했던 유연한 선택지를 만들어낼 수 있었다.

유머가 만든 지름길

"그렇게 안건을 나중에 다루면 회의가 너무 늦게 마치는 거 아뇨?"라고 물을 수 있다. 실제로 교방초등학교도 꾸아드네프와 독서 토론을 건너 뛰고 바로 안건 협의에 들어간 날이 있었다. 그런 날은 평소와 다르게 부장교사들이 안건에 거의 집중하지 못할 뿐 아니라 진지한 표정으로 자기 이야기만 늘어놓았다. 그래서 평소 회의 시간보다 더 오래 걸렸고, 아무것도 결정하지 못한 채 회의를 마칠 수밖에 없었다. 영화 제목과도 같은 '진지함의 귀환'을 몇 번 경험하고 난 뒤에는 아무리 바빠도 '일상 나누기'와 '독서 토론'을 빠트리지 않게 되었다.

'더불어숲 주간다모임'의 마지막 순서는 '미담 나누기'다. 일주일 동안 생활하면서 칭찬하고 싶은 학교 구성원의 이름과 이유를 구글 문서에 적으면서 무한한 감사와 응원의 메시지를 남기는 시간이다. '미담 나누기' 영역에는 이미 칭찬하고 싶은 사람의 이름과 이유가 적혀 있는 경우가 대부분이었다. 이 시간에는 동료 교사뿐 아니라 늘 교사의 삶을 응원해 주는 행정실 식구들, 안전과 위생을 살펴주는 식구들, 급식소 식구들, 마을학교 식구들에 대한 다양한 이야기들이 적혀 있다. 그 기록을 보면서 교사는 또 한 번 진지함을 상대화한다. 학교가 수행하고 있는 교육이라는 것은 교사만의 노력으로 이루어지는 것이 아니라는 담백한 진실을 다시 한번 깨우친다. 교육은 개인의 고군분투가 아니라 공동체의 유연한 협력을 통해서 이루어지고 있었다는 사실을 '미담 나누기' 시간이 알려주었다. 교사는 '더불어숲 다모임' 시간에 수많은 망설임을 긍정했고, 관료제가 제시하는 거대한 그릇을 깨부술 힘을 얻었고, 양극단의 틀

이분법의 굴레와 황야의 이리

에 갇히지 않는 유연함을 배웠다.

이분법을 부수는 리더교사

나는 교방초등학교에 근무하면서 '유머의 회의 문화'를 만들어낸 사람이 누구일지 궁금했다. 이를 알아내기 위해서 학교를 어슬렁거리면서 흔적을 찾아나갔다. 교방초등학교는 그 사람들을 '리더교사'라고 불렀다. 리더교사는 탁월한 안목을 가진 선배 교사인 동시에, 그것을 실천으로 보여주는 교사이며, 학교 구성원들이 저마다의 방식으로 이루어내는 성장을 온전히 기다려주는 사람이다. 리더교사들은 황야의 이리가 되어 학교에 스며 있는 이분법을 박살 내고 있었다.

　이분법의 장벽은 우리 눈에 보이지 않는다. 눈에 보이지 않는 것을 극복하기 위해서 눈에 보이지 않는 관념을 가져와서 그것을 극복하려고 하면, 그 관념이 새로운 이분법으로 작동하여 우리를 가둔다. 이분법을 극복하려면 일상에서 삼지대를 실천해야 한다. 리더교사들이 이분법을 박살 내고 새로운 삼지대를 만들어낼 수 있으려면 학교 문화를 만들어나가는 교사의 삶을 적극적으로 응원하는 사람이 필요하다. 교방초등학교에서는 그 일을 교장선생님이 맡아주었다.

　'더불어숲 다모임' 시간 동안 교장선생님은 교사의 말을 경청했다. 회의를 결론짓지도 않고, 말을 길게 하지도 않았으며, 교사의 말을 잘라먹지도 않았다. 어이없는 간섭을 하면서 자신의 존재감을 드러내려는 일도 하지 않았다. 그냥 "저는 부장선생님들의 결정을 지지해요."라면서 웃어주었다.

회의를 하다 보면 좀처럼 이야기가 이어지지 못하고, 아무런 결정을 내릴 수도 없으며, 한숨만 나오는 그런 순간이 있다. 교장선생님은 그 순간에도 아무 말을 하지 않았다. 교장선생님이 그렇게 부장교사들을 기다려준 데는 이유가 있었다. 결국 그 순간을 극복할 수 있는 힘은 교사에게 있으며, 교사들이 주체적으로 그것을 해결하면서 새로운 삼지대를 만들어나가는 문화가 필요하다는 사실을 스스로 알아차릴 수 있도록 하기 위한 것이었다.

그렇게 말없이 자리를 지키던 교장선생님이 유일하게 나서는 순간이 있다. 그것은 우리가 방향을 완전히 잃어버렸을 때다. 이 순간에 어김없이 나타나는 것이 바로 이분법의 힘이다. 학교 현장에 켜켜이 쌓여 있는 대립적 가치들이 교사의 선택을 양극단으로 밀어내고, 그 가치들이 서로 융합될 수 없도록 만든다. 유머로 억눌러 놓았던 이분법의 힘이 회의 시간에 작동하기 시작하면 이야기는 앞으로 나아가지 못하고 늪에 빠져서 허우적거린다.

그때 교장선생님은 위치와 방향을 알려주었다. 다정한 얼굴로 "우리는 지금 여기에 있어요. 그리고 이 방향으로 나아가야 해요."라고 말해주었다. 그 방향은 경남에서 처음으로 혁신학교를 만들어나갔던 선배 교사의 과거이자, 철학이 아닌 콘텐츠만을 말하는 교육정책을 비판하면서 얻은 지표이며, 길을 잃은 후배 교사가 스스로 길을 찾아나갈 수 있도록 비춰주는 불빛이었다. 그렇게 교장선생님은 든든한 선배 교사가 되어주었다.

교장선생님은 우리가 위치와 방향을 숙고할 때 우리 학교의 비전을

이분법의 굴레와 황야의 이리

자주 말했다. '다른 우리가 모여 함께 빛나는 학교'는 단순한 문구가 아니라 우리가 추구하고 있는 철학이 녹아 있는 말이라는 것을 강조했다. 그 말에 녹아 있는 철학이 교사의 삶으로 번져야 한다고 말했다. 부장교사들은 눈에 보이지 않는 철학을 어떻게 교사의 삶으로 녹일 수 있는지 감이 잡히지 않았다. 그래서 교장선생님께 가장 많이 물었던 질문이 "교장선생님, 학교의 비전과 철학을 어떻게 그 선생님들에게 보여줄 수 있습니까?"였다. 교장선생님의 대답은 간단했다. "삶으로, 그리고 실천으로 그 철학을 보여주면 돼요. 그래서 리더교사가 필요한 거예요."

나는 '리더교사'라는 말을 교방초등학교에서 처음 들었다. 생소한 말이었지만 내가 찾던 '황야의 이리' 같은 존재라는 직감이 들었다. 그때부터 나는 교장선생님을 더 자주 찾아가서 리더교사란 어떻게 살아가는 사람인지에 대해서 많은 이야기를 나누었다. 교장선생님과 대화한 다음에도 여전히 풀리지 않는 물음이 있을 때는 업무지원팀의 선생님들과 다시 토론했다. 그 결과, 오랜 시간 답을 찾지 못했던 물음에 조그마한 해답을 내어놓을 수 있게 되었다. 그렇게 1년의 시간을 더 보내고 나서야 '선배 교사가 사라진 지금, 그 자리를 대신할 것은 리더교사구나!'라는 결론에 이르게 되었다.

교장선생님이 말한 리더교사는 '앞바퀴 교사'였다. 공동체가 앞으로 나아가기 위해서는 앞에서 그것을 끌고 나가는 사람이 필요하기 때문이다. 여기서 중요한 것은 앞바퀴가 혼자서는 굴러갈 수 없다는 사실이다. 공동체를 이끌어나가는 일은 혼자 힘으로는 안 된다는 것이다. 혼자 학교 공동체를 끌고 나가다 보면 그 사람은 '빅 마우스'가 된다. 그러면 다른 교사들의 자발성을 떨어트릴 수 있다. 그래서 혼자가 아니라 여러 명이 동시에 리더교사의 역할을 수행해야 하며, 그러하기에 리더교사는 '리더교사 공동체'를 지향해야 한다.

리더교사는 사라져가고 있는 선배 교사의 역할을 수행할 수 있는 존재인 동시에, 교육 현장에 작동하고 있는 이분법을 극복할 수 있는 방향을 말해줄 수 있는 사람이라고 생각한다. 나아가 학교에 스며 있는 엄숙함에 균열을 일으켜서 학교를 유머의 공간으로 만들어낼 수 있는 황야의 이리가 될 수 있다고 믿는다. 그렇다면 리더교사로 살아간다는 것은 구체적으로 어떻게 살아간다는 말일까? 나는 이것을 '리더와 팔로워의 공존'과 '흙을 가꾸는 시선'으로 설명하고 싶다.

리더와 팔로워의 공존

리더교사는 리더 공동체를 살아가면서 리더와 팔로워의 역할을 함께 수행하는 사람이다. 기존의 선배 교사가 공동체를 이끌어갈 리더의 역할만을 수행하는 사람이라면, 리더교사는 방향을 가리키는 리더의 역할을 수행하면서 다른 리더교사가 새로운 나아감을 말할 때 그 말에 힘을 실어주는 사람이다. 그리고 교실에서의 실천으로 학교의 철학이 교사의 삶에 녹아들 수 있다는 사실을 증명하는 사람이다. 선배 교사는 후배 앞에 홀로 서야 하기에 외롭지만, 리더교사는 공동체와 함께 존재하기에 외롭지 않다. '방향'이라는 머리의 세계와 '실천'이라는 발의 세계가 공존하는 삶을 몸소 보여주는 사람이 리더교사인 것이다. 교방초등학교에서는 업무지원팀과 학년 부장교사로 구성된 '리더교사 공동체'가 리더

교사의 역할을 함께 해내고 있다.

업무지원팀은 방향을 보는 사람들이다. 학교가 나아가고 있는 방향이 우리가 만든 비전에 부합하는지 끊임없이 고민하고 뒤돌아본다. 또 학교의 어려운 업무들을 자발적으로 도맡아 하는 동시에, 교장선생님의 지원에 힘입어 학교의 의사 결정 주도권을 교사에게 가져오는 문화를 만들어나간다. 그래서 업무지원팀은 함께 둘러앉아서 많은 이야기를 나누는 '이야기 공동체'이기도 하다. 이야기를 나누면서 매달 열리는 전 교직원 모임인 '더불어숲 월간다모임'을 함께 기획하고 발제를 어떻게 이끌어나갈지 고민한다. 그렇게 학교의 주요한 메시지와 담론을 계속 만들어내면서 새로운 삼지대를 펼쳐냈다.

업무지원팀은 담임을 맡을 때도 있지만, 전담 교사를 맡는 경우가 더 많다. 그래서 지원팀이 말하는 메시지를 교실에서 실천으로 보여주는 일이 어려운 경우도 있다. 이럴 때 그 메시지를 교실에서 실천하고 비전의 실현 가능성을 몸소 보여주는 역할을 하는 사람들이 학년 부장교사이다. 이들은 학년을 든든히 지키면서 리더교사가 말하는 방향을 지지하거나 때로는 합리적으로 비판하면서 학교의 비전을 실천해 나갔다. 그렇게 학년의 실천을 이끌어나가면서 교사들이 저마다의 방식으로 성장할 수 있도록 기다려주었다. 실천이 없다면 리더교사의 말은 공동체로 스며들지 못하고 소리 없이 흩어질 뿐이다.

이렇게 1년의 시간이 지나면 학년부장을 맡았던 사람은 업무지원팀으로, 업무지원팀에 있었던 사람은 학년으로 돌아간다. 1년 동안 '머리'의 세계에 있었던 사람에게 다시 '발'의 세계를 돌려주려는 공동체의 배려이자 어려운 짐을 함께 나누자는 공동체의 약속이다. 학년에서 '발'의 세계에 살았던 교사는 이제 업무지원팀에 들어와서 학교에 필요한 새로운 방향과 메시지를 고민하면서 새로운 리더십을 배우게 되는 것이다. 리더교사는 그 배움의 시간을 통해서 삶을 향하는 마음의 결이 학교 문화를 가꾸는 흙이 된다는 사실을 알게 된다.

리더는 흙을 가꾸는 사람

이분법을 극복한다는 것은 양극단의 거대한 가치에 가려진 수많은 가치들을 끄집어내는 일인 동시에 그것을 다시 우리 삶으로 가져오는 일이다. 우리가 눈으로 보는 것이 전부가 아니라는 사실을 비판적으로 성찰하고, 현상을 만들어내는 근원이 무엇인지를 분석하여 그 과정을 다른 사람에게 드러내 보이는 과정이다.

체코의 작가 카렐 차페크의 에세이집 《정원가의 열두 달》에는 정원가로서 살아가는 1년의 시간이 꼼꼼하게 기록되어 있다. 이 책은 이분법을 극복해 나가는 리더교사의 삶이 어떤 모습일지에 대해서 고민하던 나에게 '정원가'라는 구체적 대안을 그려주었다. 차페크는 정원가의 본질을 '감추어진 것을 드러내는 사람'이라고 설명한다.

잘 가꾸어진 정원을 멀찍이서 훑어만 보던 시절, 나는 정원가란 새소리를 벗 삼아 꽃의 향기를 음미하는 존재, 세상과 거리를 둔 온화한 성품과 감수성을 지닌 존재일 거라 생각했다. 하지만 이 세계에 보다 깊이 발을 담그면서, 진정한 정원가란 '꽃을 가꾸는 사람'이 아니라 '흙을 가꾸는 사람'이라는 사실을 깨닫게 되었다. 정원가는 집요하게 땅을 파내어 흙 속에 무엇이 깃들어 있는지를 게으른 사람들의 눈앞에 척 내어 보이는 존재다. 그네들은 땅에 파묻혀 살아가며 퇴비 더미 위에 자신의 공적비를 세워 올린다.

— 《정원가의 열두 달》에서

정원가는 꽃이 아니라 흙을 가꾸는 사람이라는 말은, 고단한 삶을 견디는 많은 교사에게 깊은 위로를 주리라 생각한다. 교사들이 매일 하는 일 역시 바로 효과가 나타나는 일이 아니기 때문이다. 아이들이 예쁜 꽃으로 성장할 수 있도록 흙을 가꾸는 일을 포기하지 않는 것이 교사의 사명인 것이다.

리더교사는 학교 문화의 밑바닥에 숨어 있는 수많은 가치와 마주하는 사람이다. 우리가 마주하는 현상이 왜 일어나게 되었는지를 추적하며 현상을 덮고 있는 흙의 본질을 설명할 수 있는 사람이다. 모두가 눈에 보이는 세트 메뉴 가운데 하나를 선택하고 끝내자고 말할 때, 그 메뉴가 어떻게 만들어졌고 그것이 아이들과 교사의 삶에 어떤 영향을 주는지에 대해서 이야기할 수 있는 황야의 이리다. 그렇기에 리더교사는 흙을 가꾸면서 생명을 기르는 사람인 것이다.

교방초등학교에서 흙을 가꾸는 삶을 제대로 보여준 분이 수석교사였다. 수석교사는 회의가 한 방향으로 흐를 때 "우리가 놓치고 있는 것이 무엇일까요?"라는 물음을 던져주었다. 특히 아이들과 교사들이 내리는 수많은 결정의 국면에서 "그게 과연 민주주의인가요?"라는 물음으로 삶을 향하는 시선을 짚어주었다. 그 덕분에 우리는 교육 활동의 방향을 다시 잡을 수 있었다.

　무엇보다 수석교사는 교사들의 이야기를 경청했다. 그러고는 그가 가진 역량이 학교에서 어떻게 발휘될 수 있을지 고민하고 적절한 환경을 만들어주었다. 그러자 조용히 웅크리고 있던 교사들이 움직이기 시작했다. 그러면서 학교에 활력이 생겨났다. 그렇게 수석교사는 교사들이 성장할 수 있는 흙을 가꾸었고, 교사들은 꽃을 피워낼 수 있었다. 흙을 가꾸는 리더교사의 걸음은 삶을 기르는 교사들의 삶에 가 닿았고, 그렇게 사람을 기르는 문화가 학교에 자리할 수 있었다.

　나는 수석교사를 보면서 카렐 차페크가 말한 정원가를 떠올렸다. 흙을 가꿀 수 있는 안목을 지닌 리더교사가 많아져야 교사의 삶은 꽃이 될 수 있다. 교사 스스로가 공동체를 가꾸는 사람이 될 때 교사의 삶도 꽃이 된다.

05

自연의 리듬과 헵타포드의 발

학교 밖 이분법을 극복하는 힘

학교 문화에서 리더교사만큼 중요한 것이 학교 밖 일상을 바꿔나가려는 교사의 노력이다. 왜냐하면 교사의 삶을 지배하는 이분법이 학교에만 존재하는 것이 아니기 때문이다. 교사들은 일상에 작동하는 이분법을 극복할 수 있는 방법을 찾아야 한다.

존 듀이의 후기 저작인《경험으로서 예술》은 관념이 지배하는 우리의 일상을 다시 온전한 삶으로 회복할 수 있는 방법을 담고 있다. 듀이는 그것을 '리듬의 회복'으로 설명한다. 우리는 반복되는 일상에서 안정감을 느끼며 살아가지만 이는 메트로놈처럼 기계적인 반복일 뿐이다. 그러한 삶의 리듬은 변화를 가져다주지 못한다. 듀이는 자연이 만들어내는 리듬은 변화를 생성하기 위한 것이라는 사실에 주목할 필요가 있다고 말한다. 봄, 여름, 가을, 겨울로 이어지는 자연의 리듬은 그 반복 속에 새로운 변화를 품고 있으며, 변화의 힘으로 반복을 유지하는 것이다. 듀이는 이러한 자연의 리듬을 '심미적 반복'이라고 말한다.

예술적 삶은 발에서 시작한다

심미적 반복이 주는 리듬은 우리의 일상을 작은 변화들로 채운다. 변화를 만드는 데는 지금 작동하는 에너지만큼이나 과거가 건네준 에너지도 중요하다. 듀이는 과거의 경험과 기억이 에너지의 축적과 전환을 형성하는 중요한 힘이라고 말한다. 그가《경험과 교육》에서 교육적 경험의 중요한 원리로서 '계속성'과 '상호작용'을 말한 것도 이러한 이유 때문이다. 변화와 성장은 현재의 시점에서만 이루어지는 것이 아니라 과거와 현재, 그리고 미래라는 계속성의 궤적에서 만들어진다. 시간의 연결만큼이나 중요한 것이 공간의 연결이다. 학습자는 자신을 둘러싼 총체적 환경과 지속적으로 상호작용해야 진정한 성장을 이룰 수 있기 때문이다. 봄이 있어야 여름이 오고, 여름이 가야 가을이 오듯이, 과거가 만들어놓은 에너지는 현재와 미래를 살아갈 힘을 준다. 듀이는 시간의 통합으로 얻어낸 계속성의 시각이 내가 살아가는 공간의 과거와 미래의 모습을 조망적으로 성찰할 수 있는 안목을 주며, 이러한 시공간의 통합적 안목을 가진 사람을 '예술가'라고 말한다.

상반되는 것은 버려야 한다고 강요하는 사회의 목소리에 저항하여, 상반된 가치야말로 새로운 변화를 위한 힘이라고 말하는 듀이의 철학은 수많은 버림을 강요받아 온 교사에게 묵직한 위로를 준다. 나아가 심미적 반복이 만들어내는 에너지를 통해서 교사는 이분법이 갈라놓은 가치들과 의미들을 연결할 수 있어야 한다. 시공간이 분리되지 않고 하나로 통합된 것이 '일상'이다. 교사는 일상에서 변화를 만들어나가는 삶의 태도를 통해 구원받을 수 있다.

그런데 교사가 시간과 공간을 통합한다는 것이 말처럼 쉬운 것은 아니다. 이미 흘러가 버린 시간과 기억을 현재로 소환하는 것, 그리고 아직 오지 않은 미래의 가능성을 현재의 시간에 생생하게 구현하는 삶이 무엇인지 감을 잡기 어렵기 때문이다. 무엇보다 이러한 통합을 위해서는 과거와 현재, 그리고 미래라는 시공간을 연결할 수 있는 접착제가 필요하지만, 이것을 발견하는 일이 쉽지 않다. 듀이 역시 이러한 접착제에 대해서는 설명하지 않는다. 나는 오랜 시간 그 접착제를 찾기 위해서 고민하다가 그것을 교방초등학교에서의 삶에서 발견할 수 있었다. 결론부터 말하자면, 교사의 삶은 '머리-가슴-발'에서 '발-가슴-머리'로 전복되어야 한다.

현재의 교육정책은 교육 현장에서 일어나고 있는 수많은 문제를 새로운 관념으로 극복하라고 말한다. 새로운 정책과 사상과 이념을 덧댄다고 해도 그것이 교사의 삶에 유기적으로 연결되지 못할 때, 그것은 새로운 오염수가 될 뿐이다. 나 역시 오랜 시간 관념이라는 오염수에 잠겨 살았다. 내가 관념의 오염수에 잠겨 있었다는 사실을 알려준 곳도 교방초등학교였다.

교방초등학교로 전입한 첫해, 나는 교장선생님과 대화하면서 신영복 선생님의《담론》에 관한 이야기를 하게 되었다. 평소 신영복의 글을 즐겨 읽던 나는 교사로서의 삶을 고민하는 과정에서 신영복의 '공부론'에 영향을 많이 받았다고 말씀드렸다. 그는 《담론》에서 진정한 공부가 '책을 읽는 머리에서, 그것을 공감으로 끌어내리는 가슴을 거쳐서, 마지막은 실천이라는 발로 내려가는 여행'이라고 설명한다. 그래서 나는 "제가 그동안 공부한 내용을 실천해 보기 위해서 교방초등학교에 왔습니다."라고 말했다. 그러자 교장선생님은 자상하게 웃으면서 "진짜 공부는 발에서 시작해야 하지 않나요?"라고 말했다.

그 말을 처음 들었을 때, 나는 그게 무슨 말인지 몰랐다. 교사로 살아오는 과정에서 마주하는 고통을 극복하기 위해서 언제나 책을 먼저 읽었고, 책이 만들어놓은 관념의 세계에 취해 있던 나에게, 진정한 공부가 머리가 아닌 발에서 시작하는 것이라는 말은 이해가 되지 않았다. 그런데 교방초등학교가 가꾸어온 '생태적 실천 공동체'를 살아가는 시간 동안 진정한 교사의 공부에서 '발'이 중요한 이유는 잃어버린 '순환'을 회복하기 위해서라는 것을 깨닫게 되었다. 우리에게 중요한 것은 관념의 독백에서 벗어나는 것이다.

교사의 공부가 진정한 공부가 되려면 순서보다 순환이 중요하다. 순환을 만들어주는 것이 발이다. 공부를 시작하는 순서는 중요하지 않다. 머리에서도, 가슴에서도, 발에서도 시작할 수 있다. 대신 이것이 어디에서 시작하든지 머리와 가슴, 그리고 발에 이르는 순환 작용이 일어나야 그 지식이 나와 공동체의 삶으로 번져나갈 수 있다.

그런데 이분법은 이 순환을 끊어놓는다. 거대한 관념의 힘은 지식이 가슴을 거쳐서 발로 내려가는 것을 차단한다. 머리와 발이 최대한 거리를 유지해야 관념의 독백이 만들어놓은 수많은 차별과 배제에 책임지지

이분법의 굴레와 황야의 이리

않을 수 있기 때문이다. 이 막힘을 뚫는 가장 좋은 방법은 내가 살아가고 있는 문제의 본질을 책이 아닌 삶의 현장에서 발견하려는 노력이다. 그래서 교사에게는 현장을 디디는 발의 세계가 중요하다. 발의 세계는 생생한 감각과 기억을 동반한다는 측면에서 교사의 닫힌 마음을 열 수 있는 가장 확실한 열쇠이다. 가슴이 열려야 타인의 고통에 직면할 수 있고, 궁극적으로 내가 마주하고 있는 고통의 본질에 다가설 수 있다. 그 본질을 나만의 방식으로 해석하기 위해서 책을 읽을 때, 그 독서는 배제를 위한 시선이 아닌 삶을 위한 시선으로 우리의 삶에 녹아든다. 이렇게 발은 교사에게 잃어버린 순환을 돌려준다.

교사는 순환을 억압하는 수많은 폐쇄적 힘과 싸우는 사람이자 공감을 억압하는 일상적 천박함에 저항하는 사람이다. 그러니 교사의 삶은 머리가 아닌 발에서 시작해야 한다. 발은 과거의 시간에 녹아 있는 기억과 감정을 현재로 불러올 뿐 아니라 미래의 모습을 그려나가는 관념의 세계로 나아가는 문이 되어주기 때문이다. 교사는 발에서 시작하는 삶을 통해서 삶에서 잃어버린 순환을 회복하고 삶에 존재하는 시간과 공간을 하나로 통합할 수 있는 것이다. 요컨대, 발은 교사를 새로운 삼지대로 옮겨줄 확실한 구원이자 분열되어 있는 과거와 현재 그리고 미래를 이어붙일 수 있는 완벽한 접착제이다.

발에서 길어 올린 더불어숲 이야기

실제 교방초등학교 교사들의 1년은 '발-가슴-머리-발'로 연결되는 순환의 연속이다. 순환은 나의 경험을 동료의 경험과 연결해 주었고, 1년 동안의 시간에 녹아 있는 의미를 발견할 수 있도록 도와주었다. 교사가 디뎌온 발의 실천을 머리로 끌어 올릴 수 있는 리듬을 주었다. 그렇게 길어 올린 각자의 의미를 담백한 글로 남기는 것으로 교방초등학교에서의 1년은 마무리된다.

'더불어숲 이야기'라는 학교 교육과정에는 1년을 살아낸 교사 각자의 성찰문이 실린다. 그 글 속에는 자신이 발견한 순간들과 의미들이 나름의 방식으로 빛나고 있었다. 나는 그 글들을 읽을 때마다 언제나 뭔지 모를 묵직한 감정을 느꼈는데, 당시에는 그 감정을 이해할 수 없었다. 그런데 교방초등학교를 떠나고 다시 '더불어숲 이야기'를 읽으면서 비로소 그 감정이 '사무친 반가움'이라는 사실을 깨닫게 되었다.

교방초등학교를 만나기 전의 내 삶은 이분법의 예리한 칼날로 인해 촘촘히 분열되어 있었다. 그 분열을 교방초등학교라는 '생태적 공간'을 만나면서 비로소 극복할 수 있었다. 분리보다 순환을 추구하고, 진지함보다 유머를 추구하며, 독백보다 합창을 추구하던 교방초등학교는 그 자체로 흙과 삶을 기르는 생태적 공간이었다. 교방초등학교에 근무하면서 나는 교사로 살아 있음을 느꼈고, 공동체와 함께 흙을 가꾸는 일을 하고 있다는 자부심을 느낄 수 있었다. 그렇게 나는 잃어버린 '사이'를 회복할 수 있었다.

그런데 그 회복은 오래가지 않았다. 교방초등학교를 떠나서 새로운 학교에 갔을 때, 내 삶을 조여오는 거대한 이분법의 힘에 다시 무릎을 꿇고 말았다. 아무리 '발'의 세계를 살려고 노력해도 이분법의 틀에서 작동하는 학교 문화와 다시 마주한 순간, 내 삶의 방식은 금방 '머리'의 세계

이분법의 굴레와 황야의 이리

로 돌아갔다. 주파수의 맞춤 없이 바로 업무 이야기를 시작하는 진지한 회의 문화는 진지함을 상대화하던 유머를 앗아갔다. 동료의 삶과 접속하지 못한 채 기계적으로 반복하는 수많은 교육 활동은 이미 내 삶이 아닌 다른 사람의 이야기가 되어 있었다.

삶이 순환과 유머가 아닌 독백과 진지함으로 굴러갈 때 우리 삶에 가장 먼저 찾아오는 것은 역시 새로운 이분법적 인식 틀이다. 순환의 안목을 잃어버릴 때, 우리는 끝없이 그 원인을 찾으려는 관념의 독백에 집착하게 된다. 내가 겪고 있는 헛헛함의 원인을 찾기 위해서 나의 실천을 스스로 검열하고 평가하는 관념의 시간을 살아가게 된다. 헛헛함의 원인을 찾으려고 하면 할수록 내가 실천한 발과 가슴의 일들은 부정적 기억으로 바뀔 뿐이고, 그 어둠은 새로운 실천을 가로막는 강력한 벽이 된다. 새로운 벽을 마주한 나의 모습을 깨워준 것이 '더불어숲 이야기'였다. 그 글들은 사무친 반가움이었다.

그 글에 기록되어 있는 나와 동료의 이야기는 교사의 삶이 '원인과 결과'라는 이분법에 의해서 설명될 수 있는 것이 아니라는 것을 알려주었다. 교사의 삶은 '연결과 통합'이라는 순환을 지향해야 한다. 담백한 문장으로 채워진 수많은 성찰문에서 교방초등학교라는 순환의 공동체를 살아가며 그동안 자신이 잃어버렸던 가치들과 의미들을 발견할 수 있었고, 그 발견의 시작이 '발'에 있었다는 사실을 간증하고 있었다. 그보다 더 사무친 반가움은 그러한 '발-가슴-머리-발'로 이어지는 순환의 삶을 유지할 수 있었던 이유를 하나같이 '동료 교사의 삶'이라고 말하고 있었다는 사실이었다. '동료 교사의 발'이 없었다면 기존의 삶의 방식인 '머리'의 세계를 내려놓지 못했을 것이라고 말하고 있었다.

이분법이 주는 간명한 선택과 그것이 가져다주는 익숙함은 교사를 금방 '머리'의 세계로 돌려놓는다. 나는 '더불어숲 이야기'를 읽으면서 교사가 이분법의 삶을 극복하고 새로운 삼지대를 형성하는 삶을 살아가는 것, 기존의 학교 문화가 만들어놓은 세트 메뉴를 비판적으로 분석하고 그것의 문제점을 당당히 말할 수 있는 이리의 눈을 유지하는 것, 그래서 머리가 지배하는 이분법의 세계관을 과감히 벗어버릴 수 있는 힘은 결국 동료 교사의 발에 있다는 사실을 다시 한번 확인할 수 있었다. 그 순간, 사무친 반가움은 이내 교방초등학교를 함께 살아냈던 동교 교사에 대한 그리움으로 번졌다. 그리고 그 반가움을 현재의 '나의 발'에서 다시 시작해 보자는 용기를 얻었다. 교사의 삶을 머리에서 발로 전환하는 시작은 결국 누군가의 발에서 시작되어야 하기 때문이다.

교사의 발과 헵타포드

혼자 시작할 수는 있지만 계속 혼자여서는 안 된다. 혼자 걸어가는 '발'의 삶은 금세 교사의 삶을 다시 이분법의 세계인 '머리'로 돌려놓기 때문이다. 그러니 발의 세계를 살아가기로 결심한 교사는 동료와 삶을 공유하는 '공동체'를 만들어야 한다. 그렇게 교사의 삶이 견고하게 땅에 붙어 있을 수 있어야 머리의 세계가 강요하는 성급한 선택에서 벗어날 수 있다.

그러하기에 '동료 교사의 발'은 교사에게 새로운 삼지대가 될 수 있다. 이는 교사가 반복적으로 마주하는 이분법적 세계관에 저항하는 힘을 주

이분법의 굴레와 황야의 이리

는 상징인 동시에, 우리가 무의식적으로 반복하는 수많은 '버림'을 극복하여 교사의 삶을 시간과 공간이 통합된 온전한 것으로 만든다. 머리가 아닌 발이 우리가 살아가는 시간과 공간을 온전히 통합할 수 있으며, 그 발은 혼자가 아니라 동료의 발과 함께 디뎌내야 한다. 그래야 우리는 동료와 함께 만들어낸 '사이'를 제대로 디뎌나갈 수 있기 때문이다. 이러한 사실을 직관적으로 확인할 수 있는 작품이 테드 창의 《당신 인생의 이야기》에 실린 〈네 인생의 이야기〉이다. 교사가 이 작품에서 주목해야 할 부분은 바로 '헵타포드의 발'이다.

〈네 인생의 이야기〉는 갑자기 지구에 등장한 거대한 외계 생명체인 헵타포드와 그들의 언어를 분석하는 언어학자인 루이스가 서로의 언어를 배워나가는 과정을 그린 SF소설이다. 이 소설을 처음 읽는 사람은 시간과 공간이 정신없이 바뀌면서 전개되는 이야기 때문에 작품을 읽는 내내 혼란스럽다. 그런데 소설을 다 읽고 나면 그렇게 정신없이 시간과 공간이 섞인 이유는 루이스가 헵타포드의 언어를 배우면서 자연스럽게 얻게 된 능력 때문이라는 것을 알게 된다.

헵타포드에게 시간은 과거에서 현재를 거쳐서 미래로 흘러가는 단선적인 것이 아니라 동시에 존재하고 통합적으로 인식되는 것이다. 그래서 헵타포드에게 시간은 현재의 시점에서도 끝없는 순환을 멈추지 않는다. 헵타포드의 통합적이며 순환적인 세계관은 그들이 사용하는 언어에 고스란히 녹아 있고, 루이스는 이 언어를 배우면서 자연스럽게 통합적이며 동시적인 세계관을 얻게 된다. 이러한 동시성을 소설에는 다음과 같이 설명한다.

인류와 헵타포드의 조상들이 맨 처음 자의식의 불꽃을 획득했을 때 양측은 모두 동일한 물질세계를 지각했다. 하지만 지각한 것에 대한 해석은 각자 달랐다. 세계관의 궁극적인 상이함은 이런 차이가 낳은 결과였다. 인류가 순차적인 의식 양태를 발달시킨 데 비해, 헵타포드는 동시적인 의식 양태를 발달시켰다. 우리는 사건들을 순서대로 경험하고, 원인과 결과로 그것들 사이의 관계를 지각한다. 헵타포드는 모든 사건을 한꺼번에 경험하고, 그 근원에 깔린 하나의 목적을 지각한다.

— 《당신 인생의 이야기》에서

루이스는 인류가 잃어버린 동시성을 획득하면서 자신의 미래에 어떤 일들이 일어날지 모두 알게 된다. 하지만 그녀는 그 일들을 피하거나 조작하지 않고 있는 그대로 자신의 현재를 살아간다. 루이스의 삶이 인과론이 지배하는 이분법적 세계관에서 통합적 세계관으로 전환되었다는 사실은 소설의 끝부분에 그녀가 내리는 마지막 선택에서 명확히 드러난다. 그녀는 이미 자신의 선택의 결과가 가져올 슬픈 결말을 알고 있다. 그러나 그 선택을 하지 않으면 만날 수 없는 존재를 만나기 위해 그 선택을 내린다. 헵타포드의 언어를 배우기 전인 '머리'의 세계에서 살아가던 그녀였다면 그런 선택을 하지 않았을 것이다. 그러나 헵타포드를 만나고 나서 루이스의 삶은 머리에서 발로 완전히 옮겨간다. 루이스는 새롭게 태어날 생명과의 마주함이 줄 새로운 삶지대를 향해 과감히 걸어간다. 루이스는 '발'을 통해 '버림'을 극복한다.

이 작품을 읽은 사람이라면 '왜 헵타포드들은 이분법이 아니라 통합

이분법의 굴레와 황야의 이리

적으로 세상을 인식할 수 있었을까?'라는 의문이 생길 것이다. 나는 그 답이 '헵타포드'라는 이름에 담겨 있다고 생각한다. 헵타포드는 루이스와 함께 그들의 언어를 분석하는 게리가 붙인 이름이며, 그리스어에서 숫자 '7'을 의미하는 'hepta'와 '발'을 의미하는 'pod'를 합친 조어이다. 소설에서 헵타포드는 실제로 7개의 거대한 발이 몸의 대부분을 차지하는 것으로 묘사된다.

헵타포드는 거대한 발로 세상을 견고하게 디디며 살아가기 때문에 시간과 공간을 통합하여 인식할 수 있었을 것이다. 발에서 시작한 경험은 관념이라는 허상이 아니라 삶의 본질을 담은 현상으로 헵타포드의 삶을 채워주었다. 발로 살아가는 헵타포드에게는 삶이 중요했기에 그들이 지구에 온 목적도 위기에 처한 지구인을 돕기 위함이었다. 만약 헵타포드가 거대한 발이 아닌 거대한 머리를 가지고 있었다면, 그들의 목적은 지배가 되었을 수 있다. 생명을 외면한 '지배와 피지배'의 이분법은 머리의 세계에서만 유지될 수 있기 때문이다. 헵타포드는 발로 살아가는 존재이기에 버림이 아닌 부름의 삶을 살 수 있었던 것이다.

헵타포드의 발이 실천과 통합을 구현하는 삶을 선택한 교사에게 위로를 주는 또 다른 이유는 헵타포드는 언제나 동료와 함께 존재한다는 사실이다. 이 소설에서 헵타포드는 언제나 '헵타포드들'로 표현된다. 동료와 함께 등장하고 동료와 함께 사라진다. 이들이 보여주는 발의 세계는 혼자가 아닌 공동체의 삶이며, 고립이 아닌 연대의 삶이다. 헵타포드는 동료의 머리가 아닌 동료의 발을 보면서 세상을 살아갔으며, 동료의 발과 함께 삶의 의미를 만들어냈다.

이분법의 세트 메뉴에 질린 교사라면, 그리고 세상과 학교가 만들어 놓은 거대한 이분법에 내면이 분열되어 있는 교사라면 헵타포드의 삶과 이야기에 주목할 필요가 있다. 이제라도 교사는 머리가 아닌 발로 세상을 디뎌야 한다. 분열된 교사의 삶을 구원하는 것은 머리가 아닌 발에 있기 때문이다.

3부

식민주의

하늘만 보는 라퓨타인들과
땅을 보는 시선

01

라퓨타와 교육부

교권 추락의 본질

2023년 7월, 서이초등학교 교사의 죽음을 시작으로 우리 사회에서 교사들이 겪고 있는 비참한 삶의 실태가 수면 위로 떠올랐다. 이를 시작으로 그동안 묻혀 있던 수많은 교사의 억울한 죽음도 함께 수면 위로 떠올랐고, 그 기사들은 차마 읽어 내려가기 힘들 정도의 내용으로 채워져 있었다. 기사에 저며 있는 참혹한 말들과 어이없는 협박, 관리자의 방치와 교육청의 방관, 사회의 무관심과 교육부의 헛다리 짚기는 2023년의 여름을 울분으로 채웠다. 그렇게 억울한 죽음을 맞이했던 교사들이 들었던 말들은 나도 들었던 말들이고, 내 동료들도 들었던 말들이며, 이 시대를 살아가는 대부분의 교사들이 속으로 삭여야 했던 말들이다. 교사들은 "그래, 나 하나 참으면 조용히 지나갈 텐데."라는 말을 수없이 되뇌이며, 도저히 삼킬 수 없는 모욕들을 꿀꺽 삼켜내야 하는 시간을 버티고 있었던 것이다.

그토록 비참한 죽음이 일어났음에도 불구하고 누구 하나 사죄하는 사람이 없었다. 동료의 죽음을 애도하려는 교사의 발걸음은 어이없는 '길막음' 앞에 또 한 번 좌절해야 했다. 교육청은 자신들부터 조사의 대상이 되어야 함에도 불구하고 갑자기 조사의 주체로 돌변하여 그동안 외면해왔던 교사들의 상처를 뒤늦게 들춰보기 시작했다. 그러나 교사들의 상처에는 이미 구더기가 끓고 있었기 때문에 그들 역시 이 사태를 어떻게 해결해야 할지 몰랐다. 교사들의 성토에 화들짝 놀란 교육부와 수사기관 역시 사안을 엄중히 조사하겠다고 했지만, 사건이 일어나고 몇 달이 흘러도 국민들이 납득할 만한 설명을 하지 않은 채 수사를 종결했다.

이토록 어처구니없는 시간을 설명하기 위해서 등장한 말이 '교권 추락'이다. 교사의 권위가 땅에 떨어졌으니 이것을 빨리 회복해야 한다고 여기저기서 난리다. 그래서인지, 지금 우리 사회에서 흘러나오고 있는 교권 담론은 대부분 '교권 회복'이라는 권위의 상승을 목표로 하고 있다. 물론 지금 교사들이 겪고 있는 비극이 교권 추락과 연결되어 있는 것은 맞지만, 이 문제가 단순히 교사의 권위를 높이는 것만으로는 해결될 수 없다는 것을 대부분의 교사들은 알고 있다. 그럼에도 불구하고 교권 추락에 대한 본질적이며 철학적인 성찰 없이 이루어지고 있는 교권 회복 담론은 사태의 본질을 흐리는 물타기로 작동하고 있다. 물타기는 언제나 새로운 대립을 불러오고, 그 대립의 시간 속에서 문제를 해결해야 할 주체들은 또다시 분열되고 있다.

물타기의 시간에 반복해서 등장하는 것이 지금 겪고 있는 교권 추락

하늘만 보는 라퓨타인들과 땅을 보는 시선

을 과거의 폭력적 교권에 대한 반성과 연결하는 어이없는 시각들이다. 이는 지금 겪고 있는 교사의 권위 상실이 과거의 일부 교사들이 저지른 무차별적 폭력과 비윤리적 언어의 결과라고 해석하는 시각으로 나타나는 동시에, 교권 회복을 위해서는 '학생인권조례'에 명시된 불필요한 조항을 손보거나 아예 폐지해야 한다는 의견으로까지 번지게 된다. 새로운 대립과 물타기의 시간 앞에서 선배 교사와 후배 교사, 교사와 학생, 교사와 학부모는 문제를 함께 해결하는 공동체가 아니라 서로 권위를 더 많이 가져야 하는 제로섬 게임의 참여자로 전락하게 된다. 대립과 물타기에서 벗어나기 위해서는 교권 추락의 당사자인 교사들이 이 현상을 철학적으로 분석하여 나름의 해석을 내놓아야 한다. 교사들이 겪고 있는 추락은 오랜 시간 치밀하게 설계된 '이중 추락'이다.

교사가 마주하고 있는 추락의 본질은 권위의 상실이 아니라 교육부가 교사의 삶에 반복해서 부여한 '인위적 상승'과 사회가 오랜 시간에 걸쳐서 교사의 디딜 공간을 빼앗은 '땅의 상실'에 있다. 이러한 상승과 상실의 힘이 오랜 시간 유지될 수 있었던 이유는, 교육이 마주하고 있는 수많은 문제를 해결할 수 있는 힘을 우리의 철학과 성장에 대한 기다림이라는 '간접성'의 방식에서 찾지 않고 외국의 이론과 빠른 해결에 대한 맹신이라는 '식민주의'에서 찾고 있었기 때문이다. 그러니 추락한 교사의 권위를 되돌리는 길은 학생 인권과의 대립적 구도에서 힘을 회복하는 '상승'이 아니라 불필요한 간섭 없이 학생의 곁에 다가설 수 있는 자유로운 '하강'을 회복하는 것이다. 이와 동시에 식민주의를 극복하여 교사와 우리 사회의 시선을 '우리의 땅'으로 돌리는 일이다. 교권이 추락하는 이유는 올라가지 못해서가 아니라 제대로 내려설 수 없기 때문이며, 교사가 내려설 땅을 빼앗았기 때문이다. 지금부터는 교사들이 겪고 있는 이중 추락 현상에 대해서 조금 더 자세히 들여다보자.

교사는 추락이 아닌 하강하는 사람

우리는 언제 추락하는가? 추락은 크게 두 가지 경우에 일어난다. 먼저 인위적 상승이 일어나고 그것을 통제할 수 없는 경우에 발생한다. 이카루스가 추락한 이유도 이와 같다. 밀랍으로 깃털을 이어붙여 만든 이카루스의 날개는 상승의 힘을 준다. 그의 아버지는 밀랍의 특성을 정확히 알고 있었기에 태양 가까이 올라가지 말라고 했으나 이카루스는 인위적 상승을 멈추지 않는다. 인위적 상승은 땅과의 거리를 점점 크게 만들고, 밀랍이 녹아버린 날개는 그 상승을 통제할 수 없다. 그렇게 이카루스는 추락했다. 통제할 수 없는 인위적 상승은 필연적으로 추락하게 된다.

상승이 없어도 디딜 땅이 없을 때 우리는 추락한다. 맨홀 뚜껑이 없을 때 그 위를 걸어가던 사람이 추락하는 것은 발걸음을 지속할 땅이 사라졌기 때문이다. 맨홀처럼 땅이 없는 곳을 딛게 되었을 때도 추락하지만, 원래 있던 땅이 갑자기 사라졌을 때도 인간은 추락한다. 지구 곳곳에서 발생하는 거대한 싱크홀은 기존에 자리하던 삶의 터전이 통째로 추락할 수 있다는 사실을 보여준다. 요컨대, 추락은 '인위적 상승'과 '땅의 상실'을 통제할 수 없는 상황에 일어나는 것이다.

교사는 교육 현장이 구현되는 땅이 아니라 하늘만을 바라보는 사람들이 만들어낸 담론으로 인해 불필요한 상승의 삶을 살아간다. 교사들은

"선생님, 지금부터는 이 정책만 믿으시면 됩니다."라는 말을 반복해서 듣게 되고, 자신도 모르는 사이에 땅에서부터 멀어지게 되었다. 그와 동시에 사회와 학부모는 아이들의 곁으로 다가가 모든 삶과 에너지를 쏟아부은 교사에게 "선생님, 그동안 뭐 하셨어요?", "선생님 못 믿겠으니 다른 교사로 바꿔주세요."라고 말하면서 교사가 디딜 땅을 빼앗아간다. 불필요한 상승을 반복하고 디딜 땅을 빼앗긴 교사는 이후 마주하는 엄청난 괴리와 분열을 견디지 못하고 이중으로 추락하게 되는 것이다.

그렇다면 교사가 마주하는 추락의 시간을 극복하는 힘은 상승에 있을까? 아니다. 오히려 교사 삶의 본질은 진리를 추구하는 머리의 세계에 안주하지 않고 실천이라는 발의 세계로 내려가는 '낙하'에 있으며, 어른의 시선에 안주하려는 경향성을 버리고 아이들의 시선으로 살아가는 '다가섬'에 있다.

결국 교사가 수행하는 교육의 본질은 절대적 진리와 머리의 세계를 지향하는 상승의 삶이 아니라 현실적 삶과 아이들의 세계를 지향하는 하강의 삶에 있다. 교사 삶의 본질이 하강에 있다는 사실은 엄태동의 《초등교육의 재개념화》에 설명된 '간접 전달'이라는 개념을 공부하면서 알게 되었다. 간접 전달은 가르치는 일의 본질을 설명하는 말이다. 교사는 자신이 알고 있는 진리를 그대로 아이들에게 전달하는 사람이 아니라 아이들의 수준으로 하강하여 아이들의 언어와 수준에서 진리를 들려주는 사람이라는 것이다. 엄태동은 이러한 가르침의 본질을 덴마크 철학자인 키에르케고르의 철학에 등장하는 '하강'의 개념을 빌려와 말한다. 나는 키에르케고르의 글을 찾아 읽으면서 교사의 삶에 대한 그의 생각을 조금 더 깊이 살펴보았다. 그는 진정한 가르침이 내려감에서 시작한다고 말한다.

> (학생이 진리에 대해서 이해하는 수준이 교사와 비슷해지는) 일치가 상승에 의하여 이루어질 수 없으며, 선생이 배우는 자에게로 내려가는 하강에 의하여 이루어지지 않으면 안 된다.
>
> — 《키에르케고르 선집》에서

그가 말하는 '일치'는 학생이 교사가 알고 있는 진리의 수준에 다가서는 것을 말한다. 그런데 교사가 자신의 언어 수준과 이해 수준에서 그것을 아이들에게 설명하면 아이들은 본질을 이해할 수 없다. 혹여 교사가 하는 말과 지식을 그대로 암기하여 똑같이 말한다고 하더라도 그것은 교사의 겉모습을 흉내 내는 것이지 진정으로 그 진리를 체득한 것은 아니다. 키에르케고르는 이러한 겉모습의 동일화를 '상승의 방법'이라고 말한다. 학습자가 교사의 언어를 그대로 흉내 내는 것이다. 이는 '일치'에서 영원히 멀어지는 길이다. 진정한 일치가 이루어지기 위해서는 겉모습뿐 아니라 말과 행동 역시 진리에 이를 때 가능한 것이다. 그래서 교사가 학생의 수준으로 내려가는 하강은 학생들의 언어와 삶으로 진리를 가르치는 교사의 본질적 행위라 할 수 있다.

키에르케고르는 '상승과 하강'을 시적으로 설명하기 위해서 교사를 '신'에, 학생을 '인간'에 비유하여 설명한다. 그래서 처음에 그의 글을 읽을 때는 말로 표현하기 어려운 묘한 거부감이 있었다. 하지만 키에르케

하늘만 보는 라퓨타인들과 땅을 보는 시선

고르의 글을 반복해서 읽으면서 교육은 신이 인간에게 다가서는 일만큼이나 어려운 일이며, 교사와 학생 사이에 존재하는 거대한 거리감을 극복하는 일이고, 그 격차를 견뎌야 하는 것이 교사의 삶이라는 것을 알게 되었다. 그의 글을 통해서, 교사는 자발적 하강을 견뎌야 하기에 교사의 일은 언제나 위험한 일이라는 것을 배울 수 있었다.

교사가 하강을 잘하기 위해서는 아이들의 삶으로 다가서려는 마음만큼이나 교육 현장에 발 디디려는 교사의 삶을 지지하는 문화와 정책의 뒷받침이 필요하다. 그러나 교육 현장의 실상을 모르는 교육부는 땅에 딛고 있는 교사의 발을 한없이 공중으로 끌어 올리는 불필요한 상승을 만들어낸다. 그래서일까? 교육부가 내놓은 수많은 교육정책을 보고 있으면 나도 모르게 소설《걸리버 여행기》에 나오는 라퓨타의 신사들이 떠오른다. 그들은 땅이 아닌 하늘만 보고 살아가는 사람들이다.

공중에 떠 있는 교육부

조너선 스위프트의 대표작《걸리버 여행기》는 당시 영국의 정치 상황과 인간 문명에 대한 통렬한 비판을 담은 풍자소설이다. 소설에는 여러 나라의 모습이 등장하지만, 그 중에서도 하늘에 떠 있는 섬인 '라퓨타'에 대한 이야기는 교사들이 겪고 있는 인위적 상승을 이해하는 데 좋은 징검다리가 된다. 라퓨타에서 살아가는 사람들은 신사와 하인으로 구성된다. 하인의 가장 중요한 역할은 도리깨처럼 생긴 막대를 들고 다니면서 신사들이 웅덩이에 빠지거나 벼랑에 떨어지지 않도록 도와주는 일이다. 그렇다면 왜 라퓨타의 신사들에게는 이런 하인들이 필요할까? 그들은 땅을 보지 않기 때문이다. 하루 종일 하늘을 쳐다보며 자기만의 생각에 빠져서 지내기 때문에 바로 앞에 있는 웅덩이도 피하지 못하는 것이다. 스위프트는 이들의 모습을 다음과 같이 적었다.

> 항상 사색에 빠져 있는 주인은 벼랑에서 떨어지거나, 기둥에 머리를 부딪히거나, 거리에서 다른 사람을 밀치거나 그 자신이 남들에게 밀려 도랑에 빠질 위험이 있기 때문이다.
>
> —《걸리버 여행기》에서

그래서 소설에 등장하는 하인을 '치기꾼'이라고 부른다. 땅을 보지 않는 주인이 위험에 빠졌을 때마다 막대로 땅을 쳐서 주인에게 알려주는 역할을 하기 때문이다. 땅이라는 삶의 현장을 보지 않고 하늘만 바라보는 라퓨타 신사의 모습은 현장의 목소리를 경청하지 않고 자신만의 논리로 모든 결정을 밀어붙이는 교육부의 모습과 같다. 현실성 없는 말들을 늘어놓게 되고, 그 말을 듣는 사람의 삶 역시 공중으로 띄워 올린다.

교육부는 우리나라 교육정책의 전체적인 방향과 비전을 제시하는 조직이다. 현재 교사들의 삶과 교육 활동에 가장 큰 영향을 미치는 기관이다. 교육부는 어떤 기관보다 교사들과 현장의 목소리에 귀를 기울여야 하는 경청의 기관인 동시에, 실효성 있는 대책을 제시해야 하는 지원의 기관이며, 궁극적으로는 교육이라는 백년지대계의 방향이 흔들리지 않도록 굳건히 지키는 파수꾼의 역할을 수행해야 한다. 사회와 자본의 힘이 교사의 멱살을 잡고 공중으로 들어 올려서 "이래서 아이들 경쟁력이

하늘만 보는 라퓨타인들과 땅을 보는 시선

길러지겠습니까?"라고 할 때, 교육부만큼은 "그 손 놓으시고 선생님의 실천을 믿고 조금 기다립시다."라고 말할 수 있어야 한다. 그래서 교사들의 삶을 다시 땅으로 내려주는 것이 교육부가 할 일이다. 그러나 교육부는 경청과 지원과 파수꾼의 역할을 모두 내려놓았고, 현장과 멀어진 정책들은 교사들에게 불필요한 상승만을 부여하고 있다.

먼저 교육부가 경청에는 관심이 없는 기관이라는 사실은 '만 5세 초등학교 입학' 학제 개편안을 뜬금없이 발표하는 모습만 봐도 알 수 있다. 아이들의 성장 발달 정도가 예전과는 다르다고 하지만, 그렇다고 그 아이들을 1년 먼저 초등학교에 입학시킨다는 것은 전혀 현장의 상황과 목소리에 귀를 기울이지 않은 결과이다. 세계 대부분의 나라가 만 6세 입학을 기준으로 하는 데는 단순한 외형적 성장만큼이나 교사와 공동체 생활에 적응할 수 있는 시기를 종합적으로 고려한 결과이다. 그래서 입학 연령을 낮추는 일에는 오랜 시간의 숙고와 많은 예산 준비가 필요하다. 실제로 2006년과 2007년, 2010년에 시행된 학제 개편 정책연구에 따르면, 만 5세 입학은 여러 가지 이유로 부적절함이 밝혀졌고 소요 예산이 30조에 이를 것이라고 결론지었다. 이토록 중차대한 문제임에도 불구하고 교육부장관이라고 하는 사람은 정말 뜬금없이 이 정책을 발표했다.

이후 거센 후폭풍이 일자 화들짝 놀란 교육부는 그제야 학부모와의 간담회를 마련하고 현장의 목소리를 듣기 시작했다. 뒤늦게 하는 경청은 경청이 아니다. 결국 교육부는 며칠 뒤에 자신들의 졸속 발표를 졸속으로 폐기했다. 현장의 상황과 사회 구성원의 목소리를 조금이라도 경청했더라면 이러한 촌극은 벌어지지 않았을 것이지만, 교육부는 애초에 이러한 경청에는 관심이 없다. 오로지 자기만의 세계에 갇혀서 자기만의 방식으로 정책을 만들어서 현장에 찍어 내리는 수많은 교육정책들은 현장과의 좁힐 수 없는 간극을 포함하고 있으며, 그 간극은 모두 교사들이 메워야 한다. 그들이 만든 간극이 신기하게 메워지는 모습을 지켜본 교육부는 더 큰 간극을 담은 정책을 내려보내게 되고, 교사들은 인위적 상승이 만든 간극들을 메우느라 매일 추락하는 삶을 살아가고 있다.

교육부가 지원에도 관심이 없다는 사실은 코로나19라는 대전환의 시기에 명확하게 드러났다. 2019년 말 코로나19 바이러스가 전 세계적으로 퍼지게 되었고, 그것이 아이들과 학교 교육 시스템에 치명적인 영향을 줄 수 있음을 모두가 직감했지만 교육부는 전혀 움직이지 않았다. 한참을 손 놓고 있다가 상황이 걷잡을 수 없이 번지기 시작했을 때, 교육부는 2월 말에 갑자기 개학 연기를 발표한다. 이후 교육부는 정부 대책반 가동 후 3개월이 지난 3월 말이 되어서야 원격수업 운영 기준안을 마련했지만, 이 역시 구체적인 알맹이는 모두 빠져 있어서 학교 현장에 혼란만 가중시켰다. 4월 9일에 온라인 개학을 했지만, 원격수업을 위한 체계적인 지원과 구체적인 방안은 여전히 마련되지 않은 상태였다.

교육부의 총체적 마비 현상을 타개한 주체는 결국 교사였다. 교사들은 자비로 원격수업 장비를 마련하고, 자발적으로 모여서 원격수업 자료를 만들고 그것을 아낌없이 공유했다. 조영달은 〈코로나19와 '교육 없는 교육' 정책〉이라는 기사에서 이러한 교사들의 모습을 '교사 의병'이라고 표현했다. 교사 의병이 없었다면 교육부는 라퓨타의 신사처럼 계속 잠들어 있었을 것이고, 교육 현장은 더욱 혼란에 빠졌을 것이다. 오죽

하늘만 보는 라퓨타인들과 땅을 보는 시선

했으면 코로나19를 지나는 시간 동안 교사들의 마음속에는 '차라리 교육부가 없으면, 그냥 우리가 알아서 잘할 텐데.'라는 말이 반복해서 떠올랐을까. 교육부가 현실적인 대책을 마련할 수 없는 것은 현장을 보지 않고, 현장에 가지 않고, 현장을 믿지 않기 때문이다.

하늘의 방식과 추락한 의병

교육부가 공중에 떠 있는 시간 동안 교사의 마음속에는 묘한 불안감과 자괴감이 동시에 자리한다. 나와 동료 공동체의 소신을 믿고 열심히 실천하고 있던 일들이 하늘에서 내려온 어이없는 공문 때문에 처음부터 다시 해야 하는 일이 되어버릴 때, 교사는 땅에서 만들어진 소신보다 하늘의 목소리를 기다리게 된다. 동시에 교육부가 부여한 불필요한 상승의 거리는 '학부모의 민원'으로 채워진다. 현장보다 한발 늦은 공문들이 펼쳐놓은 수많은 간극은 감당할 수 없는 요구와 비난으로 연결된다. 그 하염없는 기다림과 요구의 시간 앞에서는 아무리 용맹한 의병도 결국 뜻을 내려놓고 추락한다.

교육부가 장기적 시각의 파수꾼 역할을 포기했다는 사실은 수능 30년의 역사가 명확히 증명해 준다. 남지원 기자와 김나연 기자가 경향신문에 게재한 〈개편과 개악 사이 '누더기 수능' 킬러의 '덫'에〉라는 기사는 수능이 아이들의 성장을 온전히 평가하는 제도가 아니라 '줄 세우기 도구'로서의 기능을 수행해 왔다는 사실을 분석한다. 이를 위해 30년 동안 조잡한 수정을 거듭하게 되었고, 이 과정에서 교육 현장의 변화를 담지 못하는 기형적 모습으로 변화되어 왔음을 비판한다. 장기적 시각의 상실은 진보 정권과 보수 정권의 공통된 현상이다.

문재인 정권은 2017년 '2015 개정 교육과정'에 맞춰 수능을 전면 절대 평가로 바꾸는 방안을 검토했다. 학교 현장은 학생들의 자기 주도적 학습과 창의력 신장을 목표로 다양한 교육 활동을 전개하고 있으며, 이러한 교육의 결과는 선다형 평가로는 측정할 수가 없다. 때마침 불거진 학생부종합전형의 여러 문제점과 '조국 사태'라고 하는 거대한 소용돌이는 이러한 현장의 상황 역시 모조리 집어삼켰다. 결국 교육부는 서울 시내 주요 대학의 정시 비중을 40%로 확대하기로 결정하면서 수능 절대 평가와 현장의 변화를 반영하겠다는 약속을 한순간에 뒤집었다.

윤석열 정부에서 '킬러 문항'을 없애겠다고 선포한 것도 장기적 시각을 상실한 상태에서 내어놓은 대책이다. 킬러 문항은 우리나라 입시제도가 가지고 있는 근원적 문제인 '상대평가와 서열화'를 유지하기 위해서 만들어진 하나의 현상일 뿐이다. 교육 현장의 근본적인 문제는 외면한 채, 그 결과로 나타나는 현상만을 때려잡는 방식은 교육부가 언제나 반복해 오던 것이다. 하지만 무엇보다도 교육부가 이렇게 장기적인 시각을 상실한 채 단편적인 대책만을 반복하는 까닭은 그들이 교육이라는 땅을 보는 사람들이 아니라 정권이라는 하늘을 보는 사람들이기 때문이다.

교육부장관은 현장의 목소리와 자신의 철학을 바탕으로 온전한 정책을 내어놓아야 하지만, 그들은 오래전부터 정권의 하수인이 되어서 대통령이 하는 말을 받아쓰기 하는 수준에 머물러 있다. 교육 현장에 대한 장기적인 시각을 제시해야 할 파수꾼이 받아쓰기만 하고 있는 사이, 학부모에게 학교는 학원보다 못한 공간이 되었고, 교사는 강사보다 믿음을 줄 수 없는 사람으로 전락했다. 교사는 불필요한 상승과 이로 인한 의심의 눈초리가 만들어낸 엄청난 추락의 고통을 이겨내며 오늘도 출근하는 것이다.

　　교육부가 내려보내는 수많은 정책은 오랜 시간에 걸쳐서 현장과 괴리된 것들이었고, 그러면서 교사의 마음속에 불안을 심어주었다. 교사들의 말을 듣지 않고, 교사들의 고통을 외면하며, 교사들이 가지고 있는 장기적인 관점을 매일 의심하도록 만드는 교육부의 방식은 교사들의 삶에 불필요한 상승을 만들어내고 있다. 교사는 허울뿐인 교육정책을 읽을 때마다 매일 조금씩 공중으로 떠오르고 있으며, 동시에 아이들의 삶에서 점점 멀어지고 있음을 느끼고 있다. 그래서 매일 자신이 딛고 있던 땅을 되찾으려고 안간힘을 쓴다. 그러나 교사가 디딜 수 있는 땅은 어디에도 없다. 우리 사회는 교사가 디딜 땅을 오래전에 빼앗아 갔다.

02

빼앗긴 교사의 땅과 회인의 삶

교사는 간접성의 땅을 딛는 사람

우리는 어디에 서 있는가? 땅 위에 서 있다. 땅은 '간접성'의 공간이다. 수많은 생명이 각자의 방식을 찾아서 스스로 자랄 수 있는 믿음의 공간이자, 온전히 자신의 의미를 형성하면서 살아갈 수 있는 기다림의 시간을 부여하기 때문이다. 이러한 '믿음과 기다림'은 이 세상을 살아가는 데 절대적 진리가 있다는 '직접성'의 태도를 부정하고, "이렇게 사는 것이 최고의 삶이오."라고 말하는 선험적인 가치를 부정한다. 오히려 저마다의 삶의 방식을 찾아 그 삶을 살아가는 모든 존재를 온전히 응원할 뿐이다. 그러니 교사가 서 있는 곳도 '간접성'의 땅이 되어야 한다. 교사는 아이들 각자의 소중한 가능성을 발견하고, 그것이 저마다의 삶에서 실현될 수 있도록 환경을 조직하는 일을 하는 사람인 동시에, 그 환경을 딛고 아름답게 자라는 아이들의 성장을 흐뭇하게 기다리는 사람이기

하늘만 보는 라퓨타인들과 땅을 보는 시선

때문이다. 그래서 교사는 흙을 가꾸는 사람이며 그 흙이 모여 만들어진 '간접성'이라는 땅을 굳건하게 딛고 살아가는 사람이다.

하지만 자본주의가 사람들에게 부여한 거대한 상승의 욕구는 삶의 공간인 땅마저 교환의 수단으로 전락시켰다. 자본은 땅의 본질인 간접성의 가치를 빼앗고 그 자리에 '교환과 경쟁'이라는 직접성의 가치를 심었다. "돈이 최고의 가치이며, 돈이면 모든 것을 바로 해결할 수 있습니다." 라고 말하며 자본이라는 하나의 진리를 삶의 가장 높은 곳에 올려놓았다. 그렇게 사람들은 자본을 하늘처럼 떠받들고 자본만을 숭상하며 살아간다.

자본이 되어버린 땅은 사람이 온전히 자리할 수 있는 굳건한 버팀목이 아니라 더 큰 자본이 될 때까지 잠시 버티는 고임목이 되었다. 땅은 자본의 축적을 위해서 인간의 자리를 밀어내고 그 자리에 더 높은 빌딩을 올리고 있다. 직접성이 지배하는 땅은 대상의 온전한 의미를 묻지 않는다. '교환과 경쟁'이 지배하는 자본의 땅에서 우리는 정신없는 거래를 반복하여 새로운 차익을 노려야 하고, 더 많은 스펙을 쌓아서 스스로 경쟁력 있는 제품이 되어야 한다.

자본의 힘은 기어이 교사의 공간마저 집어삼켰다. 교사의 공간만큼은 직접성이 지배하는 땅이 되어서는 안 된다. 사람의 삶을 기르는 사람은 단순히 사람에 집중하는 것을 넘어서 그 사람이 딛고 있는 세상을 온전히 볼 수 있어야 한다. 교사가 세상을 온전히 보기 위해서는 현상을 비판적으로 바라볼 수 있어야 하고, 사회는 아이들의 성장을 방해하는 요소를 제거하려는 '이리의 눈'을 가진 교사의 시선을 믿어야 한다. 교사는 아무리 오랜 시간이 걸린다고 하더라도 학생들이 삶의 의미와 방향을 찾아나가는 과정을 믿고 기다리는 사람이다. 교사가 이러한 기다림을 지속하기 위해서는, 그러한 기다림이야말로 아이들의 진정한 행복을 위해서 가장 중요한 요소라는 것을 인정하고 교사의 기다림을 기다려주는 사회적 시선이 필요하다. 그래서 교사가 서 있는 땅은 '믿음과 기다림'으로 가꾼 '간접성의 땅'이어야 한다.

자본은 교사의 삶에서 가장 중요한 '믿음과 기다림'을 허락하지 않는다. 세상에는 자본이라는 가치가 아니더라도 우리의 삶을 행복하게 해주는 것들이 많이 있다고 말하는 교사의 입에 재갈을 물린다. 자본은 아이의 성장을 기다리면서 다양한 시도를 해보자고 하는 교사의 제안을 묵살한다. 교육이 궁극적으로 추구하는 것이 학생들을 품격 있는 민주시민으로 기르는 것이라면, 우리 사회는 당연히 교환과 경쟁의 힘을 견제하고 믿음과 기다림의 힘을 학교에 돌려주어야 한다는 보편적 공감대가 일어나야 한다. 실제로 이러한 역할을 해야 하는 것이 '문화의 힘'이다. 문화는 거창한 것이 아니라 "그래도 우리가 인간답게 살려면 이 정도는 해야지."와 같은 최소한의 선을 지켜내는 일이기 때문이다.

우리 사회는 최소한의 방어선인 문화마저 교환과 경쟁의 힘에 압살당했다. 문화가 제 역할을 하지 못하는 사이, 우리 사회는 교사에게 품격 있는 민주시민을 기르는 일보다 더 좋은 대학에 보내는 방법을 고민하라고 주문하고 있다. 아이들이 스스로 깨우칠 때까지 기다리지 말고 아이들에게 그것을 직접 전달하여 더 좋은 성적을 받을 수 있도록 하라고 말한다. 이렇게 교사들은 아이들의 곁으로 다가설 땅을 빼앗겼고, 자신이 가꾸어온 간접성의 땅이 잔인하게 파헤쳐지는 모습을 지켜봐야 했다.

교사들은 빼앗긴 땅을 회복할 수 있을까? 나아가 잃어버린 간접성의 가치를 회복하여 다시 아이들 곁으로 하강하는 삶을 살아갈 수 있을까? 여기에 대한 답을 발견하기 위해서는 우리가 오래전에 똑같은 '빼앗김의 경험'을 겪었다는 사실과 그 빼앗김은 우리가 잃어버린 것이 무엇인지를 성찰하는 힘을 함께 빼앗아 갔다는 사실을 알아차릴 필요가 있다. 우리가 빼앗긴 것은 바로, 스스로 생각하는 사람인 '회인'이다.

일제는 땅만 빼앗지 않았다

서근원은 《학교 혁신의 패러독스》에서 우리가 수많은 교육 혁신을 시도했지만 그것이 번번이 좌절하는 근원적인 원인을 '회인의 패러다임 상실'에서 찾는다. 회인(誨人)은 '스스로 깨우칠 수 있는 사람'이다. 서근원은 조선시대까지만 하더라도 스스로 깨우치는 주체적 리더를 기르는 '회인'의 교육과 배워야 할 내용을 직접 전달하여 지배받을 백성을 기르는 '교민'의 교육이 공존했다는 사실을 논증한다. 이러한 사실은 세종이 남긴 '사회(司誨)'라는 말에서 확인할 수 있다. 사회는 왕의 친족을 가르치는 선생님을 부르는 이름이며, 이 명칭은 기존에 백성을 기르는 교육자를 지칭하는 '교원'과 구분되는 직책이었다고 한다.

그런데 1910년 일제가 조선을 침략하면서 우리 역사 속에 남아 있던 교민과 회인의 구분, 그리고 교원과 사회의 구분이 사라졌다. 일제는 조선의 시민이 스스로 깨우치는 리더가 되는 것을 원하지 않았기 때문이다. 그래서 교육 체제에 함께 공존했던 '회인'이라는 주체적 리더의 인간상과 기다림의 교육을 완전히 없애버렸다. 그 결과 우리나라 교육에는 직접적으로 전달하는 '교민으로서의 교육'만 남게 되었다는 것이다. 서근원은 이러한 사실을 바탕으로 지금의 학교 교육 전반의 철학을 교민에서 회인으로 전환해야 한다고 주장한다. 그 전환의 핵심은 주체성의 회복이며, 궁극적으로는 식민주의 극복이다.

> 우리가 교민의 패러다임을 극복하고 회인의 패러다임을 구축하는 데에는 한 가지 더 고려해야 할 점이 있다. 그것은 우리 안의 식민주의를 극복하는 일이다. (중략) 일본 제국주의는 교민의 체제를 이용하여 자신들의 지배에 필요한 내용을 중심으로 조선인들을 사회화하고자 했다. 즉 교민의 체제를 식민지 통치를 위한 도구로 사용했던 것이다. 그 과정에서 조선인들은 자국의 언어, 자국의 역사, 자국의 지리로부터 유리되지 않을 수 없었다. 즉 자신이 살아가고 있는 터전과 의미 있는 관계를 맺을 수 없었다.
>
> —《학교 혁신의 패러독스》에서

식민주의의 비극은 땅을 빼앗긴 데에 그치지 않는다. 땅을 빼앗긴 민족은 그들이 살아가는 터전을 잃어버리게 되고, 그 터전 속에 스며 있는 언어와 역사와 지리를 함께 잃는다. 그리하여 내가 살아가고 있는 땅을 바라보는 시선을 빼앗긴다. 내가 발 딛고 있는 땅에 대한 시선을 잃어버린 사람은 자연스럽게 내가 살아가고 있는 땅에 대한 믿음을 잃을 것이고, 믿음이 사라진 사람의 마음속에 존재의 변화 가능성을 응원하는 묵직한 기다림은 자리하기 어렵다. 그렇게 식민주의에 잠식된 사람은 자신의 땅

　　　　　하늘만 보는 라퓨타인들과 땅을 보는 시선

을 보지 않고 끝없이 너머의 세상을 숭상하고 그들의 이야기를 수입하려고 한다. 믿음과 기다림을 잃어버린 사람은 자신과 마주한 문제를 자신의 언어와 역사와 철학으로 해결하지 않고 경쟁과 속도를 보장하는 '외부에서 가져온 이야기'로 해결하게 된다. 외부에서 가져온 이야기는 "아니, 그렇게 하시면 안 됩니다. 지금부터 제가 시키는 대로만 하세요."라는 직접성의 형식으로 진행된다. 외부의 이야기는 정신없는 지시와 촘촘한 범주화를 반복하면서 그 문제의 본질을 덮어버린다.

오랜 시간 외부에서 들여온 지시를 묵묵히 수행하다 보면 우리가 해결해야 할 문제가 어느새 새로운 범주 안에 들어가서 자취를 감춘다. 그래서 마치 그 문제가 해결된 것처럼 보이지만, 그 문제는 해결되지 않은 상태로 새로운 폴더에 숨겨져 있을 뿐이다. 외부의 이야기는 문제의 본질을 더 큰 이야기로 덮는 '폴더화'의 방식으로 문제 자체를 감춰버리고, 폴더화가 진행될수록 우리는 그 문제가 어디로 갔는지 찾을 수 없어서 다시 외부의 목소리에 의존하는 악순환을 반복하게 된다. 외부의 목소리가 쌓이면 쌓일수록 우리는 믿음과 기다림을 잃어버리고, 외부의 힘에 대한 의존과 단편적 해결을 반복하게 되는 것이다. 우리의 문제를 우리의 힘으로 해결하려는 노력을 상실한 채 외부의 목소리에 의존하는 모든 경향성을 '식민주의'라고 부른다.

교민의 패러다임은 오랜 시간에 걸쳐서 우리 사회를 살아가는 사람들의 마음속에 '우리의 이야기보다는 더 유명한 사람, 더 잘사는 나라의 이야기가 효과 있지 않겠어요?'라고 생각하도록 만드는 '외부로 향하는 시선'을 심어두었다. 외부로 향하는 시선은 끝없이 나와 우리의 판단과 해석을 의심하게 만들고 교사가 자신의 소신을 당당히 말할 용기를 꺾는다. 의심과 망설임의 시간 속에서 학교는 교육적 원리가 아닌 힘과 효율성이 지배하는 공간이 되었다.

기다림을 허락하지 않는 패권의 시간

스스로 깨우치는 주체적 시민을 기르는 '회인'의 패러다임은 '너는 이 문제에 대해서 어떻게 생각해?'와 '너는 세상을 더 좋은 곳으로 만들기 위해서 무엇을 할 생각이야?'를 끝없이 묻는 과정이다. 회인을 기르는 과정은 단순히 자기 앞에 있는 문제를 해결하는 것을 넘어서 그 문제를 해결하기 위해 내린 판단이 과연 주체적인 판단인지를 묻는 시간이다. 동시에 그 판단이 일시적 결정에 그치는 것이 아니라 궁극적으로 우리 사회를 긍정적으로 변화시키는 도덕적 판단의 중요성을 가르치는 시간이다. 그렇기 때문에 회인의 시간은 성장의 시간이자 기다림의 시간이며 간접성의 시간이다.

그러나 앞에서 말한 교민의 패러다임은 우리가 주체적으로 판단하고 행동할 수 있는 기회를 박탈하고, 우리의 시선을 끝없이 외부에서 들어온 이야기로 돌린다. 그 이야기는 어느새 우리의 땅과 교사의 삶을 마음대로 조종하고 있다. 그렇다면 교육 현장에서 가장 강력하게 작동하고 있는 외부의 힘은 무엇일까?

김기민은 〈정치논리, 경제논리와 비교해 본 교육논리의 특징〉이라는 논문에서 우리나라의 교육정책이 현장과의 지속적인 소통과 충분한 숙고 그리고 장기적인 관점을 가지고 학습자의 성장을 추구하는 교육적

하늘만 보는 라퓨타인들과 땅을 보는 시선

원리에 의해서 결정되지 않고, 권력의 획득과 유지를 추구하는 정치적 원리에 의해서 이루어지거나 자율과 효율성을 추구하는 경제적 원리에 의해서 이루어져 왔다는 사실을 논증한다. 물론 정치가 설계한 합리적 의사 결정 구조와 경제가 허락한 자율적 성장은 교육을 지원하는 중요한 힘인 동시에 우리가 마주하고 있는 문제를 해결하는 데 중요한 요소이다. 그러나 이것은 정치와 경제가 그 본질적 기능을 제대로 수행할 때 가능한 일이다. 안타깝게도 우리 사회는 정치와 경제가 정상적으로 작동하지 않고 있으며, 오히려 그것이 사회의 다양한 현상을 왜곡하는 힘으로 작동하고 있다. 이는 우리나라뿐 아니라 전 세계적 현상이다.

먼저 현재 전 세계에서 가장 보편적으로 받아들여지고 있는 정치 원리는 민주주의이다. 그런데 이 민주주의가 실제로 그 이념대로 '시민들의 합리적 의사 결정을 지원하여 저마다의 행복을 추구하는 사회를 만드는 원리'로 작동하는지에 대해서는 다양한 의견이 존재한다. 민주주의가 이러한 기능을 잘 수행하는 합리적 모델이라고 믿는 대표적 학자가 존 롤스와 위르겐 하버마스이다. 롤스는 《정의론》에서 사회적 부의 차등 분배를 바라보는 새로운 시선을 제시했고, 하버마스는 《공론장의 구조 변동》에서 합리적 의사 결정을 위한 의사소통을 강조하면서 여전히 민주주의에 대한 희망을 놓지 않는다.

그러나 민주주의가 사회의 다양한 문제를 올바르게 해결하는 합리적 모델이 아니라 갈등을 통해서 힘을 획득하는 논쟁적 모델이라고 믿는 학자도 많다. 대표적인 사람이 칼 슈미트와 샹탈 무페이다. 특히 샹탈 무페는 《민주주의의 역설》에서 민주주의가 이데올로기의 패권인 헤게모니를 장악하는 과정이며, 패권이 쥐어주는 힘의 우위는 다른 사회적 가치들을 모두 수단화하기 때문에 정치는 권력의 획득과 유지를 추구하는 수단이 되었음을 논증한다. 합리적 문제 해결보다 권력의 획득이 중요한 사회에서는 헤게모니를 장악하기 위해 의사소통보다 진영 논리를 중요하게 여기고, 진실에 대한 검증보다 담론의 우위를 장악하는 것이 우선시된다. 그렇게 정치는 소통과 기다림을 상실하고 압도적 힘의 우위를 장악하는 강자의 영역이 된다. 실제로 우리 사회에서 정치가 작동하는 모습도 샹탈 무페가 말하는 '헤게모니 장악을 위한 고군분투'의 전형이다. 품격을 찾아보기 힘든 정치인들의 말과 행동에는 예외 없이 패권 장악을 위한 조급함이 녹아 있고, 그 조급함은 약자의 삶을 생각하는 시선을 싸늘하게 거둔다.

교육이 정치적 원리에 의해 결정되면서 교육정책은 권력의 획득과 유지의 수단으로 전락했고, 학교는 '조급한 강자'를 기르는 공간이 되었다. 이 사실은 교사를 매우 고통스럽게 만든다. 정치가 합리적 의사 결정을 지원하는 시스템이 아니라 패권을 장악하는 힘의 논리가 되는 순간 약자는 살아남을 수 없기 때문이다. 소수 정당은 거대 정당에 흡수될 뿐이고, 소수의 표는 다수의 표에 압살된다. 소수의 목소리와 약자의 몸부림이 공론장에 녹아들 수 없는 현재의 정치 논리는 우리 사회를 살아가는 모든 사람에게 '너 역시 강자가 되지 않으면 언젠가는 잡아먹힌다.'라는 조급함을 심어준다.

학교만큼은 그 조급함을 들여놓으면 안 되지만, 외부의 시선에 익숙해진 우리 사회는 이미 학교를 정치의 한복판에 통째로 갖다 바쳤다. 그

하늘만 보는 라퓨타인들과 땅을 보는 시선

러니 학교에서 아무리 친구와의 협력을 가르쳐도 아이들은 경쟁과 비교를 먼저 배운다. 친구의 마음을 살피지 못하는 아이들이 교사의 마음 역시 살피지 않을 것이고, 무의식중에 경쟁과 강자의 삶을 내면화한 학생들은 어른이 되어서도 근원적 불안감에서 벗어나지 못한다. 학교가 협력과 기다림을 말할 수 없는 공간이 되어가면서, 아이들은 불안을 꺼내놓지 않고 속으로 삭이며 강자의 삶과 목소리에만 귀를 기울이고 있다. 이러한 불안감이 효율과 만났을 때 학교는 자본의 수단이 된다.

'정당한'이 '적당한'이 되기까지

경제적 논리인 자율과 효율은 교육이 구현되는 과정에 필요한 자원의 적절한 사용과 다양한 지원 체제를 꾸려나갈 수 있는 안목을 제공한다. 경제적 원리가 다른 원리와 유기적으로 연결되어 '사람'을 위한 힘으로 작동한다면 아무런 문제가 없다. 그러나 경제적 원리가 교육정책을 결정하는 압도적 원리가 되었을 때, 이는 인간의 삶을 지원하는 것이 아니라 삶을 억압하는 새로운 족쇄가 된다. 시장은 모든 결정에 대한 책임을 개인에게 돌리기 때문이다.

학교는 누군가가 마주한 책임을 그 사람만의 몫이 아니라 우리 사회가 함께 져야 한다는 사실을 힘주어 가르치는 공간이다. 이 담백한 삶의 진실을 베어가는 것이 자율과 효율에 대한 압도적 숭상이다. 교육청은 수많은 공문에서 자율을 강조한다. 정책을 수행하는 과정에서 학교의 자율성을 강조하고, 그것을 운영하는 방식과 내용에 대한 자유로운 선택권을 준다. 그런데 그게 끝이다. 학교와 교사가 자율을 마음대로 행사하려면 그 자유로움을 실천하는 과정에서 마주하는 어려움과 비난을 해결할 수 있는 제도적 지원과 해결책도 마련되어야 한다. 교육부와 교육청은 한순간도 그러한 책임을 나눠 지려고 하지 않는다.

오히려 각종 교육정책에서 말했던 자율성과 상충하는 획일적인 평가 잣대를 들이밀고 교사의 실천에 대한 잔인한 평가를 내릴 뿐이다. 믿음과 기다림이 소거된 획일적 지표들은 모든 책임을 교사 개인에게 돌리기 위한 완벽한 증거가 된다. 교사의 짐을 나눠 지지 않고 허울뿐인 평가로 교사를 통제하려는 관료적 시각이 농축되어 탄생한 말이 '정당한'이다.

각종 공문에 적힌 무수한 '정당한'은 얼핏 교사에게 자율적인 선택권을 주는 것처럼 보이지만, 그 선택에 대한 책임은 모두 교사 개인에게 있다는 사실을 명확히 하려는 서글픈 말이다. 교사들은 교육부와 교육청이 아니라 아이들의 삶을 위해서 저마다의 방식으로 '정당한'을 실천하지만, 그 과정에서 학부모의 민원과 학생들의 비난에 시달릴 때가 많다. 앞에서 말했듯이 '믿음과 기다림'이 필요한 교사의 삶은 우리 사회에서 원하는 경쟁과 속도에 반대되기 때문이다. 교사는 아이들을 올바른 인성을 지닌 품격 있는 시민으로 기르기 위해서 정당한 생활지도와 수업을 하지만, 그것이 학부모의 기분을 상하게 한다면 한순간에 정당하지 않은 교육 활동이 된다. 교사의 소신은 자기 아이에 대한 차별이 되고, 자신에 대한 무시가 되며, 아이 아빠를 화나게 만든 공격으로 둔갑한다.

교사는 자신의 삶이 하루에도 몇 번씩이나 어이없게 둔갑하지만, 그 결과를 오롯이 혼자 감당해야 한다는 사실을 알게 되면서 마음속에 남겨두었던 믿음을 소리 없이 버린다. 그렇게 교사의 삶에서 '정당한'은

'적당한'이 된다. 적당히 수업하고, 적당히 지도하며, 적당히 바라보는 삶으로 돌아선다. 흐린 눈을 하고 적당한 시간을 살아가는 동안, 교사는 아이들이 집으로 돌아간 뒤에 멈출 수 없는 한숨을 내뱉게 되고, 그 한숨이 쌓이고 쌓여서 교사가 발 딛고 있는 땅이 아찔하게 꺼지는 느낌을 받는다. 학교는 이미 오래전에 교사가 설 수 없는 땅이 된 것이다.

적은 노력으로 최대한의 효과를 누리는 것이 최고의 삶이라고 말하는 '효율'의 가치는 학교를 거래와 선택의 공간으로 바꾸었다. 교육과정에서 선택과목이 시행된 지는 오래되었지만, 널뛰는 교육정책은 그러한 선택 학습의 결과와 활동이 대학 입시에 도움이 되지 않는다는 사실을 학부모와 학생들에게 명확하게 알려주었다. 학생들은 배움을 선택으로 바꿔치기했고, 교사와의 만남의 시간을 잠이라는 어둠의 시간으로 바꿔치기했다. 학교가 효율이 지배하는 장이 되었다는 더 명확한 증거는 최근 불거지고 있는 고교 자퇴생의 급증이다. 주요 대학이 정시 비율을 높이면서 수능에 대한 중요성이 함께 높아졌고, 이에 따라 학생들은 친구와 어울리면서 삶의 방식을 배워나가는 학교에서의 삶을 '시간 낭비'로 받아들이고 있다.

어른이 된다는 것은 내가 하기 싫어도 해야 하는 것이 있다는 것을 배우는 과정이며, 내가 하는 선택은 나뿐 아니라 나를 둘러싼 공동체에 영향을 준다는 사실을 공부하는 과정이다. 이러한 공부를 본격적이며 체계적으로 하는 곳이 학교이다. 그래서 교사는 "너 혼자 고민하지 마. 선생님이 함께 고민해 줄게."라고 말하면서 아이들이 하는 선택이 혼자만의 선택이 되지 않도록 곁을 지키는 사람이다. 그래서 아이들이 한 선택의 결과 역시 혼자 감당하는 것이 아니라는 사실을 알려주는 사람이다.

그러나 효율이 지배하는 학교에서 아이들은 '누구도 내 인생을 책임져 주지 않는다.'라는 사실을 가장 먼저 배우게 되고, 교환할 수 있는 것은 모두 바꾸어서 오로지 좋은 대학에 들어가는 것이 최선의 선택이라는 것을 무의식중에 학습한다. 교사는 학교의 시간을 거래하는 아이들의 선택을 막을 수 없는 존재가 되었으며, 어울림의 시간을 살아내지 않은 아이들이 오만한 어른으로 성장하는 것을 막을 힘을 완전히 잃어버렸다. 학교가 효율 앞에 무기력해지면서, 교육은 소수의 강자에게는 끝없는 우월감을, 다수의 약자에게는 주체할 수 없는 무력감을 심어주는 확실한 원동력으로 전락했다. 이토록 아찔한 교환을 두 눈으로 지켜봐야 하는 교사의 내면은 끝내 분열된다. 학교의 땅이 전락의 땅으로 바뀌는 모습을 마주하면서 매일매일 추락하는 삶을 살고 있다.

어떤 공간을 살아가는 사람들의 일상이 믿음과 기다림의 삶이 아닌 외부의 힘에 조종되는 삶이 되었을 때, 우리는 그곳을 식민지라고 부른다. 식민지는 모든 삶을 추락시킨다.

하늘만 보는 라퓨타인들과 땅을 보는 시선

03

추락의 반복과 길을 잃은 교사

드라마의 대본을 수입한 사람들

교사들의 추락은 불필요한 상승을 만드는 교육부의 정책, 믿음과 기다림의 문화를 빼앗긴 식민주의로 인한 이중 추락이라는 사실을 살펴보았다. 이토록 잔인한 이중 추락은 어떻게 오랜 시간 동안 반복될 수 있었을까? 여기에 대한 분명한 답을 찾아야 교사가 아이들의 삶으로 다가서는 방법을 찾을 수 있다. 이중 추락이 학교에서 오랜 시간 반복될 수 있었던 이유는 '드라마를 원하는 교육정책'과 '의식의 식민 상태'에 있다. 이 두 가지 힘은 교사를 끊임없이 삶의 주체가 아닌 객체로 만들고 있으며, 교사가 우리 땅의 이야기에서 교육의 문제를 해결하려는 시선을 남루한 일로 만들고 있다. 그렇게 교사의 삶에서 '이상'과 '실천'의 거리는 더욱 멀어지게 되고, 그 차이는 배터리의 양극처럼 작동하면서 교사의 삶에 추락의 에너지를 반복해서 제공하고 있다.

추락의 반복을 불러오는 '드라마를 원하는 교육정책'은 그것을 마치 극적인 변화를 이룰 수 있는 마스터키로 인식하고 있다. 교육부와 교육청은 많은 정책을 쏟아내면서 극적인 변화와 혁신을 약속했다. 정권이 바뀌면 교육정책도 새로운 얼굴로 바뀌었는데, 그때마다 빠지지 않는 말이 "우리 정부가 새롭게 시도하는 정책은 지금까지 쌓여 있던 문제들을 한 번에 바꿀 수 있는 탁월한 정책입니다."였다. 이들은 새로운 교육정책을 시도하면 기존의 문제가 한 번에 해결될 것 같은 '드라마틱한 환상'을 말하면서 교사들에게 새로운 헌신을 요구한다. 아마도 관료들은 그러한 극적인 변화를 완전히 믿는 것 같다. 문제는 그들이 원하는 극적인 변화가 실제 교육 현장에서는 잘 일어나지 않는다는 사실이다. 묵직한 믿음과 오랜 기다림이 필요한 교육의 영역에서는 그런 드라마를 기대해서는 안 된다. 그러나 교육정책은 어김없이 드라마를 원하고 있으며 스스로 드라마를 찍고 있다.

드라마를 찍고 싶은 사람에게 가장 필요한 것이 '솔깃한 대본'이다. 기존에 알고 있던 이야기가 아니라 뭔가 새로운 이야기가 필요한 것이다. 그래서 교육정책을 만드는 사람들이 반복해서 하는 일이 바로 '이론의 수입과 모델화'이다. 해외에서 먼저 시행되어 그 가치를 인정받은 이론이나 유명한 학자의 이론은 극적인 변화를 원하는 사람들에게 필요한 권위를 안겨준다. 한글보다 영어로 되어 있는 말들이나 우리나라의 철학보다 해외의 철학을 인용하면 무언가 있어 보이기도 하고, 정말로 새로운 변화를 불러올 수 있을 것 같은 느낌을 주기 때문이다. 일단 외부의 이야기를 가져오면 그다음 문제들은 쉽게 풀린다. 이론에 대한 충분한

하늘만 보는 라퓨타인들과 땅을 보는 시선

해석과 연구 없이 그 이야기를 자신들의 밑그림에 바로 섞어버리면 되기 때문이다. 그렇게 외부의 이야기는 순식간에 우리나라의 교육 현장에 들어오게 된다.

외국의 이론이나 철학을 가져오는 것 자체가 문제인 것은 아니다. 오히려 해외의 사례와 철학을 분석하여 거기에 기반한 우리만의 맥락과 철학을 담는 '연결'의 과정이 있다면, 그 이야기는 교육이 마주한 여러 문제를 풀어나가는 데 중요한 열쇠가 될 수 있기 때문이다. 문제는 이러한 연결을 외면한 채 무차별적으로 수입한 외부의 이야기들이 우리의 맥락과 다양성을 고려하지 않은 채 학교 현장으로 내려오고 있다는 사실이다. 이렇게 들어온 이야기들은 학교에서 교사들이 저마다의 방식으로 실천해 오던 소중한 이야기들을 몰아내고 그 자리를 떡하니 차지해 버렸다.

무차별적으로 들여온 외부 이론이 정책화되는 과정에서 발생하는 더 큰 문제는 '모델화'이다. 새로운 정책이 지금까지 쌓여왔던 수많은 문제를 한 번에 해결할 수 있으며, 이 정책은 세계적인 흐름에 따른 것이고, 그러하기에 이 정책을 잘 시행하는 학교와 교사에게는 거기에 맞는 보상을 주겠다는 드라마의 대본은 '모델'의 제시로 절정에 이른다. 강력한 외부의 힘이 숨겨진 수입한 이야기를 학교 현장에 급하게 내려보내기 위해서 필요한 것이 촘촘한 모델이다. 대본을 충실히 연기하여 극적인 드라마를 완성하려는 감독은 자발적 해석과 변주를 담은 애드리브를 허락하지 않는다. 대본에 대한 애드리브와 저마다의 해석이 불가능할 때, 드라마에 출연하는 배우는 자신만의 연기를 하지 못한다.

현장에 내려진 위대한 대본들

이론의 수입과 모델화로 만들어진 촘촘한 대본들이 어떻게 학교를 식민지로 만드는지 가장 잘 보여주는 사례가 '열린교육'과 '생태전환교육'이다. 열린교육은 교육정책이 그토록 오랜 시간 추구해 온 '학습자중심교육'의 시작이었다. 개별화, 자율화, 상호작용, 다양화, 융통성과 같이 현재의 교육정책이 추구하는 핵심 원리를 모두 담고 있었다. 누구보다 이러한 가능성을 일찍 알아차린 교사들은 이미 저마다의 학교에서 다양한 방식으로 열린교육을 실천하고 있었다. 교사들은 영국과 미국의 이야기를 그대로 수입하는 것이 아니라, 거기에 자기만의 철학과 지역의 이야기를 덧대어 다양한 색깔의 열린교육을 해왔다. 실제로 1986년 운현초등학교와 영훈초등학교에서 자발적으로 열린교육을 도입하면서 '열린교육운동'이 학교 차원의 교육 혁신으로 번질 수 있다는 가능성을 보여주었다.

문제는 다양한 열린교육의 이야기가 교육청이 주도한 모델화로 전환되는 과정에서 일어났다. 1995년 시행된 '5·31 교육개혁안'은 세계화와 정보화의 교육 이념 아래 학생들의 자기주도적 학습과 개별화 학습을 주요 원리로 내세웠고, 이것을 구현할 모델로서 열린교육 정책을 발표하게 된다. 외부의 이야기를 다시 교사의 발로 끌어내려 우리나라의 맥락에 맞게 변주한 이야기가 아니라, 머리에서 시작한 모델은 기존에 담겨 있던 풍부한 서사와 애드리브를 세밀한 채로 걸러냈다. 그렇게 열린교육은 방법과 환경이라는 위대한 대본이 되어서 현장에 내려온다.

열린교육에 녹아 있는 수많은 해석과 애드리브를 접하지 못한 학교들은 열린교육의 철학과 가치를 보지 못하고 그 외형만을 흉내 내는 일을 시작한다. 멀쩡하던 교실 벽을 허물고, 아이들의 안전을 지켜주던 학교 담장을 허물었으며, 무리한 합동 수업과 정신없는 프로젝트 수업이 학교 현장을 지배하게 되었다. 교사의 해석을 담지 못한 열린교육은 그동안의 문제를 해결할 수 있는 마스터키로 부풀려졌고, 열린교육은 단 한 명의 교사의 마음도 열지 못한 채 소리 없이 사라졌다.

교육 이론의 수입과 모델화의 문제점을 가장 극명하게 보여주는 최근의 사례가 '생태전환교육'이다. 코로나19가 가져온 유례없는 고통은 그동안 인간이 만들어온 '인간 중심적 사고방식'에 대한 근원적 문제의식을 제기했다. 그래서 삶의 방식을 생태 중심으로 전환하자는 생태전환교육은 지금의 교육 현장에 가장 중요하고 절실한 교육이다. 문제는 대부분의 시도교육청이 마련한 생태전환교육 기본계획에서 '전환'의 철학적 기반을 서양의 개발 중심 담론인 '지속가능발전'에서 가져오고 있다는 사실이다.

서울시교육청의 〈2022. 생태전환교육 기본계획〉을 살펴보면 단위 학교의 생태전환교육 기본 방향을 수립하는 과정에서 '지속가능발전교육'의 철학과 원칙을 공유하라는 지침이 담겨 있다. '지속가능발전교육'이 말하고 있는 철학은 과연 우리가 실현해야 할 간절한 전환에 도움을 줄 수 있을까? 나는 아니라고 생각한다. '지속가능발전교육'이 담고 있는 '지속가능발전'은 1992년 리우데자네이루에서 열린 유엔환경개발회의에서 채택한 지구 환경보전을 위한 원칙이다. 이 원칙은 '보전'과 '발전'이라는 상충하는 가치를 담고 있으며, 이 두 가치는 인간의 삶에서 포기할 수 없는 가치였다. 그래서 두 가치의 역설적 공존을 시도하려는 움직임은 발전에 매몰된 세계인들에게 새로운 전환이 되었다. 그러나 이것은 발전의 영역에서나 가능한 전환이다. 교육에서 이러한 전환은 독이다.

앞에서 말했듯이 이미 괴물이 되어버린 자본주의는 우리가 목청을 다해 '발전보다 보전'을 외쳐도 보전을 염두에 두지 않는 수준으로 진화했다. 이러한 상황에서 우리에게 필요한 것은 '어떻게 하면 조금씩이라도 발전할 수 있는가?'라는 물음이 아니라 '우리는 왜 발전을 포기하지 못하는가?'이다. 지속가능발전 담론은 '발전'에 대한 철학적 물음을 원천적으로 차단한다. 이는 교육적 원리가 아닌 경제적 원리이기 때문이다.

그래서인지 현재 학교 현장에서 일어나고 있는 많은 생태교육이 일상으로 연결되는 순환적 교육이 아니라 자본으로 체험을 교환하는 소비의 형태로 이루어지고 있다. 나의 일상에서 환경을 어떻게 보전할 수 있는지를 고민하고 그것을 매일 실천하는 생태교육이 아니라, 학교 예산으로 강사를 불러서 몇 시간 체험학습을 하고 끝내는 소비 방식은 아이들에게 진정한 전환을 가르칠 기회를 빼앗는다.

진정한 생태전환교육은 세계관의 온전한 전환이다. 기존의 인간 중심적 세계관에서 생태 중심적 세계관으로 통째로 옮기는 과정이고, 그 과정을 나만의 방식으로 해석하는 종합적 과정이다. 그러려면 먼저 교사와 아이들이 매일 발 딛고 있는 '우리 땅'을 제대로 이해하는 시간이 필요하다. 그래야 이 땅을 살아가는 존재라면 인간뿐 아니라 모든 것이 다 소중하다는 인식으로 번질 수 있다.

그래서 강자를 추구하는 시선이 약자로 옮겨가고, 외부를 향하던 시

하늘만 보는 라퓨타인들과 땅을 보는 시선

선이 우리 땅으로 돌아오며, 체험으로 그치던 단편적 활동이 나의 일상으로 녹아들 때 진정한 전환이 이루어질 수 있다. 이러한 전환을 시작하는 가장 좋은 방법이 '우리의 이야기'를 읽는 것이다. 서양에서 만들어낸 '발전을 위한 이야기'가 아니라 동양이 만들어낸 '마주함을 위한 이야기'를 만나야 한다. 가령 약자와 우리의 땅과 나의 일상에 녹아 있는 소중함을 탁월하게 그려낸 권정생의 작품을 아이들과 함께 읽으면서 그 속에 담긴 삶의 가치와 철학을 함께 이야기 나눈다면, 그것이 진정한 생태전환교육의 시작이다.

학교가 교사 나름의 이야기와 실천을 마음대로 펼칠 수 있는 애드리브의 공간이 아니라 수입한 이론과 모델을 따라해야 하는 대본의 공간이 되면서, 교사는 자신이 실천해 온 소중한 교육 가치를 수입 이론과 맞바꾸는 삶을 살아왔다.

반복된 추락과 의식의 식민 상태

교육이 지향하는 이상과 그것이 실제로 구현되는 현실은 하나의 이야기로 연결되어야 한다. 이상과 현실을 연결할 수 있는 주체는 교육부도 아니고 교육청도 아니다. 교사이다. 교사는 '발-가슴-머리'로 이어지는 일상을 통해서 이상과 현실을 통합하는 사람이며, 이 통합의 과정에서 자기만의 길을 찾아나가는 사람이다. 그러나 우리 사회는 교사에게 통합과 연결의 주도권을 주지 않는다. 교육 현장에는 하늘만 보고 있는 교육부와 외부의 이야기를 숭상하는 수입상들이 만들어낸 인위적 상승만 있을 뿐, 교사의 실천과 철학에 근거한 자발적 상승이 발 딛지 못한다.

교육 현장을 살아가는 교사의 실천과 성찰이 교육지원청과 시도교육청과 교육부에 닿지 못하고 그러한 목소리가 교육정책으로 만들어지지 못할 때, 교사의 삶에서 자발적 상승은 사라지고 인위적 상승만이 남게 된다. 땅에서 살아낸 '발'의 이야기를 담지 못한 대본들은 부드러운 하강의 방식이 아니라 거친 추락의 방식으로 교육 현장에 내려올 것이고, 교사는 추락하는 삶을 견디기 위해서 외부에서 들어오는 이야기를 어떻게든 자기 삶의 이야기로 녹이려는 노력을 멈추지 않는다. 교사는 이 안타까운 적응의 시간을 살아내면서 점점 외부의 이야기에 순응하게 되고, 교사 문화에서 '의식의 식민 상태'는 일상이 된다.

교사는 반복되는 추락을 근원적으로 극복하지 못한 채 위에서 내려보낸 아득한 이야기를 교실에서 실천하기 위해서 각자의 방식으로 고군분투하게 되고, 수없이 반복되는 아찔함을 이겨내기 위해서 새로운 교수법을 들여오는 '외부로의 시선'에 익숙해지게 된다. 서근원은 위대한 대본과 외부로의 시선이 빚어내는 악순환을 '의식의 식민 상태'라고 말한다.

학교의 교육이 이념을 미리 설정하고 그 이념을 실현하기 위한 과정으로 이루어지면, 교사들은 그 이념을 실현하는 데 적합한 교육의 내용과 방법을 모색하게 된다. 그리고 그 모색의 작업은 기존에 알려진 교수 방법을 대상으로 이루어진다. 앞에서 살펴본 배움의 공동체 수업이나 거꾸로 수업, 하브루타 수업 등이 그 예이다. 그 과정에서 교사들은 항상 새로운 교수법의 소비자로 머무르게 된다. 그러한 일이 반복됨으로써 현장의 교사들은 각 학교와 학생이 현재 당면하고 있는 문제를 스스로 해결하지 못하고, 늘 다른

하늘만 보는 라퓨타인들과 땅을 보는 시선

누군가가 그 문제에 대한 해답을 제공해 주기를 기대하게 된다. 즉 의식의 식민 상태가 되는 것이다.

—《풀뿌리 교육론》에서

그렇게 외부에서 들여온 교수법은 교육청의 연수와 우수 사례의 형식으로 교사의 삶에 정신없이 배달되고, 맥락과 이야기를 상실한 외부의 이야기는 교사의 삶에 자리 잡지 못한 채 뜨고 지는 유행만을 반복할 뿐이다. 교사의 수업이 자신의 땅과 발에서 시작한 주체적 이야기가 아니라 외부에서 들여온 아득한 이야기를 바탕으로 할 때, 그 교수법의 유행이 사라지고 나면 교사가 살아온 고군분투의 시간도 일순간에 '낡은 것'으로 전락한다. 교수법을 많이 들여놓으면 들여놓을수록 교사의 삶은 더 자주 추락하는 것이다.

잃어버린 교사의 길

교사의 권위는 아이들 곁으로 하강하는 소신에 대한 '믿음과 기다림'에서 나오지만, 교육부와 교육청은 여전히 교사를 계몽의 대상으로 인식하고 있다. 교사가 교육의 주체가 아니라 계몽의 대상이 되고, 비판적민주시민을 기르는 철학자가 아니라 사회가 원하는 요구를 군말 없이수행하는 노예가 될 때 교사의 하강은 애초에 불가능해진다. 아이들 곁으로 내려서는 하강을 허락하지 않는 사회에서 교사가 할 수 있는 것은 아무것도 없다. 우리 사회는 교사의 주체성을 원하지 않고, 스스로 길을만들고 그 길을 걸어가는 교사의 삶을 끝내 꺾는다.

학부모들은 아이들의 삶으로 하강하여 저마다의 이유로 고통받는 아이들을 구원하려는 교사의 손길을 불필요한 것이라고 노려본다. 사회는 아이들이 시민으로 성장하는 과정에서 마주하게 될 수많은 선택이 외로운 시간이 되지 않도록 아이들 곁에 다가서는 교사의 발걸음을 기다리지 않는다. 이 차가운 시선에 교사의 손과 발은 소리 없이 잘려나갔다. 손과 발이 잘려나간 교사는 자신의 손으로 학교 문화를 가꿀 힘을 빼앗기게 되었고, 매일 반복되는 추락에 고통받고 있는 동료의 곁으로 다가서지도 못한다. 아이들을 향하던 손이 움직임을 멈추고, 동료의 곁으로 향하던 이리의 발이 걸음을 멈출 때, 교사의 삶은 추락할 수밖에 없다.

권위를 상실한 교사가 추락하는 삶을 극복하기 위해서는 법과 제도적인 장치의 마련도 필요하지만, 그보다 더 시급한 것이 교사를 주체적인 전문가로 믿는 문화를 만들어나가는 일이다. 그래서 교사의 주체성을 회복하고 잃어버린 길을 다시 찾아야 한다. 그렇다면 이토록 어려운 일을 어디에서부터 시작해야 할까? 나는 그것을 외부로 향하는 사회의 시선을 극복하는 일에서부터 시작해야 한다고 생각한다.

하늘만 보는 라퓨타인들과 땅을 보는 시선

04

한국의 미와 괄호 치는 삶

외형의 숭상과 껍데기 문화

교사의 삶을 하강하는 삶으로 전환하기 위해서 가장 먼저 해야 할 일은 '외부로 향하는 시선'을 극복하는 일이다. 이는 '외형의 숭상' 문화로 이어져, 문제의 본질을 들여다보려는 시선을 가로막은 채 그저 '뭔가 새로운 변화가 시도되고 있는 것 같군.'과 같이 겉만 보고 만족해하는 것을 당연하게 여기는 문화를 만들어놓았다.

이러한 문화는 이 시대를 살아가는 모든 사람들의 삶을 껍데기로 만든다. 외형을 숭상한다는 것은 우리가 하고 있는 일의 의미와 과정보다 실적과 결과를 높이 평가한다는 것이다. 실적과 결과에 매몰된 사회를 살아가는 사람들은 언제든 대체되는 부품으로 굴러떨어진다. 부품이 되어버린 사람은 자신의 고통을 다른 사람에게 꺼내놓을 수도 없고 다른 사람의 눈물에 공감하기도 어렵다. 그렇게 살다 보면 어느 순간 내면은 텅 비어버리게 되고, 말로 설명할 수 없는 헛헛함이 마음에서 사라지지 않는다.

우리 사회가 교사에게 강요하는 모습 역시 '껍데기의 삶'이다. 교사는 소신보다 입시에 필요한 정보를 말해야 하고, 아이들의 삶을 구원하는 솔직한 생각이 아닌 학부모가 듣기 좋은 말을 해야 한다. 교사의 삶은 금세 텅 비어버리고, 외부의 이야기에 저항할 힘도, 아이들 곁으로 다가설 소신도 잃어버리게 된다. 껍데기 같은 교사의 삶을 극복하려면 '믿음과 기다림'의 시선을 회복해야 한다.

그런데 우리 사회의 시선을 '불신과 경쟁'에서 '믿음과 기다림'으로 전환하는 일은 생각처럼 쉽지 않다. 자본과 경쟁이 일상이 되어버린 이 사회를 살아가는 사람들의 마음속에는 내면의 아름다움보다 외적인 아름다움을, 품격 있는 인성보다 화려한 스펙을 추앙하는 시선이 자리하고 있기 때문이다. 믿음과 기다림, 그리고 하강이라는 교사 본연의 일을 제대로 수행하기 위해서는 '외형과 자본이 아니라 오랜 시간 가꾸어온 내면이 더욱 소중한 것이며, 믿음과 기다림의 시간을 지나온 사람이야말로 우리 사회에서 진정으로 존중받아야 할 가치'라는 문화를 형성해 나가야 한다.

그렇다면 이러한 문화는 어떻게 만들 수 있을까? 나는 그 시작을 우리의 전통에 스며 있는 '알맹이를 보는 시선'에서 찾아야 한다고 생각한다. 우리나라의 전통문화에는 내면을 기르는 믿음과 기다림이야말로 그 사람을 평가할 수 있는 가장 중요한 척도이며, 거기에 진정한 알맹이가 깃들어 있다는 다정한 철학이 자리하고 있다.

하늘만 보는 라퓨타인들과 땅을 보는 시선

알맹이는 빛이 아닌 내면에서

오주석은 《한국의 미 특강》에서 〈이재초상〉이라는 그림을 설명하면서 우리나라와 서양의 초상화가 결정적으로 '현상'과 '내면'이라는 서로 다른 부분에 주목하고 있다는 사실을 설명한다. 〈이재초상〉을 확대해서 보면 수염이 얼굴을 뚫고 나온 것처럼 사실적으로 그려져 있을 뿐 아니라 속눈썹이며 눈시울, 동공의 홍채까지 섬세하게 그려져 있다. 섬뜩할 정도로 사실적인 그림이다. 오주석은 언뜻 보기에 서양화가 굉장히 사실적으로 보이지만, 세부적인 묘사는 우리나라의 옛 그림을 따라갈 수 없다는 사실을 논증한다. 나아가 이 사실성은 '빛'에 기댄 사실성이 아니라 '내면'에 기댄 사실성이라는 것을 기억할 필요가 있다고 강조한다. 서양화가 대상을 빛으로 치장하여 화려하게 묘사하는 반면, 우리 옛 그림은 대상의 모습을 꾸미지 않고 섬뜩할 정도로 진실하게 담아낸다.

오주석은 이를 "진짜를 중요하게 여기는 한국의 미학 문화"로 설명한다. 옛사람들은 어른의 모습을 그린 그림을 '초상(肖像)'이라고 하지 않고 '사진(寫眞)'이라고 불렀다고 한다. 그 사람의 모습을 비슷하게 그리는 것이 아니라 그 사람이 살아온 시간이 묻어난 품격과 삶의 흔적을 그리는 것이 조선시대 초상화의 핵심이며, 그래서 젊은 사람이 아닌 나이 든 사람의 모습만을 그렸다.

참 진(眞) 자가 중요합니다! 걸껍데기, 즉 현상을 그리는 것이 아니기 때문에 빛이 어디서 들어오고 그늘이 어디 생기고 하는 것은 중요하지 않습니다. (중략) 그 사람의 참된 정신이 보이는가 안 보이는가, 그 점이 관건인 거죠. 여러분, 조선시대 초상화 중에 잘생긴 미남자의 초상을 보신 적 있습니까? (중략) 왜 젊은 시절의 그 꽃다운 얼굴을 안 그립니까? 왜 쭈글쭈글 늙어버린 노인만 그리는 걸까요? 젊은이는 학문도, 수양도, 경륜도 아직 이루어낸 것이 없고 모든 것이 진행형일 뿐입니다. 다시 말해, 그릴 내용이 없었던 것이죠!

— 《한국의 美 특강》에서

인간의 가치와 아름다움은 그 사람이 진심을 다해 품격 있게 살아왔는지에 대한 '믿음'과 그 삶의 시간을 온전히 바라보는 '기다림'에 깃들어 있음을 알게 되었다. '믿음과 기다림'이 없다면 그것이 만든 아름다움은 껍데기일 뿐이다. 하지만 오늘날 자본이 만든 화려한 외모와 빛나는 치장은 우리가 가꾸어야 할 '진짜 알맹이'를 외면하도록 만들고 있으며, 우리 사회는 '믿음과 기다림'의 상징인 주름을 부정적인 것으로 만들었다.

내면의 아름다움과 성숙의 시간을 존중하고, 그것이야말로 진정한 아름다움이라고 말하는 우리의 철학은 우리 사회뿐 아니라 교육정책이 만들어놓은 '외부로의 시선'을 극복할 힘이 이미 우리의 의식 속에 들어 있음을 알려준다. 식민주의는 이토록 귀한 우리의 전통을 유토피아로 희석하는 힘이다.

고통과 마주하지 않는 유토피아

'유토피아'는 1516년 토머스 모어가 지은 과학소설 제목이다. 이는 아무런 고통이 없는 이상향의 공간으로 묘사된다. 하지만 인간의 삶에서 고

하늘만 보는 라퓨타인들과 땅을 보는 시선

통은 필연적인 요소이다. 고통은 삶에 작동하는 불확실성과 결합하여 우리의 삶을 조금씩 더 나은 방향으로 이끄는 일상적 힘이다. 고통은 늘 우리의 삶에 함께하면서 우리를 괴롭히지만, 그 안에는 삶을 더 행복하게 만들 수 있는 답들이 숨겨져 있다. 대신 그것을 발견해 내려면 고통이 남긴 질문에 주체적으로 답할 수 있어야 한다. 그럼으로써 '이건 아닌 것 같은데.'와 같이 다른 방향을 생각해 보거나, '내일은 이렇게 바꿔 봐야겠구나.'와 같이 작은 변화를 시도할 수 있기 때문이다.

유토피아는 고통에 답하는 시간을 허락하지 않는 사회이다. 우리 삶에서 고통을 제거하기 위해서는 삶에 존재하는 모든 불확실성을 제거하는 강력한 통제의 방법을 사용하거나, 다른 것으로 정신을 홀려서 매일 마주하는 고통을 잊게 만드는 은폐의 방법이 필요하다. 이러한 '통제와 은폐'를 긍정하는 삶의 방식이 권위주의다. 그래서 《유토피아》에 등장하는 사회는 권위주의로 유지된다. 결국 유토피아는 고통 없는 행복을 위해서 압도적 권위에 나의 삶을 내맡기는 사회이다.

유토피아가 제시하는 이상적 사회를 만들기 위해서는 유토피아가 아닌 다른 사회를 만들자는 목소리를 없애버려야 한다. 플라톤의 《국가》에 노예가 존재하는 이유도, 올더스 헉슬리의 《멋진 신세계》에 차별적 상황을 잊게 만드는 마약인 소마가 존재하는 이유도, 조지 오웰의 《1984》에서 빅브라더가 모든 시민의 삶을 감시하는 이유도 권위주의가 약속한 고통 없는 행복을 지키기 위한 것이다. 그러니 《유토피아》에 등장하는 사회의 모습은 실제로 유토피아가 아니다. 고통을 숨기는 디스토피아이다.

유토피아가 '실제로 존재하지 않는 곳'이라는 뜻으로 통용되고 있는 이유도 우리 삶에 존재하는 고통을 겉으로 드러내지 않고 숨기려는 특성 때문이다. 유토피아는 우리의 삶을 "시간이 걸려도 조금씩 조금씩 살만한 것으로 만들어봅시다."와 같은 능동적 태도가 아닌, "저 말만 믿으면 우리 삶을 한 번에 낙원으로 만들 수 있다잖아!"와 같은 수동적 태도로 바꿔놓는다.

이런 측면에서 보면 라퓨타 역시 유토피아이다. 라퓨타는 땅이 아닌 하늘만을 바라보며 땅에서의 실제 삶을 개선하려는 노력에 관심이 없는 사회이기 때문이다. 라퓨타에 스며 있는 온갖 부조리와 차별은, '하늘을 바라보는 일'을 하는 사람들을 숭상하는 문화와 공중에 떠 있는 낙원을 유지하기 위해서 눈감아야 할 '사소한 것'일 뿐이다.

그러니 교육부에서 만들어내는 정책들은 유토피아를 만들어내는 비극적인 계약서이다. 그 정책들은 하나같이 현장의 교사들이 겪고 있는 저마다의 고통에는 전혀 관심을 두지 않고, 미래의 이야기와 우당탕탕 수입한 외국의 이야기로 교육 문제를 해결할 수 있을 것처럼 말하기 때문이다. 이러한 유토피아적 교육정책으로 인해서 교사의 삶은 고통으로 범람하고 있으며, 학교는 상처를 숨긴 채 모두가 행복하게 웃고 있는 낙원을 연기하고 있다. 해결되지 않는 수많은 고통은 오늘도 교사의 삶을 추락시킨다.

우리 사회는 고통을 은폐하는 유토피아적 시각에서 벗어나야 한다. 나아가 교사는 한 번에 모든 것을 해결할 수 있다는 담론에 저항해야 한다. 그래서 유토피아를 꿈꾸는 교육부가 만들어놓은 이상에서 눈을 돌려 하강의 길을 만들어야 한다. 그 단서가 담긴 책이 칼 포퍼의《열린사

회와 그 적들》이다. 포퍼는 미래가 말하는 '빛'보다 내면이 말하는 '고통'
을 믿으라고 말한다.

미래보다 고통을 믿는 점진적 방식

나치의 박해와 제2차 세계대전의 폭력을 경험한 포퍼는 인간이 주체적
자유를 누릴 수 있는 건강한 사회를 어떻게 만들 수 있을지에 대해서 연
구했다. 나아가 인간의 삶을 억압하고 통제하는 권위적 힘이 어디에서
기원하게 되었는지를 분석한다. 그렇게 해서 나온 책이《열린사회와 그
적들》이다. 그는 인류가 만들어온 민주주의 문화는 모든 사람이 능동적
주체로 살아가는 '열린사회'를 지향했지만, 나치즘과 같은 전체주의의
등장과 함께 점점 '닫힌사회'로 나아가게 되었다고 말한다. 그는 인류의
철학에서 '닫힌사회'를 추구했던 사상을 분석하여 그것이 펼쳐놓은 사
고방식을 걷어내는 방법으로 현재 우리 사회가 마주한 문제를 해결할
수 있다고 믿었다.

　포퍼는 책에서 '닫힌사회'의 철학적 기원을 플라톤의《국가》에서 찾는
다. 플라톤이 제시한《국가》는 사회가 추구해야 할 이상향이 사전에 정해
져 있으며, 그것은 '거대한 청사진'으로 제시된다는 사실을 말한다. 거대
한 청사진은 사회 전체를 한 번에 바꿀 수 있다는 맹목적 신념을 부여하
게 되고, 맹목적 신념은 그것과 다른 말을 하는 목소리를 억압하고 제거
한다. 포퍼는 이러한 플라톤의 방식을 '유토피아적 공학'이라고 말한다.

　포퍼가 유토피아적 공학을 비판하는 이유는 사회를 한 번에 바꿀 수
있다고 말하는 이상향은 현재가 아닌 미래에서 가져오는 것이기 때문에

설사 그것이 실현된다고 해도 사람들에게 행복을 가져다줄 수 있을지 확신할 수 없기 때문이다. 그래서 포퍼에게 유토피아적 공학은 거짓말과 같다. 그는 사회를 바꾸는 방식을 미래에서 찾지 말고 실제로 우리가 겪고 있는 현실인 '고통'에서 찾아야 한다고 말한다. 지금 겪고 있는 고통은 '우리가 이런 실수를 했기 때문에 이런 고통을 겪는구나.'라는 명확한 검증이 가능하기 때문이다. 포퍼는 이러한 시간을 통해서 잘못된 부분을 하나씩 제거해 나가는 방식으로 사회를 바꿔나가는 것을 '점진적 공학'이라고 말한다.

> 점진적 방법에 찬성하는 점진적 공학자는 어떤 이상을 확립하기 위한 투쟁보다는 고통과 부정 그리고 전쟁에 대항하는 체계적인 투쟁이 수많은 사람들의 찬성과 동의에 의해 보다 지지를 받을 것이라고 주장할 수 있다. 사회악의 존재, 즉 말하자면 많은 사람들이 고통받고 있는 사회 조건이 있다는 것은 비교적 쉽게 설정할 수 있을 것이다.
>
> —《열린사회와 그 적들》에서

포퍼는 많은 사람이 고통받고 있는 사회 조건을 '사회악'이라고 말한다. 지금 우리 삶을 괴롭히는 사회악을 제거하지 않고 검증되지 않은 미래의 이상향을 추가하는 방식으로는 우리의 삶을 행복하게 만들 수 없다. 그러니까 '점진적 공학'은 모든 것을 한꺼번에 바꿀 수 있다는 거짓에 대한 성찰인 동시에, 우리가 외면하고 있던 고통과 마주하는 것이 진정으로 우리를 구원하는 길이라는 것을 알려주는 외침이다.

하늘만 보는 라퓨타인들과 땅을 보는 시선

천천히 조금씩 지금 우리를 괴롭히는 고통을 찾아서 고쳐나가자는 점진적 공학은 우리 사회가 시행하고 있는 정책들 대부분이 유토피아적 공학을 추구한다는 사실을 명확히 알려준다. 저출산의 심연에는 치열한 경쟁 문화와 능력주의를 숭상하는 사회가 남겨놓은 상처가 존재하지만, 우리 사회는 그 고통을 진심으로 어루만질 대책을 내어놓지 못한다. 그저 미래의 한국 사회를 위해서 헌신하라고 말한다. 장기적인 안목과 숙의 과정을 거친 정책이 아니라 "덮어놓고 낳다 보면 거지꼴을 못 면한다."라는 말로 산아제한 정책을 추진하면서, 서민들은 빈곤 탈출이라는 유토피아 건설을 위해서 저마다의 사연을 숨겨야 하는 존재로 전락했다. 유토피아가 아닌 지금의 고통을 해결해 달라고 말하는 사람의 입을 돈으로 막고 있는 정책만 몇십 년째 반복하고 있으니 저출산이 해결될 리 없다. 급하게 내어놓는 부동산 정책, 참사가 일어날 때마다 내어놓은 안전 매뉴얼, 수많은 하청업체 노동자의 죽음 앞에서도 정부는 언제나 자본과 발전이라는 유토피아만을 이야기할 뿐이다. 서민들의 고통에 침묵하는 유토피아는 누구를 위한 나라인가?

　교육정책도 유토피아적 공학을 추구하기는 마찬가지다. 정권이 바뀔 때마다 어김없이 쏟아지는 교육정책은 언제나 교육 현장을 모르는 사람들의 머리에서 나온 유토피아이다. 교사들이 자발적으로 실천하고 있던 다양한 혁신 운동의 본질은 새로운 것을 수입하여 덧대는 방식이 아니라 기존에 제대로 작동하지 못하고 있던 교육의 본질을 회복하여 교사들이 마주하고 있는 수많은 고통을 하나씩 극복하자는 '점진적 공학'이었다. 그러나 교사들의 고통을 돌아보지 않는 교육청은 교사들이 실천해 온 혁신교육 앞에 '미래인재'나 '미래교육' 같은 유토피아적 단어들을 섞으면서 그 본질을 흐려놓았다. 그러면서 교사들은 교육의 주체가 아닌 객체로 추방되었고, 유토피아적 정책은 교사의 삶에 존재하는 수많은 추락을 완벽하게 덮어버렸다.

교사는 지금이라도 점진적 공학을 자신의 일상에서 실천할 수 있어야 한다. 교사의 삶에 자리하는 수많은 고통과 마주하여 그것을 없애나가는 일을 시작해야 한다. 이 일을 가장 확실하게 할 수 있는 방법이 교육정책에 담겨 있는 불필요한 수식어를 없애는 것이다. 유토피아는 언제나 불필요한 수식어와 함께 찾아오기 때문이다.

중심과 괄호

교육정책에 유토피아를 담기 위해서 가장 많이 사용하는 방법이 불필요한 수식어를 붙이는 것이다. 불필요한 수식어가 지닌 가장 큰 문제는 이러한 수식어를 만들어내는 사람들이 대부분 교육 현장에 발 딛고 있지 않다는 데 있다. 교육과정과 수업 그리고 평가를 자신의 일상에서 온전히 수행하고 나름의 의미를 부여할 수 있는 주체는 교사뿐이다. 그런데 교육정책을 만들어내는 사람들은 끝없이 새로운 변화와 미래교육을 추구한다는 이유로 교사의 삶에 알맹이 없는 수식어를 붙인다.

불필요한 수식어를 붙이기 위해서 자주 쓰이는 것이 '중심'이라는 말이다. '이해 중심 교육과정, 배움 중심 수업, 과정 중심 평가' 등과 같이 한때 유행했거나 지금도 유행하고 있는 정책에는 어김없이 '중심'이라는 말이 붙는다. '중심'은 '이해'와 '배움'과 '과정'이라는 불필요한 수식

하늘만 보는 라퓨타인들과 땅을 보는 시선

어를 붙이려고 가져온 말인 동시에 'A centered B' 같은 영어식 표현을 번역하는 과정에서 함께 들어온 껍데기일 뿐이다.

　불필요한 수식어는 본질을 흐리는 경우가 많다. 교육과정보다 '이해'에 집중하게 되고, 수업보다 '배움'에 집중하게 되고, '평가'보다 과정에 집중하게 된다는 말이다. 교사가 아이들의 삶이 녹아 있는 교육과정의 리듬을 보지 못하고 지식의 위계인 '빅아이디어'를 보는 순간, 교육과정은 언어의 세계에 잠식된다. 교사가 자신의 수업에 녹여낼 철학을 보지 못하고 학생 중심의 배움만을 보게 될 때, 수업은 가르침이라는 중요한 요소를 잃어버린다. 교육과정에서 평가로 연결되는 흐름 속에서 평가를 보지 않고 평가 자체를 우선순위에 둘 때, 교사는 평가에 담아야 할 유연성을 잃어버리게 된다.

　'중심'이라는 단어는 교사가 실천해 온 각자의 방식을 버리고 '중심' 앞에 있는 가치만을 숭상하도록 만든다. '중심' 앞에 붙어 있는 가치를 제대로 실현하면 그동안의 교육과정과 수업, 평가가 담고 있는 문제들을 한 번에 해결할 수 있을 것처럼 말한다. 하지만 교사의 삶에 바탕하지 않은 저 가치들은 결코 교육 현장의 문제를 해결하지 못한다.

　'중심'은 그 앞에 놓인 가치를 '마스터키'로 만들어 교사의 삶을 고통스럽게 한다. 그래서 그것이 아닌 다른 가치를 실현하는 교사의 삶을 남루한 것으로 끌어내린다. 학생 중심 수업과 배움 중심 수업 앞에서 교사의 가르침은 부정적 요소이자 과거의 패러다임으로 인식되었고, 세상을 바라보는 안목을 가르치려는 교사의 눈빛과 품격 있는 시민의 덕목을 가르치려는 교사의 목소리는 힘을 잃었다. 교사들은 이처럼 '중심'이 붙은 정책들이 학교 현장에 내려올수록 자기 삶의 중심을 잃는다.

괄호에서 탄생하는 하강의 말

유토피아적 교육정책을 허물 방법은 지금 당장 교사가 실천할 수 있는
점진적 방법을 찾는 것이다. 그 중 하나가 교육정책에 붙어 있는 불필요
한 수식어에 괄호를 치는 것이다. 그 괄호는 '교육과정, 수업, 평가'처럼
교육의 본질적 영역부터 '공동체, 연수, 워크숍, 학년, 학교'와 같이 일상
의 영역에 이르기까지 모두 적용되어야 한다. 그렇게 해서 '교육과정, 수
업, 평가, 공동체, 연수, 워크숍, 학년, 학교'라는 본질만 남겨야 한다. 그
렇게 비워낸 자리에 교사 나름의 '말'을 적어 넣으면 된다. 교육의 본질
을 온몸으로 해석한 교사가 적어낸 말들은 불필요한 수식어가 아니라
교사가 아이들의 삶으로 하강하면서 일어나는 필연적 해석이기 때문이
다. 그렇게 '하강의 말'은 탄생한다.

괄호 치기의 삶은 개인적 영역과 공동체의 영역에서 동시에 수행되어
야 한다. 교사들은 동료와 함께 둘러앉아서 자기가 1년 동안 추구한 수업
의 본질을 가장 잘 설명할 수 있는 말을 찾아서 포스트잇에 적는다. 그렇
게 자신의 수업을 성찰하고, 그 시간 동안 마주했던 수많은 어려움과 고
통을 어떻게 극복했으며, 그러한 극복이 어떻게 자신의 수업에 반영되
었는지 동료 교사와 이야기를 나누어야 한다. 이야기를 나누다 보면 '수
업' 앞에 붙어 있는 단어들이 서로 연결될 수도 있고 자연스럽게 합쳐져
새로운 단어가 되기도 한다.

중요한 것은 1년 동안 자신의 수업을 성찰하고 거기에 의미를 부여하

는 시간 그 자체이다. 모든 교사들이 함께 둘러앉은 '다모임 시간'을 통해서 자신이 건져 올린 하강의 말을 동료에게 소개하고 수업에 대한 나름의 철학과 해석을 들려주는 시간이 필요하다. 한 학교 구성원의 생각을 모두 연결하는 과정에서 교사는 수업에 대한 생각을 정리할 수 있다. 이렇게 정리한 생각은 다시 내년의 교육과정을 설계하는 워크숍에 그대로 가져가서 새로운 이야기의 시작이자 새로운 1년을 살아낼 수 있는 원동력으로 삼을 수 있다.

불필요한 수식어에 괄호를 치는 과정은 교사의 이야기를 경청하지 않은 수많은 교육정책이 만들어놓은 불필요한 상승을 거부하는 일이다. 나아가 추락의 고통을 꺼내놓고 지금 당장 고칠 수 있는 것부터 하나씩 고쳐나가겠다는 점진적 방식의 시작이다. 그러니 괄호를 치는 삶은 수동적 덧댐이 아니라 능동적 비움이며, 그 비움은 궁극적으로 껍데기의 삶을 살지 않겠다는 간절한 한 걸음일 것이다.

점진적 공학과 괄호 치는 삶은 교사에게 하강하는 삶을 돌려줄 것이며, 이중 추락에 저항할 수 있는 힘이 되어줄 것이다. 교사가 하강하는 삶을 시작했다면 이제 남은 것은 '잃어버린 땅'을 회복하는 일이다.

05

나락 한 알 속의 우주와 광야의 교사

축적에서 순환으로

교사가 아무리 점진적 공학의 방법으로 땅과 하늘의 격차를 좁혀나간다고 하더라도 사람과 생명의 가치를 존중하는 문화가 사라진 사회에서는 새로운 추락을 마주할 수밖에 없다. 따라서 교사의 삶이 일시적 하강이 아닌 온전한 하강이 되기 위해서는 우리 사회에 깊이 스며 있는 직접성의 문화를 간접성의 문화로 전환하는 노력이 필요하다. 이는 우리 사회를 살아가는 시민들의 마음속에 '교환과 경쟁'보다 '믿음과 기다림'이 훨씬 품격 있는 가치라는 것을 심어주는 일이며, 자본보다 생명을 소중히 여기는 삶이 궁극적으로 우리 삶을 구원할 수 있다는 장기적 비전을 제시하는 일이다. 또 자본이 아니라 생명을 귀하게 여기고, 경쟁이 아니라 협력을 소중하게 여기며, 강자가 아닌 위대한 평민의 삶을 살라고 가르치는 교사의 삶을 온전히 신뢰하는 문화를 형성하는 일이다.

하늘만 보는 라퓨타인들과 땅을 보는 시선

그렇다면 직접성의 문화를 간접성의 문화로 전환한다는 것은 무슨 말일까? 김종철은 이를 직선적 삶을 멈추는 일이라고 설명한다. 그는 우리삶의 양식을 직선적 삶에서 순환적 삶으로 전환해야 한다고 주장하고, 이를 '근대문명에서 생태문명으로의 전환'이라고 말한다.

> 유한한 지구상에서 직선적인 성장과 진보를 끝없이 추구한다는 것 자체가근본적인 모순이며 현실적으로 불가능한 일인 이상, 지금 가장 긴급한 것은순환적 삶의 패턴을 회복하는 일이라고 하지 않을 수 없다. 바로 그렇기 때문에, 지혜롭게만 실행한다면 거의 영구적으로 인간다운 삶의 영위를 보장하는 거의 유일한 토대인 토양을 건강하게 가꾸고 보존하는 것이야말로 얼마나 중요한가를 우리는 숙고할 필요가 있다.
> — 《근대문명에서 생태문명으로》에서

김종철은 서구 자본주의의 산물인 산업경제와 그것에 의존하는 근대문명이 본질적으로 직선적 성장과 끝없는 진보를 추구할 수밖에 없으며, 자본을 향한 욕망이 우리 삶을 파괴하고 있다고 말한다. 그럼에도 왜우리는 멈추지 못할까? 자본의 본질이 축적에 있기 때문이다. 직선적 성장과 발전만을 추구하는 '직접성의 힘'은 자원과 성과를 이웃과 나누지말고 개인이 축적하라고 말하고, 그 축적을 통해서 더 큰 자본을 만드는것이 최고의 삶이라고 말한다. 이러한 자본의 축적은 이제 우리 사회에서 가장 강력한 힘이 되어서, 내가 먹고살 만큼의 여유가 생겨도 굶어 죽는 이웃에게 나누지 않고, 다른 사람을 도울 수 있는 여유가 있어도 그것을 새로운 축적을 위해서 사용하는 문화로 자리 잡았다. 한병철이《피로사회》에서 적었듯이 자본이 만든 축적의 문화는 다른 사람이 시키지 않아도 스스로를 착취하는 '자기 착취'라는 비극적 삶의 방식으로 굳어졌고, 이제 이 시대를 살아가는 사람들 대부분은 다른 사람의 고통과 어려움에 공명하는 감정을 잃어버리고 모든 흐름을 자기 안에 가두는 삶을 살고 있다.

김종철은 모든 가치가 순환하여 서로 기대어 살아갈 수 있는 삶의 패턴을 '생태문명'이라고 정의한다. 순환적 삶의 패턴을 회복하기 위해서 가장 중요한 것은 우리가 발 딛고 살아가는 '땅'을 가꾸는 일이며, 땅을 가꾸는 것이 본질인 '농업'에 관심을 가져야 한다. 김종철은 우리 사회가 점점 농업과 농부에 대한 관심을 잃어가는 현상을 비판하면서, 땅을 가꾸지 않으면 순환적 삶을 회복할 수 없으며, 땅을 잃어버리는 것은 우리 삶을 통째로 포기하는 것과 같다고 말한다.

우리는 이러한 전환이 중요하다는 것을 모두 알고 있다. 그래서 근대문명에서 생태문명으로 전환해야 한다는 목소리가 우리 사회에 울려 퍼지고 있는 것이다. 그런데 왜 우리 사회는 이러한 전환을 이루지 못하는 것일까? 나아가 축적이 아닌 순환의 삶을 살자고 말하는 목소리는 왜 금방 사그라들까? 교사의 삶을 추락시킨 축적의 방식을 순환의 방식으로 전환하기 위해서는 이 전환을 가로막고 있는 가장 강력한 힘이 무엇인지부터 가려내야 한다. 우리는 '자기중심적 사고'라는 비극적 구심력에 주목할 필요가 있다.

하늘만 보는 라퓨타인들과 땅을 보는 시선

비극적 구심력과 교사의 추락

축적은 내부로 쌓이는 힘이다. 이 힘이 유지되기 위해서는 원심력을 제거하고 구심력만 남겨야 한다. 공동체를 향하는 시선, 나보다 힘든 이웃을 챙기려는 손길, 공부를 힘들어하는 친구를 바라보는 눈빛, 경제적 어려움에 처한 이웃에게 다가서려는 발걸음 등이 원심력이다. 하지만 우리 사회는 그런 시선과 눈빛을 거두고 손길과 발걸음을 멈추라고 한다. 그 바탕에는 '초조함'이 자리하고 있다. 자본이 불러온 경쟁 패러다임은 내 주변 사람들과 연대하는 것이 아니라 어떻게든 그 사람들을 밟고 일어서야 행복한 삶을 살 수 있고, 명문대를 가야 대접받는 삶을 살 수 있다고 말하면서 모든 사람의 마음속에 초조함을 심는다.

초조함이 지배하는 사회를 살아가는 사람들은 모두 강자가 되기를 원한다. 치열한 경쟁에서 살아남은 사람은 그것이 주는 압도적 성취감에 취해 자연스럽게 자기 자식에게도 경쟁을 강요하기 쉽다. 경쟁에서 밀려 쓰디쓴 패배감을 맛본 사람 역시 자식만큼은 시대의 주인공이 되었으면 하는 바람에서 더 치열한 노력을 강요한다. 모두가 강자를 꿈꿀 때, 외부로 향하는 시선은 완전히 차단된다. 그렇게 원심력을 잃어버린 삶은 비극적 구심력만이 지배하는 삶이 된다. 비극적 구심력은 모든 것을 자기중심적으로 생각하고 판단하고 행동하게 하는 괴물을 만들어낸다.

교사는 이러한 자기중심적 사고를 극복해야 한다고 말하는 사람이다. 내가 소중한 만큼 이웃도 소중하고, 개인의 의견만큼이나 공동체의 의견도 중요하며, 나의 욕심보다 타인의 고통을 생각하는 사람이 되어야 한다고 가르치는 사람이다. 교사는 아이들의 삶에 구심력보다 원심력이 중요하다고 끝없이 말하는 사람인 것이다. 구심력이 지배하는 사회에서 원심력을 말하는 교사의 삶은 존중받지 못한다. 강자를 숭상하는 사회에서 "너는 품격을 갖춘 평민이 되어라."라고 말하는 교사의 가르침을 지지할 사람은 거의 없다. 초조함은 사회 구성원의 마음을 철통같이 걸어잠그고 외부로 향하는 시선을 원천적으로 차단할 뿐이다. 구심력의 시대를 살아가는 개인은 서로 연결되지 못하고 고립되어 있으며, 타인이 내미는 손을 매몰차게 뿌리친다.

구심력의 가장 큰 비극은 내가 살고 있는 땅에 대한 혐오감을 심어준다는 데 있다. 구심력이 비대해진 사회는 언제나 중심에 있어야 성공한 삶이라는 강박을 심어준다. 이는 중심이 변방을 무차별적으로 빨아들이는 힘으로 나아가고, 그렇게 변방과 지역에서의 삶은 남루한 것이 된다. 그리고 우리의 공간을 아름다운 땅으로 만들자고 말하는 교사의 말을 혐오하게 만든다.

그렇게 사람들은 아이들의 곁에 있는 교사의 말을 믿지 않고, 더 효율적인 경쟁을 부추기는 강사의 말을 믿게 된다. 교사가 아무리 부르짖어도 그 목소리는 불신의 벽을 넘지 못한다. 중심에서 보내는 거대한 목소리에 이끌려 사람들은 끝없이 중심으로 향하게 되고, 그러는 동안 지방은 소멸하고 서울은 사람으로 넘쳐나는 새로운 격차가 자리했다. 그 격차가 커질수록 변방과 땅의 소중함을 말하는 교사의 삶은 추락할 수밖에 없다.

구심력이 원심력을 모조리 제거했을 때, 중심을 향하는 힘이 정점에 올랐을 때, 바로 그 순간 중심으로 향하는 중력은 더욱 커진다. 손쓸 수

하늘만 보는 라퓨타인들과 땅을 보는 시선

없이 커진 중력 앞에서 교사의 삶은 하강이 불가능해진다. 교사가 다시 하강하는 삶을 살아가려면 사람들의 마음속에 자리하고 있는 '자기중심적 사고'를 밀어내고 우리가 잃어버린 원심력을 회복해야 한다.

근대문명에서 생태문명으로의 전환이 또 다른 유토피아가 되지 않기 위해서는 생태적 삶의 본질인 순환적 삶을 실천할 수 있는 점진적 시각과 순환적 삶의 문화를 회복할 수 있는 원심력이 필요하다. 나아가 이 원심력은 자본이 아닌 생명을 바라보고, 강자가 아닌 약자를 지향하며, 무엇보다 하늘이 아닌 '우리 땅'을 가꾸자는 발걸음이 되어야 한다. 그래서 그 발걸음은 가급적 우리나라의 철학에서 시작해야 한다. 외부에서 들어온 이야기가 아니라 모두가 이해할 수 있는 담백한 외침이어야 한다. 나는 그 외침을 장일순의 글에서 들을 수 있었다. 장일순의 글은 주저앉은 교사의 삶에 따뜻한 손을 내밀고 있었다.

나락 한 알 속 우주

장일순의 삶은 원심력의 삶이었다. 그는 생의 대부분을 원주에서 살면서 시대가 품고 있는 고통에 공명했다. 언제나 어른의 목소리를 내었던 실천가이자 교육으로 사회가 조금씩 변화될 수 있음을 주장한 사상가였다. 도산 안창호가 평양에 설립한 대성학원의 맥을 계승하여 원주에 대성학원을 설립했으며, 교육이 사회 변화를 위한 원심력이 될 수 있음을 몸소 보여주었다. 5·16 군사정변 직후 평소 주장하던 '중립화 평화통일론'이 빌미가 되어 오랜 시간 옥고를 치렀으며, 박정희 정권의 부정부패를 폭로하고 사회정의를 촉구하는 가두시위를 주도하며 민주화운동을 막후에서 지원했다.

　그뿐 아니라 중심을 향하는 권력이 우리 사회에 미치는 영향을 이리의 눈으로 살피고 그것에 저항했다. 그래서 힘이 중심으로 모이는 권위주의의 문제점을 끝없이 비판했다. 이러한 시선은 우리 사회를 집어삼킨 자본과 경쟁의 힘에까지 이르게 된다. 경쟁의 과정에서 결국 이 시대를 살아가는 사람들이 생명에 대한 가치를 상실하고 있음을 직감한 장일순은 '종래의 방식으로는 안 되겠다.'라는 사실을 깨닫고, 도농 직거래 조직인 '한살림'을 창립하고 본격적인 생명운동을 전개한다.

　장일순이 실천했던 생명운동의 중심에는 '동학'이 자리했다. 그가 말하는 생태철학은 외국의 이론이나 거창한 사상이 아니라 우리 민족의 전통 철학인 동학에서 시작한다. 동학의 2대 교주인 해월 최시형 선생이 자주 했던 말인 '이식천식(以食天食. 하늘이 하늘을 먹는다.)'은 그가 추구한 생태철학의 기원과도 같다. '하늘이 하늘을 먹는다'는 말은 무슨 뜻일까? 장일순은 이것을 '나락 한 알 속에도 우주가 있다.'라고 했다.

　하늘은 벌레고 천옥이고 사람이고 누구든지 가리지 않고 다 빛을 비춰주셔요. 비가 오면 다 축여줘요. 그러니까 풀 하나도 태양이 없으면 안 되고, 맑은 공기가 없으면 안 되고, 맑은 물이 없으면 안 되고, 흙이 없으면 안 되고 다 지닐 걸 지녀야 돼. 풀 하나도 우주가 뒷받침해 주는 거야. 그렇기 때문에 동학의 2대 교주인 해월 선생께서는 "하늘이 하늘을 먹는다." 이랬어. 그 풀 하나에, 낟알 하나에 우주가 다 있는 거라.

　　　　　　　　　　　　　　　　　　— 《나락 한 알 속의 우주》에서

　　　　　　하늘만 보는 라퓨타인들과 땅을 보는 시선

우리는 나락 한 알을 볼 때 그저 "아, 입으로 들어가는 밥 한 톨이구나."라면서 아주 사소한 것으로 여긴다. 그런데 그 '나락 한 알'이 열리기 위해서는 우주의 모든 존재가 필요하다는 말이다. 벼가 자라기 위해서는 땅이 있어야 하고, 땅이 있으려면 지렁이가 있어야 하고, 지렁이가 살기 위해서는 물이 필요하고, 물이 있으려면 비가 내려야 하고, 비가 내리려면 구름이 있어야 하고, 구름이 있으려면 하늘이 있어야 하고, 하늘이 있으려면 지구가 있어야 하고, 지구가 있으려면 우주가 있어야 한다. 생명을 만들어내는 무한의 연결고리에서 어느 하나라도 빠지면 나락 한 알이 열리지 않는다. 그 연결고리를 타고 올라갔을 때, 모든 생명은 궁극적으로 우주를 만나게 되는 것이다.

그러니 무한의 연결고리를 구성하는 각각의 생태 요소는 그 자체로 귀한 것이다. 귀한 존재의 하나하나에는 모두 우주가 깃들어 있다. 그러한 생태적 요소들의 총합이 우주인 것이다. 이 얼마나 명쾌하고 담백한 진리인가? 이러한 연결성과 관계성이 궁극적으로 추구하는 것이 바로 '생명과 순환'이다.

물과 흙과 공기와 지렁이와 구름과 비와 바람과 햇빛과 태풍과 지구와 우주는 합심하여 생명을 기른다. 우리가 일상에서 마주하는 모든 생태적 요소는 궁극적으로 '대상을 가리지 않고 생명을 기른다'는 사실에 주목할 필요가 있으며, 생명을 기르는 일은 자본이 추구하는 교환과 경쟁을 허락하지 않는다. 햇빛과 바람과 비와 흙은 생명이 온전히 자랄 수 있을 때까지 기다려주고, 성장이 더딘 생명에게는 더 많은 햇빛과 양분이 갈 수 있도록 배려한다. 그렇게 성장의 속도는 다르더라도 궁극적으로 성장하고 있다는 사실에는 변함이 없으며, 그러한 성장들이 모여서 만들어지는 것이 생명의 공동체인 숲이다. 자본은 능력에 따라서 대상을 구분짓고, 능력을 제대로 발휘하지 못하면 기계 부품처럼 사람을 교체한다. 그러나 자연은 모든 존재의 성장을 믿고 기다릴 뿐이다.

그 믿음을 견고하게 하는 장치가 순환이며, 순환의 총체가 바로 땅이다. 모든 생명은 태어나서 나름의 이야기를 연결해 나가고, 삶의 시간이 다하면 다시 땅으로 돌아가서 새로운 생명을 위한 양분이 된다. 흙 속의 수분은 땅과 대기의 습도를 조절해 주고, 그 습함이 비가 되며, 비가 내려서 강이 되고, 강물이 벼에 스민다. 벼에 스민 물이 나락 한 알로 성장하고, 그 나락을 먹고 아이들은 귀한 시민으로 성장하며, 그 시민이 나무를 심고 꽃을 가꾸어 생명을 기른다. 시민은 죽어서 다시 자신이 태어났던 흙으로 돌아간다. 흙은 수분을 잠시 저장할 뿐 축적하지 않고, 오로지 모든 생명이 자랄 터전을 묵묵히 제공할 뿐이다. 모든 생태적 요소는 순환을 통해서 생명을 기르고, 땅은 그러한 순환의 끝을 위한 시작이자 시작을 위한 끝을 소리 없이 실천한다.

그러하기에 장일순이 말한 '나락 한 알 속에 우주가 있다'는 생태철학은 우리 사회가 마주하고 있는 자기중심적 사고를 근원적으로 극복할 수 있는 힘이 있다. 그것은 '관계 중심적 사고'와 연결된다.

관계 중심적 사고와 교사의 기다림

자기중심적 사고를 극복하기 위한 원심력의 핵심은 우리가 세상을 해석하는 방식인 '세계관'을 교환과 경쟁이 아니라 믿음과 기다림으로 전환

하늘만 보는 라퓨타인들과 땅을 보는 시선

하는 일이다. 이는 단순히 일상에서 '아, 욕심을 덜 부려야겠구나!'라고 생각하는 단편적 반성에 그쳐서는 안 되고, 내가 세상과 상호작용하는 방식을 총체적으로 전환할 때 가능하다. 그렇기에 자기중심적 사고를 극복하는 일은 '내가 세상의 중심이다.'라는 인식에서 벗어나, 나라는 존재가 우주라는 거대한 생명 공동체를 구성하는 하나의 요소라는 사실을 깨우치는 일이다.

인식의 총체적 전환에 필요한 것이 바로 '관계적 시각'이다. 우리가 마주하는 생명에는 우리를 둘러싸고 있는 모든 생태적 요소의 헌신적 도움이 뒷받침되어 있으며, 그 중에 어느 하나라도 빠지면 생명이 제대로 자랄 수 없다. 생명에는 우위가 없고 그 자체로 온전히 귀하다는 인식은 우리가 일상에서 무의식적으로 반복하고 있는 '구분 짓기'와 '상대적 우월감'이 얼마나 위험한 것인지를 알려준다.

그렇게 관계적 시각을 가질 때, 각자의 마음속에서 미친 듯이 돌아가고 있는 엔진 소리가 정상이 아님을 알아챌 수 있다. 나아가 '인간이 세상의 중심이 아니구나.', '내가 세상의 중심이 아니구나.', '나 역시 자연의 다른 존재와 같은 하나의 생명이구나.'라는 생각을 가지게 된다. 그리고 더 빨리 달리고 더 많이 축적하기 위해서 살았던 초조함을 내려놓게 된다.

관계적 시각으로 세상을 바라볼 때, 그동안 자본에 매몰되었던 관계망을 다시 발견하게 된다. 그 관계망은 먹이그물과 생태피라미드처럼 약육강식의 관계망이 아니며, 다른 존재가 살기 위해서 약한 존재를 잡아먹는 강자 중심의 관계망이 아니다. 모든 존재가 그 자체로 살아갈 수 있는 공존의 관계망이다. 공존의 그물이 마음속에 움트기 시작한 사람은 누군가가 입은 옷의 브랜드로 사람을 판단하지 않는다. 땅콩을 접시에 담아 오지 않았다고 사람이 차마 들을 수 없는 말을 쏟아내지 않으며, 자기 아이의 기분이 상했으니 담임교사를 교체해 달라고 말할 수 없다.

우리 사회의 문화 속에 '세상의 중심으로서 나'가 아니라 '관계 속에서의 나'가 보편적 상식으로 인식될 때 교사는 비로소 아이들의 삶으로 하강할 수 있다. 모든 것을 자기중심적으로 판단하는 구심력을 극복하고 자신을 세상이라는 생태적 공간의 한 요소로 위치시킬 때, 세상은 경쟁의 장이 아니라 공존의 장이 될 것이다. 또 내가 발 딛고 있는 땅은 남루한 곳이 아니라 순환을 위한 위대한 흙이 되며, 사람은 자본에 대체되는 부품이 아닌 그 자체로 소중한 생명이 된다.

문제는 이렇게 인식을 전환하는 데 오랜 시간이 걸릴 것이라는 사실이다. 광복 이후 70년이 넘는 시간 동안 쌓여온 자본과 축적의 힘은 우리 사회를 경쟁과 강자가 판치는 세상으로 만들어놓았기 때문이다. 우리 사회가 빼앗은 교사의 본질을 회복하는 데도 많은 시간이 걸릴 것이다.

교사들은 마냥 기다리기보다 지금 당장 할 수 있는 점진적 변화를 시작해야 한다. 문화를 전환하는 일은 결국 삶의 방식을 전환하는 일이며, 이는 생각을 바꾸기 위한 씨앗을 심는 일에서 시작된다. 그래야 자신이 살아가는 세상을 바꿀 수 있다. 사회가 시대를 바꾸지 못한다면 교사라도 시대를 바꿀 수 있는 생각의 씨앗을 심어야 한다.

농부로서의 교사

2023년 5월 18일 파리에서 열린 제216차 유네스코 집행이사회에서 〈동

학농민혁명 기록물〉의 유네스코 세계기록유산 등재를 결정했다. 동학
농민혁명은 단순한 무력 투쟁이 아니라 민족 해방을 위한 철학과 생명
을 향한 구체적 비전을 담고 있었기 때문이다.

　동학농민혁명은 생명과 순환의 삶을 빼앗은 자본과 제국주의에 대항
하기 위해서 봉기한 점진적 개혁운동이다. 점진적 개혁운동이라는 사실
은 '집강소'라는 자치 네트워크에서 명확히 확인할 수 있다. 동학농민군
은 백성의 의견을 경청하고 그것을 다시 시민들의 삶으로 돌려주는 의
견 순환의 장으로써 집강소를 운영했다. 농민들은 숙의와 경청의 네트
워크를 통해 자신들이 원하던 사회를 꿈꾸었으며, 일시적 폭동이 아닌
장기적 비전을 구현해 나갔던 것이다. 그들은 '발'로 고통에 저항했고,
'머리'로 생명을 기르는 사회를 꿈꾸었다. 그들이 추구한 세상의 중심에
는 '땅과 약자와 인간'이 있었다.

　　동학농민군의 목표는 요컨대 인간다운 세상을 건설하겠다는 것이었습니
　다. 동학군이 내세운 기치, 즉 보국안민, 척왜양, 유무상자 등 핵심 구호를
　들여다보면 그것을 알 수 있습니다. 보국안민의 '국' 자가 뜻하는 것은 고종
　임금도, 국가 위계질서도 아니었습니다. 그것은 그냥 백성들이 살림살이를
　하고 자식을 낳아 기르며 사는 땅이에요. (중략) 척왜양도 그렇습니다. 그것
　은 특정 외국인에 대한 적대감을 드러내는 것이 아니라, 자신의 야심을 위
　해서 약자를 희생시키려는 비인간적인 논리, 그 폭력적인 세력에 대한 항거
　를 뜻하는 거죠. (중략) 그중에서도 가장 핵심적인 것은 유무상자라는 개념,
　즉 있는 사람 없는 사람 서로 도와서 살아야 한다는 상호부조의 윤리라고

할 수 있습니다.

— 《근대문명에서 생태문명으로》에서

농민군이 외친 철학은 담백하다. 첫 번째는 땅을 지키자는 것이었다. 땅은 생명이 움트는 공간이자 순환의 총체이기 때문이다. 이는 외부에서 들어온 세력이 그 땅을 살아가는 생명을 억압할 때 그것을 내버려두어서는 안 되며 저항을 통해 생명을 지켜내야 한다는 생각을 바탕으로 한다. 농민군이 이토록 명쾌한 철학을 제시할 수 있었던 이유는 이들이 농부의 삶을 살아가는 평민이었기 때문이다.

농부는 흙을 가꾸고 생명을 기르는 것이 본업이다. 그렇기에 강자보다 약자를 돌아보고, 하늘보다 땅을 믿으며, 돈보다 사람을 귀하게 여긴다. 땅과 생명을 기르는 사람은 자연스럽게 자기중심적 사고에서 벗어나 관계 중심적 사고를 하게 된다. 농부들이 관계 중심적 사고를 한다는 사실은 그들의 겸손함에서 확인할 수 있다. 나는 어린 시절을 농촌에서 보냈기 때문에 누구보다 농부의 삶을 가까이에서 지켜봤다. 자연은 언제나 예측 불가능하기 때문에, 농부들은 그저 묵묵히 일하고 자연이 허락하는 만큼 가져갈 뿐이었다. 이처럼 농부들은 자신을 세상의 중심에 두지 않고 자연과의 관계 속에서 살아가는 것이다.

이런 농부들의 겸손함과 관계 중심적 시각을 시민들의 마음속에 공식적으로 심어줄 수 있는 사람이 교사이다. 동학농민군이 시민들의 마음에 심어놓았던 저항의 씨앗은 항일운동과 민주화운동, 촛불혁명 같은 저항의 열매로 자라났으며, 우리는 동학농민군이 뿌려놓은 씨앗에 기대

하늘만 보는 라퓨타인들과 땅을 보는 시선

어 현재의 삶을 살아가고 있다.

이제 교사들이 자본과 경쟁이 만들어놓은 거대한 구심력에 저항할 씨앗을 뿌려야 한다. 교사는 저마다 귀한 성장을 이루어가고 있는 아이들의 마음속에 땅과 약자와 생명을 추구하는 삶의 방식을 가르쳐야 한다. 그 씨앗이 자라 열매를 맺고 숲을 이루어 누구라도 존엄한 삶을 살아갈 수 있는 사회를 만들어야 한다. 그리고 그 시작은 광야에서부터라는 사실을 기억해야 한다.

광야로 함께 걸어 나가자

지금은 교사에게 암흑의 시간이다. 하지만 포기하고 웅크린다고 해서 그 어둠이 사라지는 것은 아니다. 실낱같은 빛이 어둠을 밀어내듯 교사에게도 어둠을 밀어낼 작은 희망이 필요하다. 어둠이 걷힌 땅에서 초조함과 경쟁과 욕망은 사그라들 것이고, 그 땅은 모든 사람을 위한 '생명의 땅'이 될 것이다.

그렇다면 교사들이 어떻게 어둠을 밀어낼 수 있을까? 여기에 대해서 가장 탁월한 답을 제시한 사람이 이육사이다. 그의 삶과 철학은 어둠의 시간을 살아가는 교사가 걸어가야 할 길을 명쾌하게 제시한다. 그리고 그러한 길이 무엇보다 품격 있는 길이라는 것을 알려준다.

전국국어교사모임에서 출간한 《이육사를 읽다》에는 그의 삶과 철학을 이해할 수 있는 좋은 글들이 많이 실려 있다. 이 책을 읽으면서 그의 시와 삶을 다시 공부하게 되었고, 이육사가 우리에게 남겨놓은 수많은 유산을 되새기며 말로 설명하기 힘든 위로를 받았다. 이육사가 교사에게 건네는 위로의 핵심에는 '땅과 생명을 가꾸는 시선'이 놓여 있다.

 이육사는 일제가 빼앗은 땅을 다시 우리 민족의 것으로 만들기 위해서 자신의 몸을 던졌다. 수많은 독립운동의 현장에서 민족의 혼을 되찾는 일에 앞장섰고, 끝없이 반복된 체포와 가혹한 옥고의 시간도 그의 의지를 꺾을 수 없었다. 1943년 북경에 갔다가 귀국한 뒤 검거되어 북경으로 압송되었고, 그날 이후 그는 다시 조국으로 돌아오지 못했다. 감옥에 갇혀서 힘든 고문을 견디며 죽음의 순간을 눈앞에 두고 쓴 시가 바로 〈광야〉이다.

까마득한 날에
하늘이 처음 열리고
어데 닭 우는 소리 들렸으랴

모든 산맥들이
바다를 연모해 휘달릴 때도
차마 이곳을 범하든 못하였으리라

끊임없는 광음을
부지런한 계절이 피어선 지고
큰 강물이 비로소 길을 열었다

지금 눈 내리고

매화 향기 홀로 아득하니

내 여기 가난한 노래의 씨를 뿌려라

다시 천고의 뒤에

백마 타고 오는 초인이 있어

이 광야에서 목 놓아 부르게 하리라

이 시가 그의 유품에서 발견되었다는 사실을 알고서는 책에서 고개를 들기 어려웠다. 모진 고문으로 의식은 희미해졌을 테고, 감옥을 둘러싼 참담한 침묵은 모든 감각을 마비시킬 만큼 잔인했을 것이다. 그럼에도 불구하고 이육사는 그 어둠의 시간에 민족을 위한 희망의 씨앗을 뿌렸다. 어둠의 시간을 밀어낼 수 있는 힘은 '언젠가는 봄이 오겠지.'라는 낭만적인 생각이 아니다. '지금 내가 바로 할 수 있는 것부터 해보자.'라는 마음가짐이며, 그 마음에는 생명을 추구하는 시선이 깃들어 있다. 그래서 우리의 삶을 생명을 기르는 '땅'에서 다시 시작하자고 말하는 것이다. 땅의 회복을 원하는 사람이 해야 할 일은 명확하다. 그것은 바로 '가난한 노래의 씨앗'을 뿌리는 일이다.

지금은 비록 눈이 내리고 봄을 알리는 매화 향기는 아직 아득히 멀리 있다. 생명이 움직거리지 않는 이곳에 화자는 홀로 추위를 무릅쓰고 가난한 노래의 씨를 뿌릴 것이라고 말한다. 비록 지금 당장 화자가 노래의 씨앗이 꽃을 피우는 모습을 보지 못할지라도 말이다. 언젠가 화자가 뿌린 노래의 씨앗은

'꽃맹아리가 옴작거려' 꽃을 피울 것이기 때문이다.

—《이육사를 읽다》에서

　교사는 경쟁과 강자에 익숙해진 아이들의 마음속에 '협력과 약자'라는 원심력의 씨를 뿌려야 한다. 식민주의와 관료주의에 지배받고 있는 학교에 '주체성과 다양성'이라는 문화의 씨를 뿌려야 한다. 자본과 축적이 지배한 대한민국 사회에 '생명과 순환'이라는 생명의 씨를 뿌려야 한다. 이렇게 아이들의 마음속에 뿌려진 '가난한 노래의 씨'는 언젠가 크게 자라서 타인의 고통과 아픔에 공명하는 시민의 품격으로 열매를 맺을 것이고, 교사들이 자신의 철학과 실천을 정책에 반영할 수 있는 문화로 나타날 것이다. 그렇게 시민들의 삶에 믿음과 기다림의 가치를 돌려줄 것이다. 믿음과 기다림이 시민들의 삶에서 다시 움틀 때, 교사가 가꾸어 온 광야는 비로소 생명을 위한 땅이 될 것이다. 그 땅에서만큼은 어떤 교사의 삶도 추락하지 않으리라. 그러니 교사들이여, 지금은 우리 함께 광야로 걸어 나가자.

4부

희생양 메커니즘

꺾인 꽃과
검은 바다의 노래

01

外면의 칼날과 비정상성의 상식화

개인주의와 교사를 둘러싼 손가락질

교사들은 지금 지옥 같은 시간을 견디고 있다. 교사들은 오랫동안 아이들에게 개인만큼이나 공동체를 소중히 여기는 사람이 되라고 말해왔다. 그러나 이 시대를 지배하고 있는 자본주의는 개인이 공동체와 소통하는 민주시민이 아니라 개인으로 파편화되길 원한다. 고립된 개인이 '소비하는 행위'를 망설이지 않는 조급한 소비자가 되기를 원한다. 이러한 파편화의 힘은 가족의 해체, 마을의 해체, 지역의 해체, 세대의 해체를 넘어서 함께 살아가는 사람들에 대한 시선마저 모두 조각내는 '시대의 해체' 수준까지 나아갔다.

이제 개인주의는 누구도 넘볼 수 없는 개인의 권리로 인식되고 있으며, 개인을 둘러싸고 있는 벽을 허물고 공동체로 발걸음을 옮기라고 하는 사람을 공격하는 시대가 되었다. 공동체를 생각해야 하지 않느냐는 교사의 목소리는 "왜 아이의 자유를 억압해요?", "왜 우리 아이의 앞길을 막는 거죠?", "왜 우리 아이 위주로 학급이 운영되지 않나요?", "왜 우리 아이 기분을 상하게 했죠?" 같은 대답으로 돌아올 뿐이다. 이토록 어처구니없는 비상식이 어느새 상식이 되어버렸다. 이러한 말들은 감당하기 힘든 손가락질이 되어서 교사의 삶을 통째로 쥐고 흔든다. 우리의 삶이 이웃과 함께 살아가는 공동체의 삶이 아니라 나와 내 자식만 성공하면 되는 개인의 삶이 될 때, 교사는 견딜 수 없는 손가락질 사이에서 살아가게 된다.

교사를 향하는 어이없는 손가락질은 이미 도를 넘었다. 그래서 일상의 생활지도와 삶을 기르는 수업을 하기 힘든 수준이다. 그러나 이 시대를 살아가는 누구도 교사들이 겪고 있는 고통에 공감하지 않았다. 우울증을 호소하는 교사들이 점점 늘어나고 극단적 선택을 해야 했던 교사들도 있었지만, 누구도 이를 공론화하지 않고 대책을 말하지 않았다. 그러는 사이에 교사들이 겪는 고통은 나약한 사람이 겪는 감기쯤으로 치부되었고, 더 이상 견디기 힘들어서 생을 포기한 교사의 죽음마저 '개인적 이유로 인한 죽음'으로 둔갑했다. 아이들의 삶을 위해서 헌신한 대가가 이토록 어처구니없는 말로 둔갑하는 모습을 지켜보면서, 교사들은 자신이 지옥 속에 있다는 사실을 알아차린다.

지옥이 지옥일 수밖에 없는 이유는 거기에서 일어나는 고통을 '개인이 당연히 받아야 할 형벌'로 인식하기 때문이다. 지금 학교는 비정상적 인식과 개인주의적 삶이 일상화된 지옥 같은 공간이다. 개인주의가 일상화되면 타인의 고통을 함께 나눌 수 없고, 그 고통을 견디지 못하는 사

꺾인 꽃과 검은 바다의 노래

람을 나약한 존재로 만든다. 그렇게 개인주의는 타인의 고통에 눈감게 만든다.

교사의 삶은 오래전에 비상경고등이 들어왔지만, 그것을 감지해서 알려야 할 언론은 침묵했고, 대책을 세워야 할 교육부는 방관했으며, 사회는 귀를 닫았다. 고통이 일상화된 데다가 교사 문화도 개인주의에 잠식되었다. 동료 교사의 고통에 다가서는 발걸음은 줄어들었고, 자신의 고통을 조용히 처리하는 것이 미덕이자 능력 있는 교사라는 왜곡된 문화가 자리하게 되었다. 교사 문화 속에 깊이 자리한 개인주의는 함께하는 삶이 아니라 각자도생의 삶을 상식으로 만들었다. 교사 스스로가 교사의 고통에 외면하는 순간, 살짝 열려 있던 지옥문 안으로 빨려 들어갈 수밖에 없게 된다.

교사들이 겪고 있는 고통을 극복하기 위해서는 우리 사회에 깊이 뿌리 박힌 개인주의가 교사의 삶에 어떻게 작동하는지 살펴봐야 한다. 그리고 이를 극복할 수 있는 대안을 제시할 수 있어야 한다. 나는 그 단초를 어슐러 K. 르귄의 작품에서 찾을 수 있었다.

계약이 되어버린 외면

개인주의는 어떻게 개인을 고립시킬까? 개인주의는 어떻게 타인의 고통을 외면하도록 만들까? 교사가 이에 답할 수 있어야 개인주의가 펼쳐놓은 고통의 본질에 다가갈 수 있다. 어슐러 K. 르귄의 단편소설 모음집 《바람의 열두 방향》에 실려 있는 〈오멜라스를 떠나는 사람들〉이라는 단편은 여기에 대한 해답을 제시한다.

르귄은 SF소설 작가로, 이 시대가 안고 있는 수많은 비극의 본질과 그 것을 극복할 수 있는 대안을 작품으로 그려냈다. 그녀가 그려낸 오멜라스는 가상의 마을이다. 이 마을에서 살아가는 사람들은 질병이나 고통을 겪지 않고 모두가 행복하게 살아간다. 그런데 뭔가 이상하지 않은가? 살면서 누구나 겪는 질병과 고통과 사고가 존재하지 않는 마을이라니. 소설의 후반에는 이 마을의 섬뜩한 진실이 드러난다.

오멜라스의 아름다운 공공건물들 중 하나에 지하실 방이 있다. 그 방에는 어린아이 한 명이 웅크린 채 앉아 있다. 창문도 없는 이 방은 언제나 굳게 잠겨 있고, 갈라진 벽 틈 사이로 한 줄기 빛이 들어올 뿐이다. 이 아이는 밥도 제대로 먹지 못하고, 씻지도 못하며, 다른 사람과 대화할 수도 없다. 알고 보니 이 마을 사람들이 누리고 있는 고통 없는 행복은 지하실에 갇혀 있는 이 아이가 겪고 있는 고통의 대가였다. 오멜라스의 사람들도 아이가 그곳에 있다는 사실을 알고 있다. 직접 본 사람도 있고, 이야기로 전해 들은 사람도 있다. 문제는 누구도 이 아이를 구해주지 않는다는 사실이다. 그러한 외면은 이들이 맺은 계약 때문이었다.

물론 아이를 그 지독한 곳에서 밝은 햇살이 비치는 바깥으로 데려 나온다면, 아이를 깨끗하게 씻기고 잘 먹이고 편안하게 해준다면 그것은 정말로 좋은 일이리라. 하지만 정말 그렇게 한다면, 당장 그날 그 순간부터 지금껏 오멜라스 사람들이 누려왔던 모든 행복과 아름다움과 즐거움은 사라지고 말게 된다. 그것이 바로 계약인 것이다.

— 《바람의 열두 방향》에서

꺾인 꽃과 검은 바다의 노래

지하실 방에 있는 아이의 끝없는 고통을 대가로 다른 모든 사람의 행복을 계약한 것이었다. 오멜라스는 우리 사회의 모습과 매우 비슷하다. 오멜라스의 사람들이 아이의 고통을 외면한 대가로 행복을 누리듯이, 우리 사회에서 일어나고 있는 수많은 약자의 고통과 죽음은 언제나 다른 사람들의 삶 속에 깊이 다가서지 못하고 소리 없이 반복될 뿐이다.

　다른 사람의 고통에 다가서지 않아야 나의 행복을 지킬 수 있으며, 그 연민을 겉으로 드러내는 순간 고통의 짐을 져야 한다는 인식은 고통과 행복을 맞바꾸는 계약의 형태로 드러난다. 삶에서 공존해야 할 고통과 행복 중에서 고통만을 예리하게 덜어내려면, 누구도 손댈 수 없으며 누구도 다른 의견을 제시할 수 없는 거래의 방법을 따를 수밖에 없다. 거래는 교환의 과정에서 일어날 수 있는 수많은 비극을 눈감고 오로지 교환을 완성하는 것에 매달리도록 만든다. 이러한 거래를 계속 유지할 수 있도록 명문화하는 것이 계약이다.

　'계약의 삶'은 설사 그것이 다른 사람의 고통을 철저히 외면하는 일이라고 하더라도 그 대가를 명확히 보상해 주기 때문에 거기에 눈감는 것을 당연하게 만든다. 그렇게 계약은 사람들이 모여 사는 사회에서 사람의 가치를 조금씩 지워나간다. 우리가 다른 사람들의 고통을 외면하면서 살아가고 있다는 죄의식을 마비시키는 '눈감음'만을 남긴다. 지금 우리가 살고 있는 대한민국이 또 하나의 오멜라스인 이유는 이러한 외면이 일상화되었기 때문이다.

　외면의 일상화를 막아줄 수 있는 장치가 문화이다. 문화의 힘은 그것이 '사람과 공동체'를 향한다는 데 있다. 사람이 지나온 시간과 만들어온 공간을 해석하고, 그 시공간을 살아내는 인간의 빛과 어둠을 기록해 온 결과물이 문화이기 때문이다. 그래서 정치와 자본이 끝없이 권력과 교환을 추구할 때, 문화만큼은 사람과 존재를 바라보았다. 문화는 우리의 삶이 권력과 교환이라는 비정상성을 추구하는 상태가 되면 어김없이 비상등을 켜서 우리가 다시 사람과 존재를 소중히 여기게 해준다.

문화는 그 사회를 살아가는 사람들의 보편적 인식과 행위 양식을 말하는 만큼, 언제나 개인의 정상성을 넘어서 공동체의 정상성을 추구한다. 그래서 문화는 개인의 행위 양식이 정상성의 범주에 있는지를 비추는 거울이 되어 그 사람을 더욱 품격 있고 인간다운 삶으로 이끈다.

그러나 지금 우리가 살고 있는 개인주의 시대는 이러한 문화의 힘마저 무력화했다. 에리히 프롬은 문화의 힘이 제대로 작동하지 않을 때 비정상성을 걸러낼 수 없는 병든 사회가 된다고 경고한다.

병든 사회와 진정제

에리히 프롬은 《건전한 사회》에서 문화가 자본주의와 결합할 때 사회에 폭주하고 있는 비정상성을 걸러낼 수 있는 힘을 잃어버린다고 말한다. 《건전한 사회》의 2장 '병든 사회란 무엇인가?'에서 스피노자가 《에티카》에서 적었던 "만약 욕심 많은 사람이 돈이나 재물만을 생각하고 또 야심가가 명예만을 생각할 때, 사람들은 그들을 미쳤다고 보지 않고 난처한 존재로 생각한다."라는 말을 인용한다. 돈과 명예만을 좇는 이들은 분명히 비정상성의 상태지만, 모든 사람이 돈의 축적을 숭상하고 끝없는 성공을 말할 때 이들의 비정상성은 상식이 되는 것이다. 비정상성의 상식

꺾인 꽃과 검은 바다의 노래

화는 지금의 대한민국 사회를 가장 정확하게 나타내는 말일 것이다. 우리가 무디게 여기는 많은 것들이 비정상성의 영역에 있다.

전 세계에서 청소년의 우울증과 자살률이 가장 높은 나라가 대한민국이다. 가장 행복하게 뛰어놀아야 할 아이들을 우울하게 만든 사회가 과연 정상인가? 비극적 참사가 연이어 일어나고 있지만 정부는 그 참사의 원인을 정확하게 밝혀내지도 못하고 있으며, 오히려 유가족에게 지키지 못할 약속만을 반복할 뿐이다. 누군가의 죽음을 권력의 도구로 사용하는 사회가 과연 정상인가? 야만적 경쟁 사회는 끝없는 출산율 하락으로 이어졌다. 나의 생존을 위해서 아이를 포기해야 하는 사회가 과연 정상인가? 그럼에도 우리는 여기에 무뎌진 채 살아간다.

비정상성에 무뎌진 사람들은 어떤 삶을 살까? 자신의 삶이 아니라 흉내 낸 삶을 살고, 사람이라는 존재가 아닌 자본을 추구하게 되며, 궁극적으로 자신과 타인의 고통에 무감각한 개인으로 살아간다. 에리히 프롬은 이러한 모습을 다음과 같이 설명한다.

오늘날 우리는 마치 자동인형처럼 행동하고 느끼는 사람, 자기 자신의 존재를 실재자로 경험하지 못하고 완전히 자기가 염두에 두고 있는 그 어떤 사람으로 행동하는 사람, 진짜 웃음을 한갓 가식 된 웃음으로 바꾸어놓는 사람, 진지한 대화 대신 의미 없는 재잘거림을 일삼는 사람, 진지하게 고통을 느껴야 할 때 맥 빠진 자포자기의 상태에서 방황하는 사람들을 만나게 된다. (중략) 그들 대다수를 위해 문화란 병들지 않고 그저 결함이 있는 상태로 살아갈 수 있도록 해주고 있다. 그것은 마치 어떤 문화가 그 스스로의 결함에서 파생되는 뚜렷한 노이로제 징후를 막도록 스스로 진정제를 마련해 주는 것과 같다.

—《건전한 사회》에서

　정상성을 잃어버린 사람은 '바꾸는 삶'을 살아가는 것이다. 자신의 삶을 다른 사람으로 바꾸고, 진짜 웃음을 가짜 웃음으로 바꾸고, 진짜 대화를 재잘거림으로 바꾸고, 고통과의 마주함을 포기와의 마주함으로 바꾼다.

　에리히 프롬의 관점에 의하면 우리는 지금 병든 사회를 살아가고 있다. 병든 사회는 그 시대를 살아가는 사람들도 병들게 한다. 자신들이 병들었다는 사실을 외면하려면 일상을 잠식한 비정상성이 지극히 정상적인 것이며, 그것을 거부하는 사람을 비정상적인 사람이라고 손가락질하는 공동의 계약이 필요하다. 이 시대는 자본과 재물과 스펙의 추구가 최고의 선이라는 보편적 인식이 자리하고 있으며, 이는 타인과 공동체보다 개인을 먼저 챙기는 것이 정상적인 삶이라는 인식으로 발전했다. 요컨대, 우리는 비정상성이 만들어놓은 개인주의를 정상적인 삶으로 인식하고 있으며, 끝없이 파편화되고 허물어지는 개인의 내면을 모른 체하고 있다.

　그래서 개인은 타인의 고통을 외면할 뿐 아니라 사람을 다른 것으로 대체하는 일에 저항할 수 없으며, 궁극적으로는 자신의 결핍과 마주할 수 있는 기회를 완전히 잃어버리게 된다. 이러한 시대에 가장 고통받는 사람이 교사일 것이다. 교사는 비정상성에 저항하여 사람의 가치를 회

꺾인 꽃과 검은 바다의 노래

복하는 사람이자 스스로의 결핍과 마주하여 개인의 온전한 성장을 이어 나가야 하는 사람이기 때문이다. 나아가 학교에 깊숙이 자리하고 있는 '외면의 문화'를 '마주함의 문화'로 전환하는 일을 해내야 한다.

교사들이 겪고 있는 지옥 같은 시간을 극복하기 위해서는 교사 문화에 깃든 개인주의의 밑바닥에 '대체와 희생양의 메커니즘'이 숨어 있다는 사실을 알아야 한다. 나아가 교육 공동체의 본질을 회복하는 일에도 앞장서야 한다.

02

잃어버린 공동체와 희생양으로서 교사

분노의 포도와 계약의 거부

'공동체의 본질이 무엇인가?'라는 물음에 대해서는 다양한 대답이 가능하다. 하지만 공동체가 '인간은 혼자 힘으로 살아갈 수 없는 존재'라는 사실에서 출발했다는 것을 떠올린다면 이미 그 본질에 다가선 것이다. 공동체의 본질은 '인간'과 '살아감'에 있다. 여기서 말하는 '인간'은 공동체를 살아가는 모든 개인이고, '살아감'은 인간이 존엄성을 유지하면서 삶의 이야기를 연결하는 과정이다. 공동체는 개인의 삶을 품격 있게 만들 수 있는 '어울림의 장'이라고 볼 수 있다. 그래서 공동체는 '계약을 거부하는 장'이자 '자기 객관화의 장'이다.

공동체는 사람을 사람으로 보지 않는 모든 계약을 거부한다. 앞서 인용했던 '오멜라스'가 유지될 수 있었던 것은, 그 마을 사람들이 지하실에 있는 아이를 '사람'으로 보지 않는 계약을 맺었기 때문이다. 자본주의와 개인주의가 결합된 시대의 계약은 가급적 사람을 사람으로 보지 않아야 행복한 삶을 살 수 있다고 말한다.

사람을 사람으로 보지 않을 때 발생하는 현상이 바로 '대체'이다. 이는 사람을 기계 부속품처럼 갈아 끼울 수 있는 존재로 여기는 것이다. 대체가 일상화된 사회에서 개인주의는 초조함을 극대화한다. 사람이 다른 사람으로 쉽게 대체될 수 있음을 목격한 사람들은 '나 역시 대체될 수 있겠구나.'라는 불안감과 '내 새끼만큼은 절대로 대체될 수 없도록 내가 지켜야지.'와 같은 구심력이 동시에 작동하기 때문이다.

〈오멜라스를 떠나는 사람들〉에 등장하는 어른들 대부분은 아이를 키우는 입장이기 때문에 지하실에서 고통받는 아이를 구해주고 싶어 한다. 하지만 '한 사람의 절대적 고통을 다른 사람들의 절대적 행복과 교환한다'는 계약이 그러한 손길을 차단한다. 그 아이를 구해내는 순간 다른 아이가 그 지하실에 들어가야 하며, 그렇게 지하실에 들어가야 할 아이가 내 아이가 될 수 있기 때문이다. 애초에 사람의 가치를 다른 무언가로 바꿀 수 있다는 계약을 받아들이는 순간, 그 공간은 공동체가 아니라 불안에 눈먼 개인들이 고립되어 살아가는 공간이 되어버리는 것이다.

진정한 공동체는 "한 사람의 온전한 가치를 다른 무엇과도 교환하지 않겠소!"라는 신념을 공유해야 한다. 그래야 교환과 계약을 단호히 거부하고 사람의 가치를 지킬 수 있는 것이다. 공동체의 이러한 본질을 가장 탁월하게 그려낸 작품이 존 스타인벡의 소설 《분노의 포도》이다.

존 스타인벡에게 퓰리처상을 안겨준 이 소설은 제1차 세계대전 이후 미국 사회에 불어닥친 대공황이라는 시련의 시절을 살아가는 조드 일가의 이야기를 그리고 있다. 미국 동부에 살고 있는 조드 가족은 대공황과 함께 시작된 은행의 횡포를 견디지 못하고 노동자들의 풍요와 행복이 보장된다는 약속의 땅 서부로 이주를 결심한다. 긴 여행을 하는 도중에 서부에서 다시 돌아오는 사람들과 이야기를 나누게 되고, 서부 역시 자본과 착취가 만연한 곳이니 큰 희망을 갖지 말라는 이야기를 듣는다. 실제로 도착한 캘리포니아의 모습은 꿈과 희망을 실현할 수 있는 약속의 땅이 아니라 자본이 사람을 착취하는 '계약의 땅'이었다.

소설은 이러한 계약의 땅이 공동체를 꾸리려는 사람들의 노력을 통해서 '사람의 땅'으로 바뀔 수 있음을 아름답게 그려낸다. 그 중심에는 조드의 어머니가 있다. 어머니는 그곳에서 '개인의 행복만큼이나 공동체를 생각하는 문화'를 만들어나간다. 조드는 소설 초반에는 개인의 자유를 숭상하는 인물로 그려지지만, 어머니의 모습을 지켜본 이후부터 완전히 다른 사람이 된다. 지주의 횡포와 사람을 부속품처럼 다루는 산업자본주의의 민낯에 저항하여 '사람을 위한 공동체'를 만들어나가는 인물로 성장한다. 소설의 마지막은 공동체의 본질에 대한 은유로 끝난다. 어머니와 그의 딸 로자샨이 보여주는 '사람을 살리는 선택'은 사람을 위한 공동체의 본질이 거창한 것이 아니라 바로 내 옆 사람의 생명과 가치를 온전히 인정하는 것이며, 그래서 내 주변에 있는 사람들의 고통에 눈감지 않는 것이라는 사실을 알려준다.

이 소설의 제목이 '분노의 포도'인 이유도 여기에 있다. 소설에서 이 말은 한 번 등장한다. 캘리포니아 농장의 노동자들은 대지주의 착취와 자본의 횡포를 견디며 살아가지만, 그들의 삶이 자본과 교환되고 있다는 사실을 알아차린 순간 마음속에 분노가 자리한다. 소설에서는 "굶주린 사람들의 눈 속에 점점 커져가는 분노가 있다. 분노의 포도가 사람들의 영혼을 가득 채우며 점점 익어간다."라고 표현된다. 내가 겪는 고통이 그 한계를 넘어서고 내 이웃이 같은 고통을 겪고 있으며, 그 고통으로 무너져 내리는 모습을 지켜볼 때 우리의 마음속에는 분노가 자리한다. 이 분노가 개인의 영혼을 갉아먹지 않도록, 고통받는 약자들이 자신의 영혼을 자본과 맞바꾸지 않도록 지켜주는 장이 바로 공동체이다. 공동체 속에서 약자들은 자신의 분노를 치유하고, 그 분노가 타인을 향하는 비정상성이 되지 않도록 조절할 수 있다.

그리하여 사람들이 느끼고 있는 분노를 폭력적 힘이 아닌 개혁의 힘으로 전환하고, 자신들이 처한 상황을 근원적으로 개선하자는 메시지를 내는 것이 공동체의 본질이다. 공동체는 계약의 땅을 사람의 땅으로 바꾸어 사람이 다른 무언가로 대체될 수 있다는 계약을 차단하고 건강한 영혼을 지켜주는 장이다. 사람의 영혼이 파괴되지 않는 정상성을 유지하기 위해서는 자기 삶의 모습을 자본과 명품에 비춰보는 것이 아니라 바로 곁에 있는 사람에게 비춰볼 수 있어야 한다. 그래서 진정한 공동체는 거울로써 작동할 수 있다.

자기 객관화의 거울과 톨스토이의 유산

공동체는 개인이 누리는 즐거움이 정상적인 '행복'인지 비정상적인 '쾌락'인지를 구분할 수 있는 거울이 되어준다. 자본주의가 불러온 개인주의는 타인의 고통을 외면한 대가로 거부할 수 없는 쾌락과 만족을 가져다준다. 그래서 '나 혼자만 잘 살아도 괜찮다!'라고 생각하며 살아가게 한다. 이러한 삶에서 벗어나기 위해서는 우리의 삶을 내가 소유하고 있는 물건을 통해서 증명하는 것이 아니라, 나를 둘러싸고 있는 사람들을 통해서 증명하는 태도가 필요하다. 그래서 나의 모습을 온전히 비출 수 있는 거울이 필요하다.

신영복의 《담론》에는 《묵자》에 나오는 구절인 '무감어수(無鑑於水) 감어인(鑑於人)'에 대한 설명이 나온다. 이 말은 '나의 모습을 제대로 보기 위해서는 물에 비춰 보지 말고 사람에 비춰 보라'는 뜻이다. 그렇다면 왜 물이 아닌 사람에 비춰 보아야 할까? 신영복은 "거울에 비춰 보면 겉모습만 보게 되지만, 다른 사람에게 비춰 보면 자기의 인간적 품성이 드러납니다."라고 설명한다. 우리가 품격 있는 개인으로 살아가기 위해서는 나의 모습을 비춰 볼 수 있는 품격 있는 벗이 필요하다는 말이다. 그래서 공동체는 인간다운 삶을 살기 위해서 자신을 비춰 볼 수 있는 '자기 객관화의 장'이 되어준다.

그렇다면 '자기 객관화'는 구체적으로 우리 삶을 어떻게 구원할까? 여기에 대해서 가장 탁월한 해답을 제시한 작가가 톨스토이다. 인간은 근본적으로 자신에게 가장 필요한 것이 무엇인지 스스로 알아차리지 못하는 존재이며, 그 결핍은 다른 사람을 통해서만 채워질 수 있다는 사실을 기억해야 한다. 이토록 귀한 지적 유산이 녹아 있는 작품이 그의 단편소설 〈사람은 무엇으로 사는가〉이다.

이 소설은 가난한 구두 수선공 시몬과 그의 아내 마트료나의 삶에 나타난 의문의 남자 미하엘을 중심으로 전개된다. 미하엘은 하느님이 자신에게 내어준 세 가지 질문에 대한 답을 찾기 위해서 지상으로 내려온 천사이다. 소설에서 미하엘은 총 세 번의 미소를 짓는데, 이것은 하느님이 내려준 '사람의 마음속에는 무엇이 있는가?', '사람에게 주어지지 않은 것은 무엇인가?', '사람은 무엇으로 사는가?'라는 세 가지 질문에 대한 나름의 답을 발견한 순간이다.

여기서 교사가 집중해야 할 질문은 두 번째이다. '사람에게 주어지지 않은 것은 무엇인가?'라는 질문에 대한 답을 묘사한 부분은 이 사회가 잃어버린 공동체의 본질인 '거울'의 기능을 가장 잘 설명하고 있으며, 교사들이 추구해야 할 공동체의 본질을 정확하게 담고 있기 때문이다.

다시 이야기로 돌아가면, 미하엘이 두 번째 질문에 대한 답을 찾는 과정은 자신이 바로 그날 죽는다는 사실도 알아차리지 못하는 거구의 남자에 대한 이야기에서 시작한다. 그는 자신이 오늘 죽는다는 사실도 모른 채 1년 동안 신을 화려한 구두를 주문한다. 천사였던 미하엘은 그 남자가 죽는다는 사실을 알아차리고, 주문했던 화려한 구두가 아니라 수의에 어울리는 소박한 신발을 준비해 둔다.

> 이렇듯 모든 사람은 그들이 자신을 돌보고 앞날을 계획했기 때문에 살아갈 수 있는 것이 아니라, 사람의 마음에 사랑이 있기 때문에 살아갈 수 있는 것입니다.
>
> — 〈사람은 무엇으로 사는가〉에서

인간은 본질적으로 자신의 결핍을 알아차리지 못한다. 그렇기 때문에 왜곡된 방식으로 그 공허함을 채운다. 명품을 사고, 해외여행을 가고, 무절제한 쾌락을 추구하고, 비싼 아파트에 입주한다. 그러나 근원에 다가서지 못한 헛발질은 그 헛헛함을 더욱 크게 만들 뿐이다. 그럴 때 자신의 모습을 객관적으로 비춰 볼 수 있는 건강한 공동체가 있다면 자신이 채워야 할 결핍의 본질에 다가설 수 있다.

그러나 자신과 똑같은 결핍에 시달리고 있는 사람들과 연결된다면 헛헛함의 자리에 사람이 아닌 욕망을 채워 넣게 된다. 예를 들어, 결핍의 자리에 부인의 재력, 남편의 성공, 자식의 명문대 입학 등을 욱여넣기 시작하는 순간, 그 사람의 삶은 부인의 돈이 사라질지 모른다는 두려움에, 남편이 승진에서 밀려날 걱정에, 내 자식이 친구의 자식보다 좋은 대학에 들어가지 못할지도 모른다는 열패감에 빠져 자신을 비춰 볼 거울을 스스로 깨트리게 되는 것이다.

톨스토이가 말한 '사랑'은 '거울'과 같은 말이다. 자본주의와 결합한 개인주의가 저마다의 마음속에 자리했던 거울을 밀어내고 그 자리를 오만과 편견으로 채울 때, 우리가 마주한 결핍은 더욱 커진다. 그래서 사랑이 필요한 것이다. 사랑은 자신의 모습을 상대방의 모습에 비춰 보는 총체적 행위이기 때문이다. 자신의 민낯을 사람을 통해서 비춰 볼 수 있을 때, 우리는 품격 있는 삶을 살 수 있을 뿐 아니라 인간다운 삶을 살 수 있다. 공동체라는 정상성의 거울이 사라지면 필연적으로 비정상성의 폭주가 일어날 수밖에 없다. 그래서 우리는 지금 '결핍과 폭력의 시대'를 살고 있다.

꺾인 꽃과 검은 바다의 노래

욕망과 폭력의 일상화

나의 삶에 무엇이 가장 필요한지 알 수 없는 삶. 그 결핍을 진정으로 채워나갈 수 있는 정상성의 공동체를 상실한 삶. 그래서 내가 무엇을 원하는지에 대한 본질적 물음을 상실한 상태에서 반복되는 결핍은 주체할 수 없는 '욕망'을 부른다. 욕망은 내가 추구하는 것의 본질을 명확히 파악하지 못한 상태에서 오로지 그 대상을 '가지는 것'을 목표로 한다. 이는 '나를 돌아보는 성찰의 시간'을 철저히 제거한다는 측면에서 언제나 폭력적이다. 욕망을 추구하는 나에게 다가와서 "그래도 이건 아니지 않소."라고 말하는 사람은 나의 욕망을 가로막는 걸림돌일 뿐이고, "그렇게 당신만 생각하지 말고 이웃의 고통을 좀 보는 것이 어떻소."라고 말하는 공동체적 관점은 나의 자유를 갉아먹는 증오의 대상이 될 뿐이다.

이렇게 욕망은 폭력을 낳고 그 폭력이 일상이 될 때, 그 사회를 살아가는 사람들은 '내가 저지르는 폭력은 폭력이 아니다!'라며 자기 합리화를 하게 된다. 자신의 모습을 다른 사람에게 비춰 보는 자기 객관화가 아니라, 자신의 욕망을 폭력적으로 쟁취하는 '자기 합리화'의 삶은 '인간 존엄의 상실'을 당연한 것으로 만든다. 지금 교사들이 겪고 있는 지옥 같은 삶의 밑바닥에는 바로 이러한 '욕망과 폭력의 독백, 그리고 존엄의 상실'이라는 연쇄고리가 작동하고 있다.

비정상성의 사회가 지닌 욕망과 폭력은 어떻게 교사의 삶을 지옥으로 만들까? 교사들이 고통받고 있었다는 사실이 만천하에 드러났지만, 왜 교사의 삶은 하나도 바뀌지 않을까? 그 이유를 이해하기 위해서는 우리 사회가 자신들의 욕망의 폭주를 감추기 위해서 '희생양 메커니즘'을 사용해 왔다는 사실을 알아야 한다. 나는 이것을 르네 지라르의 책을 읽으면서 알게 되었다. 희생양 메커니즘을 이해하기 위해서는 거울을 상실한 채 욕망을 추구하는 삶은 결과적으로 폭력을 불러올 수밖에 없다는 사실을 먼저 이해해야 한다.

르네 지라르는《낭만적 거짓과 소설적 진실》을 통해서 인간이 어떤 대상을 욕망하는 과정에 대해서 재미있는 설명을 제시한다. 그는 우리가 무언가를 욕망하는 과정이 '내가 진정으로 원하는 것이 무엇인가?'라는 내면적 물음에서 시작하는 것이 아니라고 말한다. 오히려 욕망의 대상을 이미 성취한 '중개자'의 모습을 따라하고자 하는 욕구라고 설명한다. 지라르는 이 중개자를 '짝패'라고 말하면서, 짝패는 우리가 욕망하는 대상을 나보다 먼저 가로챈 사람이기에 욕망의 대상이자 증오의 대상으로 작동한다는 사실을 논증한다.

짝패에 대한 욕망과 증오는 실제로 우리 사회에서 다양한 현상으로 나타난다. 그 가운데 대표적인 것이 '엄친딸, 엄친아' 현상이다. 내 아이가 지닌 마음의 결과 아이가 바라는 행복한 삶에 대한 성찰 없이, 이미 그것을 성취했다고 생각하는 구체적 인물의 삶을 그대로 욕망하는 것은 궁극적으로 '엄마 친구 자식'의 삶을 맹목적으로 동경하는 비정상성을 무디게 만든다. 더욱이 내 자식이 친구의 자식만큼이나 성공하지 못할 때 그 성공을 자랑하는 친구의 삶은 '재수 없는 삶'이 되고, 그 성취를 따라가지 못한 자식의 삶은 '부끄러운 삶'이 되어버린다.

이렇게 욕망은 '존재 그 자체의 존엄성'을 인정하지 않는 맹목적이고 폭력적인 방식으로 발현된다. 사람들의 삶 속에 맹목적 욕망과 폭력이

꺾인 꽃과 검은 바다의 노래

일상화되었을 때, 이것을 통째로 감추는 의식이 필요하다. 르네 지라르는 희생양을 죽이는 의식을 통해서 그 폭력성을 감춘다고 설명한다.

그는 《폭력과 성스러움》에서 '희생 제의(rite sacrificielle)'라는 표현을 사용했다. 예로부터 인간은 자신들의 삶에 문득 찾아오는 재난과 질병을 비롯한 각종 고통의 원인을 신의 분노나 절대적 존재의 노여움에서 찾곤 했다. 문제는 이 노여움을 풀기 위해서 형벌을 대신 받을 수 있는 '약자'가 필요했다는 것이다. 이 약자는 죽임을 당하더라도 '복수를 꿈꿀 수 없는 존재'여야 했는데, 지라르는 이를 '희생양'이라고 설명한다. 이렇게 집단 속에 내재되어 있는 욕망과 폭력을 감추고 희생양을 통해 문제를 해결하는 방식을 '희생양 메커니즘'이라고 말한다. 결국 희생양은 신이나 절대적 존재에 바쳐진 것이 아니라 경쟁과 폭력을 유지하기 위한 사회 구성원의 합의에 바쳐진 존재였으며, 희생 제의가 성스러운 의식으로 치러지는 것은 그 기만을 숨기기 위함이라는 것이다. 그래서 지라르는 폭력과 성스러움은 같은 것이라고 말한다.

신화의 시대에는 양과 염소처럼 동물들이 희생양이 되었고, 중세에는 마녀의 누명을 쓴 여성들이, 산업혁명 이후에는 흑인과 같은 약자가 대상이 되었다. 근대가 시작되면서 이러한 폭력적 방식의 희생양은 사라졌다고 착각할 수 있다. 그러나 희생양은 여전히 존재한다.

오늘날 우리 사회는 자신의 욕망을 자식에게 투영하고 그 과정에서 자신들이 저지르는 모든 폭력적 방식을 사랑이라고 착각한다. 또 자신들의 방식을 정당화하려고, 그러한 비정상성을 정상성으로 돌리자고 말하는 학교와 교사를 희생양으로 삼았다.

학교 뒤에 숨은 폭력적 사회

우리 사회에서 반복적으로 일어나고 있는 수많은 참사의 밑바닥에는 '강자 추구'라는 거대한 폭력이 작동하고 있다. 정상성의 공동체가 존재하는 이유는 도움이 없어도 잘 살아갈 수 있는 강자 때문이 아니다. 공동체가 없으면 강자에게 착취당하고 억울한 일을 당해도 구제받을 길이 없는 약자를 위해서 필요한 것이다. 따라서 정상성의 사회는 철저히 약자를 중심으로 설계되고 약자의 고통에 함께 공명해야 하며 약자들이 겪을 수 있는 고통을 시스템적으로 막아주는 일을 해야 한다. 그러나 강자를 위한 공동체는 필연적으로 모든 상호작용의 이면에 폭력성을 심는다.

약자를 보호해야 할 공동체가 약자를 고통받게 만들었다는 사실은 '세월호 참사'로 분명히 드러난다. 세월호는 원래 바다 위에 있으면 안 되는 배였다. 그러나 이윤 추구를 끝없이 추구했던 경영진은 편법을 동원하여 기어코 세월호를 바다 위에 올려놓았고, 거기에 꽃보다 아름다운 단원고 아이들과 교사를 태운 것이다. 생명을 보호할 수 있는 평형수 대신 자본으로 교환할 수 있는 화물을 실었던 세월호는 결국 검은 바다로 가라앉기 시작했다.

배가 가라앉는 동안 약자를 구할 수 있는 기회와 시간은 분명히 있었다. 그러나 그들은 끝까지 약자의 생명을 외면하는 폭력적 방식을 선택했다. 우리 사회가 저질러놓은 감당할 수 없는 부조리는 "움직이지 말고 자리를 지켜라!"라는 말로 압축되었고, 그토록 귀한 아이들은 그 말을 그대로 믿었다. 천천히 침몰하는 배 주위에는 해경을 비롯한 수많은 국가 시스템이 있었지만, 강자의 눈치를 보는 권력은 한 걸음도 움직이지 않

꺾인 꽃과 검은 바다의 노래

왔다. 그 어처구니없는 시간 동안 아이들 곁을 지킨 사람은 결국 교사뿐이었다.

사회는 세월호가 드러낸 폭력적 민낯에 분노했고, 고위 관료들은 시민들의 분노를 잠재울 희생양을 찾기 시작했다. 그리고 강자들이 만들어놓은 폭력적 상호작용을 숨기기 위해 '안전교육의 부재'라는 기적의 논리를 만들어낸다. 이 기적이 현실에서 실현되기 위해서는 사회가 저지르는 폭력적 상호작용 방식에 저항하지 않고, 그것을 유지하기 위해 내려보낸 이야기에 헌신할 수밖에 없는 착한 집단이 필요했다. 그렇게 학교는 희생양이 되었다. 세월호 참사 이후에 신설된 '안전한 생활'과 수없이 내려오는 안전교육 연수는 우리 사회가 여전히 자신의 치부를 반성하지 않는 폭력적 사회라는 것을 또다시 증명했다.

사회가 저질러놓은 폭력의 산물에 대한 원한을 학교 탓으로 돌리고, 학교에 새로운 교과목과 내용을 욱여넣어서 사회의 폭력성을 감추는 '희생양 메커니즘'은 세월호 참사 이후에도 계속 반복되고 있다. 저출산 현상에 따른 돌봄 기능의 강화는 분명히 지역사회가 발 벗고 나서야 하는 일이지만, 인력과 시설 부족이라는 변명을 늘어놓는 사이에 학교가 그 역할을 떠안았다. 그렇게 학교는 교육의 장이 아닌 돌봄의 장이 되었다. 그러면서 학교는 "왜 우리 아이를 제대로 가르치지 않았느냐?"라는 비판보다 "왜 우리 아이를 제대로 돌보지 않았느냐?"라는 어처구니없는 민원에 시달리게 되었다.

학교 폭력도 마찬가지다. 우리 사회는 강자를 숭상하는 과정에서 약자들이 겪는 고통을 외면했다. 그러면서 약자는 존엄한 삶을 살아가는 품격 있는 존재가 아니라 강자가 되지 못한 패배자로 전락해 버렸다. 이러한 사회를 살아가는 사람들의 마음속에는 근원적 두려움이 자리한다. 이 두려움은 약자가 아닌 강자를, 연결이 아닌 개인화를 추구하는 삶을 정상적인 것으로 인식하게 만들었다. 약자가 비정상의 상징이 될 때, 그 사회는 폭력에 대해 무감각해지게 된다.

어린 시절부터 두려움과 폭력에 노출되는 사람들이 과연 '위대한 평민'으로 자랄 수 있을까? 마음속에 도사리고 있는 근원적 불안감은 친구마저 짓밟고 일어서야 하는 적으로 만든다. 이러한 폭력성이 수많은 학교 폭력의 형태로 일어나고 있는 것이다. 하지만 사회는 이 폭력성의 책임을 모두 학교의 탓으로 돌리고 완전히 손을 놓고 있다. 청소년의 일탈과 폭력에 대한 모든 책임을 학교가 지고 있는 사이, 학교는 성장의 공간이 아니라 폭력을 해결하는 공간으로 전락했다. 이는 학교 폭력을 조사하는 일을 전문 인력에게 맡긴다고 해결될 문제가 아니다. 사회와 학교에 스며 있는 폭력적 문화를 근본적으로 해결하지 않는 한, 학교는 언제나 약자가 고통받는 공간이 될 뿐이다.

사회의 폭력성이 저며놓은 수많은 상처는 아이들의 삶에 농축되어 학교로 모여들고 있고, 학교는 이제 그것을 감당하기 힘든 지경에 이르렀다. 그럼에도 사회는 여전히 학교에 성스러운 희생양 역할을 주문하고 있으며, 감당할 수 없는 짐을 메고 있는 교사의 삶은 고통을 숨겨야 하는 강요된 성스러움에 고여 있다. 사회는 시민들이 함께 마주해야 할 폭력성의 민낯을 학교 뒤에 완전히 숨겨두었고, 이 시대를 살아가는 사람들이 서로의 결핍을 비춰 볼 거울을 완전히 빼앗았다.

학부모의 과잉과 방치

우리나라에서 자란 학부모들 역시 어린 시절부터 경쟁과 폭력의 교실을 살았다. 그리고 좋은 대학을 가야 성공적인 삶을 살 수 있으며, 다른 사람보다 더 성공하고 부를 축적해야 행복한 삶을 살 수 있다는 사실을 무의식적으로 배웠다. 그래서 우리나라 학부모들의 마음속에는 '성공한 삶을 위한 공식' 같은 것이 자리한다. 그 공식은 대부분 '공부 잘하는 아이'로 연결되고, 내 아이가 다른 아이보다 공부를 잘해서 좋은 대학에 가는 것을 최우선으로 여긴다.

문제는 그 공식이 공부와 성공이라는 경쟁적 가치를 제외하고 다른 것은 아무짝에도 쓸모없다는 '획일적 삶의 방식'으로 굳어진다는 데 있다. 이는 '나의 신념을 방해하는 존재는 그 누구든 용서하지 않을 거야.'라는 폭력적 상호작용의 방식으로 발전한다. 내 자식의 성공을 가로막는 사람이나 내 자식의 행복에 걸림돌이 되는 존재는 무슨 수를 써서라도 복수하고 말겠다는 비정상적인 삶을 살아가게 되는 것이다.

학부모가 획일화된 공식에 매몰되는 순간, 자식의 삶을 제대로 볼 수가 없다. 자식이라는 가장 중요한 거울을 스스로 깨버리는 것이다. 그렇게 되면 자신이 겪고 있는 근원적 결핍과 욕망의 민낯을 들여다볼 수 없다. 그리고 획일화된 공식이 설계한 폭력적인 길 위에서 아이들은 감당할 수 없는 '과잉'과 '방치'의 삶을 살아가게 된다.

획일화된 공식이 사회 전반에 퍼지면 경쟁은 더욱 치열해진다. 아이들은 이 경쟁에서 살아남기 위해서 자신을 더 몰아붙여야 하고 한시도 쉬지 못한다. 이러한 '과잉'이 일상이 된 아이들은 다른 사람보다 더 많이 공부하기 위해, 지금 하지 않아도 될 공부를 미리 하기 위해 학원을 전전해야 한다. 불안한 학부모들은 아이들을 학원에 안 보낼 수 없으며, 아이들은 사교육에 치여서 학교에서마저 학원 숙제를 하게 되었다.

많은 아이들이 흙에 발을 디디고 자연의 품을 느끼며 살아가지 못하고, 차가운 시멘트 건물에 갇혀 끼니도 제대로 챙겨 먹지 못한 채 늦은 저녁까지 힘겹게 살아가고 있다. 보고 싶은 영화를 보고, 좋은 미술 작품을 감상하고, 훌륭한 공연을 관람하고, 친구와 거닐며 삶의 이야기를 도란도란 나누지 못한 영혼은 아플 수밖에 없다. 아이들은 저마다 아픈 영혼으로 교실에 앉아 있으며, 그 아이들의 발밑에는 끝을 알 수 없는 어둠이 매달려 있다.

영혼이 부서진 아이들은 내면에서 끓어오르는 분노를 주체하지 못해서 그것을 다양한 방식으로 폭발시킨다. 분노를 내면에서 폭발시키는 아이들은 우울증을 호소하거나 친구와 잘 어울리지 못하고 하루 종일 흐느적거린다. 분노를 외부로 폭발시키는 아이들은 친구를 괴롭히거나 상처 주는 말을 하면서 타인을 공격한다. 두 가지 경우 모두 교사의 눈에는 '영혼이 부서진 아이'다. 교사는 아이의 영혼이 더 이상 부서지는 것을 막기 위해서 학부모에게 이러한 사실을 알리게 된다. 다행스러운 것은 여전히 많은 학부모들이 교사의 말에 공감하고 함께 아이의 영혼을 보살피려 한다는 사실이다. 문제는 자신들의 과잉과 방치를 성찰할 거울을 상실한 학부모들이다. 이들의 모습은 아이들의 모습과 매우 닮아 있다.

아이들의 삶을 과잉과 방치로 채운 학부모들은 그렇게 알게 된 아이의 민낯을 견딜 수 없어 한다. 교사를 아이들의 삶을 기르는 전문가가 아니

꺾인 꽃과 검은 바다의 노래

라 자신의 공식을 실현하는 부품으로 인식하는 학부모들은 그동안 자신들이 해왔던 과잉과 방치의 잘못을 성찰하지 못한다. 그리고 아이의 문제 행동에 대한 원인을 교사에게 뒤집어씌운다. 교사가 아무리 상황을 설명해도 학부모들은 교사의 말을 믿지 않는다. 교사는 부서진 영혼을 이어붙이는 사람이다. 하지만 과잉과 방치가 일상이 되어버린 이 시대에, 아이들의 영혼을 들여다보는 교사의 삶은 희생양이 될 수밖에 없다.

희생양으로서 교사

르네 지라르는 희생양 메커니즘을 '박해 메커니즘'으로 확대하면서 희생양의 본질에는 '무고함'과 '집단 폭력성'이 있다고 말한다.

> 사람들은 이 말의 의미를 잘 알고 있을 것이다. '희생양'이라는 말은 희생양의 무고함과 함께 희생양에 대한 집단 폭력의 집중과 이 집중의 집단적 결과를 동시에 가리키고 있다.
>
> — 《희생양》에서

희생양은 무고한 존재이며, 집단이 저지른 폭력적인 죄를 대신 지는 존재이다. 교사는 영혼이 메말라 가는 아이들을 구하기 위해서 매일 몸을 던졌을 뿐이다. 시들어가는 아이들의 영혼과 비뚤어진 아이들의 민낯을 진솔하게 말했을 뿐이다. 교사의 목소리를 외면한 것은 오히려 학부모들이다. 학부모가 아이의 영혼을 기르는 일에서 손을 놓을 때, 교사가 아무리 몸을 던져도 아이의 삶은 폭력적일 수밖에 없다. 학부모가 아이의 영혼을 들여다보고 아이가 품격 있는 시민으로 자랄 수 있는 삶의 태도를 가르치는 일을 멈출 때, 아이의 삶은 비정상적인 모습이 될 수밖에 없다.

대부분의 교사들은 그저 아이들의 웃음이 좋아서 힘든 시간을 견뎌 낸다. 가르치는 삶이 좋아서, 귀한 성장을 지켜보는 삶이 좋아서, 귀여운 글씨로 정성스럽게 마음을 담아낸 편지가 좋아서 흔들리는 삶을 긍정한다. 누구보다 착하고 열심히 살아온 삶이지만, 학부모의 무차별적 폭언과 교사의 삶을 보호하지 않는 관리자의 냉담한 눈빛 앞에서 교사는 꺾일 수밖에 없다.

서이초등학교에서 누구보다 열심히 아이들의 삶을 기르던 젊은 선생님의 목숨도 그렇게 꺾였으리라. 그 뒤에는 자신들의 욕망을 투영하기 위해서 끝없이 희생양을 찾는 폭력적 문화, 교사의 고통을 외면하는 학교와 교육청의 개인주의 문화, 교사의 인격을 존중하지 않고 교사를 장애물로 인식하는 왜곡된 학부모 문화가 비극적으로 섞여 있다. 그러하기에 서이초등학교 교사의 죽음은 나약함이 불러온 개인적 자살이 아니라 폭력적 문화가 불러온 사회적 타살이다. 우리 사회는 이 비극이 들춰낸 '희생양 메커니즘'을 근원적으로 해결해야 할 책임이 있다.

희생양 메커니즘이 자신의 욕망과 민낯을 감추려는 사람들의 죄책감을 씻어줄 수 있는 '실패 없는 공식'이 되어버린 지금, 교사는 희생양 메커니즘을 어떻게 극복할 수 있을까? 나아가 학교가 교사들이 겪고 있는 고통을 외면하지 않는 공동체가 되기 위해서 어떤 실천을 할 수 있을까? 여기에 답하기 위해서는 외면과 희생양 메커니즘의 가장 밑바닥에 숨겨진 '대체'의 힘에 대해서 이해해야 한다. 그래서 오랜 시간 울려 퍼진 외면과 대체의 이중주가 학교를 개인주의의 공간으로 만들었다는 아픈 진실과 마주해야 한다.

03

대체의 일상화와 상자 속에 갇힌 교사

이윤과 이유

교사는 희생양의 삶을 살 수밖에 없었지만, 교사가 이러한 삶을 사는 것을 막아줄 수 있는 마지막 보루가 있다. 사회가 아무리 교사에게 '죄인의 삶'을 강요해도 학교 공동체가 거대한 '거울 공동체'의 역할을 한다면 교사는 다시 '거울을 비춰주는 삶'을 살아갈 수 있기 때문이다.

문제는 학교가 거대한 거울 공동체의 기능을 완전히 상실했다는 데 있다. 학교는 이미 오래전에 사회를 비추는 거울을 내던졌다. 학부모의 손가락질에 방탄막이 되어주어야 할 학교가 교사의 고통을 철저히 외면하고 있다. 학교는 교사의 삶과 삶을 연결하는 공동체 문화를 형성하여 교사의 삶이 고립되지 않게 지켜줘야 하지만, 이미 학교에는 개인주의 문화가 깊숙이 스며들어 있다. 학교에서 공동체 문화가 사라지는 순간, 학교는 희생양을 구원하는 '사람 공동체'가 아니라 희생양을 다른 희생

꺾인 꽃과 검은 바다의 노래

양으로 대체하는 '대체 공동체'가 된다. 학교는 오랫동안 희생양 메커니즘에 노출되었고 거기에 대응하는 과정에서 왜곡된 교사 문화를 형성하게 되었다. 나는 그것을 '대체 메커니즘'이라고 말하고 싶다. 이는 개인적 단위의 헌신을 강요하는 문화와 고통을 덮는 문화로 나타난다.

학교가 교사의 존엄을 끝까지 포기하지 않는 사람 공동체가 아니라 상처받은 교사를 덜 상처받은 교사로 대체하는 공동체가 된 데에는 개인주의가 자리하고 있다. 견딜 수 없는 고통을 겪고 있는 교사가 있다고 할 때, 사람 공동체는 그 교사를 보호하기 위해서 모든 방법을 동원한다. 개인이 고통으로 뒤범벅된 지하실에 갇히지 않기 위해서는 자신이 공동체의 일원이며 학교 공동체는 어떤 경우에도 교사의 삶을 방치하지 않는다는 믿음이 필요하다. 그러나 학교 문화에 소리 없이 스며든 불청객들은 교사가 마주하는 모든 고통을 개인의 몫으로 돌리는 방치의 문화를 심어놓았다. 가장 고약한 불청객은 '신자유주의'다. 신자유주의는 이 시대를 살아가는 사람들의 마음속에 '개인적으로 성과를 내는 것이 더 유리한 삶'이라는 왜곡된 신념을 심었다.

외환 위기와 함께 찾아온 신자유주의는 우리 사회가 무한 경쟁과 선택의 자유를 숭상하도록 부추겼다. 경쟁과 선택이 최고의 덕목인 시대에 무엇보다 중요한 것은 빠른 판단이다. 최대한 빨리 판단해서 더 많은 스펙을 쌓아야 하고, 더 많은 자본을 축적해야 하고, 스스로 더 좋은 상품이 되어야 하는 사회에서 공동체라는 덩어리는 어느 순간 거추장스러운 것이 되었다. 신자유주의는 그 거추장스러움을 견디지 말고 공동체에서 스스로를 잘라내라고 말한다. 신자유주의는 수많은 광고와 정책에 스며들어 '혼자 노력하고 그 결과를 독식하라'고 속삭였다.

　신자유주의는 학교에도 스며들었다. 신자유주의 교육정책이 추진되면서 교사를 대상으로 한 '교원 성과급 제도'가 시작되었다. 열심히 일한 사람에게 돈을 더 주겠다는 기업의 윤리를 그대로 학교에 들여온 것이다. 기업은 이윤을 추구하기 때문에 개인이 얼마나 더 노력했고 그 성과를 어디에서 발휘했는지 명확히 알 수 있다. 그러나 학교는 이윤을 추구하는 곳이 아니라 '이유'를 추구하는 곳이다. 학교는 투자한 자본에 대한 이익을 기대하는 공간이 아니라 "왜 그러한 삶을 살고 싶어?"라는 이유를 묻는 공간이다.

　그럼에도 교육부는 기어코 교사의 삶을 재단하는 성과지표를 학교에 내려보냈다. 그 점수는 모두 '개인의 맹목적 헌신'을 통해서 채울 수 있는 것들이다. 학교에 스며든 신자유주의는 교사의 헌신과 노력을 점점 공동체에서 분리했고, 학교는 어느새 개인주의적 노력과 성취가 상식이 되었다. 개인주의 문화는 교사의 성과뿐 아니라 교사의 고통 역시 오로지 개인의 것으로 만들었다. 교사들은 동료의 고통보다 자신의 고통을 먼저 말하는 문화를 만들어나갔고, 자신의 삶을 돌아볼 여유도 없이 성과지표에 헌신하는 삶을 살아가고 있다.

고통을 덮는 문화

공동체와 분리되어 개인적 삶에만 헌신하는 문화는 자연스럽게 '고통을 덮는 문화'로 나아갔다. 이는 학교에 스며든 또 하나의 불청객인 '애도 상실 문화'로 인해 형성된 것이다. 교사의 삶을 방치하는 학교 문화 이면에는 우리 사회가 오랫동안 반복해 온 애도 상실 문화가 있다.

애도의 본질은 무엇인가? 애도는 죽은 사람을 기리는 최소한의 예의이자 상실과의 엄숙한 마주함이다. 유가족들이 그 슬픔을 온전히 떨쳐내서 "이제 마음이 조금 추슬러졌습니다."라고 말할 때까지 곁을 지켜주는 것이다. 따라서 진정한 애도란 함께 상실을 마주하고 고통에 공감하는 것이다. 우리 민족은 전통적으로 조급함을 밀어내고 여유를 들이는 애도를 오랜 시간 실천해 왔다.

하지만 지금 우리는 진심 어린 애도를 할 수 있는 문화를 잃어버렸다. 세월호 참사 같은 비극적 죽음이 일어났음에도 유가족들은 "이제 그만 좀 해라."라는 모진 말을 들어야 했다. 가습기 살균제 사태가 일어났을 때도 우리 사회는 유가족들의 고통에 공감하지 않았다. 이태원 참사가 일어났을 때도 마찬가지다. 우리 사회는 상실에 대한 고통과 함께 마주하지 못했고 상처받은 개인을 방치했다. 우리 사회는 애도할 만한 죽음과 그렇지 못한 죽음을 구분했고, 애도할 만한 죽음에 허락된 애도의 시간도 길지 않았다. 우리 문화에 남아 있던 진정한 애도 문화는 어느 순간 소리 없이 사라진 것이다. 여기에는 여러 이유가 있지만, 교사는 군부독재가 반복했던 '덮는 방식'에 주목해야 한다.

곽한주의 논문 〈문화적 애도와 민족공동체: 탈독재기 '애도문화론'을 위한 시론〉은 1980년대 말 이후 탈독재기에 과거 민중들이 겪었던 고통과 희생을 '애도할 만한 상실'로 그리는 영화와 다큐멘터리, 드라마 등이 폭발적으로 등장했으며, 대중들 역시 여기에 온전히 호응했다는 사실을 분석한다. 곽한주는 이것을 '뒤늦은 애도'라고 정의한다.

당시 독재정권 지배 이데올로기인 반공과 경제성장에 부합하지 않은 민중들의 고난과 희생은 축소, 왜곡, 부인되기 일쑤였고 이런 상실에 대한 문화적 재현조차 억압되었다. 이런 연유로 탈독재기에 부상한 애도 문화는 상당 부분 민중적 상실에 대한 '뒤늦은 애도'였다.

—《한국학연구》 제31집

군부독재 시절, 우리는 반공과 경제성장이라는 압도적 가치에 짓눌려 살았다. 독재가 버무려놓은 폭력의 시간은, 반공에 헌신한 죽음은 고귀한 죽음이지만 그것에 저항한 죽음은 '마땅한 죽음'이라는 잔인한 선언을 내렸다. 이 선언은 우리 전통문화에 존재했던 '구분 없는 애도' 문화를 망쳐놓았다. 폭력의 시간에 억눌린 사람들은 자신이 마주한 죽음 앞에서 제대로 애도를 표할 수도 없는 삶을 견딘 것이다. 독재의 시간이 끝난 이후에야 애도를 다룬 작품들이 쏟아진 것은, 그 시절에 하지 못했던 애도를 늦게나마 하고 싶다는 열망의 표현이었으며, 어쩔 수 없이 덮어두었던 슬픔에 대한 반성이었다.

그러나 뒤늦은 애도는 진정한 애도가 될 수 없다. 지금 마주한 죽음 앞에서 마음껏 울지 못하고 주변의 눈치부터 살펴야 하는 '덮는 문화'는 어느 순간 '귀한 죽음'과 '마땅한 죽음'을 구분하는 문화로 자리 잡았고, 그 구분 속에서 애도는 충분히 누려야 할 권리가 아니라 적당히 눈치 보고 그쳐야 할 사치가 되었다. 타인의 고통에 충분히 다가서지 못하고 상실을 조용히 넘겨야 하는 개인적 행위로 인식하는 '애도 상실의 문화'는 학교에도 그대로 전염되었다. 교사는 자신의 고통을 최대한 조용히, 알아

꺾인 꽃과 검은 바다의 노래

서 처리해야 한다.

개인의 헌신과 고통에 대한 외면이 일상화된 학교 문화에서 한 교사가 겪는 고통은 오롯이 스스로 감당해야 할 몫이 된다. 학교에는 저마다의 이유로 꺾인 교사들이 많지만 이러한 교사들이 치유받을 수 있는 문화가 없다. 관리자는 "당신만 참으면 해결될 일을 왜 자꾸 크게 만들려고 하느냐!"라고 윽박지르고, 교육청은 교사들의 고통과 죽음을 숫자로 누적할 뿐이었다. 교육부는 그토록 많은 정책을 내려보내지만, 그 가운데 '교사의 고통'을 다루는 정책은 거의 없었다. 학교와 교육청과 교육부가 손을 놓고 있는 사이, 교사의 고통은 각자 알아서 견디다가 시간이 지나면 자연적으로 없어지는 감기처럼 인식되기 시작했다. 교사의 마음에 잔인한 총알들이 쉴 새 없이 박히고 있지만 교사를 지키는 사람은 어디에도 없다.

박해받는 구원자와 대체되는 삶

교사에게는 방탄막이 필요하다. 교사는 사회가 숭상하는 폭력적 방식에 저항하는 방법을 가르치는 사람이자, 경쟁과 자본이 아닌 협력과 성장을 노래하는 사람이기 때문이다. 비정상적인 사회가 내보내는 메시지에 저항하는 존재는 필연적으로 공격받을 수밖에 없다. 그럼에도 교사는 아이들의 영혼을 기르는 일을 멈추지 않는다. '박해받는 구원자'의 삶을 살아야 하는 교사에게는 그 고단한 일을 이어나갈 수 있는 최소한의 존엄이 보장되어야 한다. 그것이 방탄막을 형성하여 적어도 자신의 헌신이 남루한 것은 아니라는 위로를 받을 수 있어야 한다. 그러나 우리 사회는 최소한의 방탄막을 제공하지 않는다.

그 방탄막은 학교에도 없다. 학교에는 교사들이 겪는 고통의 원흉을 찾아내고 그것을 근원적으로 해결하는 문화와 시스템이 없다. 아이들과 수업하는 일상을 포기하고 싶지 않은 교사들을 지켜줄 방탄막이 전혀 없다. 상처받은 교사가 할 수 있는 선택은 흐린 눈을 하며 교실을 지키거나 영혼이 부서진 채 교실을 떠나는 것밖에 없다.

고통을 드러내고 그것을 함께 치유하는 문화가 학교에 자리한다면 교사들은 자신들이 겪고 있는 문제를 일찍 드러낼 수 있다. 관리자가 책임지고 그 문제를 해결하고 교사는 자신의 수업과 생활지도를 이어나갈 수 있는 민원 처리 시스템이 구축된다면 교사들은 흐린 눈을 뜨지 않아도 된다. 관리자와 학교 구성원이 함께 그 문제에 관심을 가지고 공동으로 문제를 해결하는 문화가 있다면, 교사는 자신의 교실에서 쫓겨나지 않아도 된다.

이러한 문화가 있다면 마음을 다스리기 위해서 잠시 교실을 떠나 있는 시간도 '굴욕적 도피'가 아닌 '잠깐의 멈춤'이 될 수 있다. 학교가 상처받은 교사를 위해서 모든 힘을 쏟는 공동체라는 믿음을 줄 수 있을 때, 교사의 삶은 꺾이지 않는다. 이런 시스템과 문화를 형성하는 것이 학교 관리자의 일이고 교육청의 일이며 교육부의 일이다. 그래서 "선생님의 가치는 절대로 다른 사람으로 대체될 수 없습니다.", "몸과 마음이 치유되면 어서 학교로 돌아와 주세요." 같은 메시지를 주는 것이 학교의 가장 중요한 역할이다. 이렇게 학교는 교실에서 자신의 자리를 지켜나가는 교사의 삶을 무한으로 지원하고 응원하는 공동체가 되어야 한다.

꺾인 꽃과 검은 바다의 노래

학교가 개인의 고통을 방치하는 공간이 될 때 '대체'가 일상화된다. 즉 어떤 교사가 상처를 더 이상 견딜 수 없다고 말할 때, 그 교사의 자리를 다른 교사로 대체해 버리는 것이다. 이런 방식으로는 교사들의 고통이 치유될 수 없으며 쌓여갈 뿐이다.

대체의 방식은 금방 전염된다. 교사가 이토록 쉽게 대체되는 것을 학습한 일부 학부모는 "선생님을 바꿔주세요."라는 말을 아무렇지 않게 내뱉는다. 학부모가 교사의 삶을 응원하는 사람이 아니라 교사의 멱살을 쥐고 일상을 통째로 흔들어버릴 때, 그 비극적 힘은 교사의 삶을 확실하게 꺾어버린다.

교사의 껍질

공동체가 자신의 삶을 보호해 주지 않는다는 사실을 알아차렸을 때, 우리는 철저히 공동체로부터 도망치게 된다. 신자유주의가 교사를 공동체로부터 잘라내고, 애도 상실 문화가 타인의 고통과 진정으로 마주하는 것을 사치라고 선언하면서 개인주의가 학교 문화에 굳게 자리하게 되었다. 방탄막도 없이 총알을 맞아내야 했던 교사들은 자연스럽게 스스로를 보호해야 하는 절박한 상황에 놓이게 되었고, 이러한 절박함은 결국 스스로를 가두는 방식으로 왜곡되었다. 고통을 조용히 덮는 학교 문화에 적응하면서 교사들은 다른 사람의 눈에 띄지 않고 조용히 학교생활을 하는 것이 그나마 자신을 지키는 방법이라는 것을 알게 되었다. 다른 사람의 눈에 띄지 않기 위해서는 '열정'과 '공동체'를 가장 먼저 도려내야 했다.

학교에서는 열정을 도려내야 민원을 받지 않는다. 최대한 감정을 누른 채 정해진 수업을 하고, 최소한의 생활지도만 하면 된다. 최소한의 상호작용만 하면서 자신의 몸과 마음의 흔들림을 방지하는 삶의 방식은 이제 교사들의 일상이 되었다. 열정을 덜어낸 무색무취의 삶은 총알을 맞을 위험과 함께 '튀는 교사'라는 오명을 막아줄 수 있는 좋은 껍질이 되었다.

학교에서는 공동체를 도려내야 덜 상처받는다. 나의 교실에서 나의 일만 하면서 공동체와의 접촉을 최소한으로 줄이며 살아가는 것이다. 그러면 타인의 고통과 마주할 필요도 없고 공동체의 일에 에너지를 낭비할 필요도 없으며, 궁극적으로 자신의 상처를 외면할 공동체에 공헌하지 않아도 된다. 각자의 교실에 들어가서 나오지 않는 교사의 삶은 이제 학교의 일반적인 풍경이 되었다. 교사는 학교라는 공동체와 연결되지 못하고 교실이라는 껍질에 스스로를 가두는 방식으로 고통을 차단하고 있는 것이다.

과연 이렇게 얻게 된 편안함이 진정한 편안함일까? 이렇게 누리는 자유가 진정한 자유일까? 자신을 껍질에 가두는 방식이 처음에는 효과가 있을지 모르지만, 궁극적으로는 교사의 삶 전체를 가두게 된다. 공동체로부터 나를 도려내는 방식으로 얻게 된 자유는 결국 나의 삶을 유연하지 못하게 만들 뿐 아니라 더 강한 폭력에 순응하는 삶으로 만들 뿐이다. 유연함과 어울림을 상실한 개인의 삶은 순응하는 '갇힌 삶'이 될 수밖에 없다. 이를 가장 잘 알려주는 작품이 안톤 체호프의 단편 〈상자 속에 든 사나이〉이다.

꺾인 꽃과 검은 바다의 노래

〈상자 속에 든 사나이〉는 '공동체로의 걸음은 왜 중요한가?'라는 물음에 대한 해답을 담고 있다. 소설의 주인공인 벨리코프는 그리스어 선생님이다. 그는 학교의 구성원들과 잘 어울리지 못하는 사람으로 묘사될 뿐 아니라 언제나 자신의 몸을 수많은 껍질로 덧대는 인물이다. 날씨가 좋은 날에도 덧신을 신고 우산을 들고 솜으로 된 코트를 입는다. 자신의 몸을 덮는 방식은 물건에도 적용되며, 벨리코프는 자신의 모든 물건을 껍질에 넣어서 가지고 다닌다. 우산은 우산 집에, 시계는 잿빛 세무로 만든 시계 집에, 칼도 조그마한 칼집에 넣어 다닌다. 작품에서 벨리코프의 삶은 이렇게 묘사된다.

> 요컨대 이 사나이에게는 항상 무엇으로라도 몸을 감싸는, 말하자면 자기를 외계의 영향으로부터 격리시켜 보호해 줄 상자 같은 것을 만들고자 하는, 좀처럼 타파하기 어려운 변함없는 성벽을 엿볼 수 있었단 말입니다.
>
> ―《체호프 단편선》에서

사람과의 거리를 유지하기 위해서 필요 없는 껍질을 매일 뒤집어쓰고 살아가는 벨리코프의 모습은 이 시대를 살아가는 교사의 모습과 같다. 교사는 자기를 스스로 상자 속에 고립시키는 방식으로 빗발치는 총알을 피하고 있기 때문이다. 벨리코프의 삶은 결코 행복해 보이지 않는다. 그는 늘 혼자였고 자신의 일상을 동료와 나누지 못하면서, 자신을 보호할 껍질은 계속 늘어만 갔다. 자신을 드러내지 않고 껍질에 숨기는 개인주의적 방식은 교사들이 마주하고 있는 외면의 힘을 더욱 공고히 할 뿐이다. 교사 혼자만 몸을 숨긴다고 총알을 피할 수는 없기 때문이다. 총알을 피하려면, 애초에 학교는 총알을 맞는 공간이 아니라 거울을 비추는 공간이라는 사실을 알려야 한다. 그러려면 학교를 덮고 있는 거대한 상자를 걷어내야 한다.

그 상자는 교사들의 삶을 덮고 있는 껍질들이 연결된 가림막이다. 이는 교사들의 삶을 개인적 단위로 분리하는 가림막인 동시에 공동체가 지닌 고통을 가리는 은폐막이다. 이 상자는 교사들의 상처들로 연결되어 있기에 혼자 덜어낼 수 없다. 함께 상자를 걷어내야 그동안 숨겨놓았던 거울을 드러낼 수 있고, 그렇게 사람들의 모습을 비출 수 있다. 그리하여 비정상적 상호작용을 반복하는 학부모들이 스스로 욕망의 총을 들고 있다는 사실을 알아차릴 때 그들은 비로소 총을 내려놓을 것이다.

교사의 삶을 덮고 있는 껍질을 벗어버리는 일은 동료의 고통에 눈감은 대가로 누리는 개인적 안락을 거부하는 일이다. 나아가 스스로를 고립시키는 개인주의적 삶의 방식을 극복하고 동료의 웃음과 눈물이 있는 공동체의 장으로 발걸음을 옮기는 일이다. 그러니 교사가 껍질을 벗어버린다는 것은 희생양 메커니즘이 만들어놓은 대체의 일상화를 거부하는 일인 동시에, 동료의 고통을 외면하는 대가로 누리는 개인의 자유를 공생의 자유로 전환하는 일이다.

그렇다면 왜 교사에게 공생의 자유가 필요할까? 여기에 대해서 가장 명쾌한 답을 제시하는 사람이 에리히 프롬이다. 그는 나와 공동체가 함께 자유를 추구하지 않으면 언젠가는 나를 포기할 수밖에 없다고 경고한다. 혼자 흔들리는 꽃이 반드시 꺾이듯 말이다.

271

도피 메커니즘과 인형의 삶

에리히 프롬은 《자유로부터의 도피》를 통해서 근대인들의 왜곡된 삶의 방식인 '도피 메커니즘'에 대해서 설명한다. 우리는 근대의 시작과 함께 공동체로부터 분리되면서 자유롭게 살 수 있는 기회를 얻었다. 그러나 이 분리는 모든 것을 개인이 판단하고 그 결과도 혼자 감당해야 한다는 근원적 불안감을 주었다. 불안감을 극복하는 길은 두 가지다. 하나는 나와 공동체가 함께 건강해지는 '적극적 자유'를 추구하는 길이고, 다른 하나는 갑자기 누리게 된 자유가 주는 불안감을 견딜 수 없어서 자유로부터 도망가는 '소극적 자유'의 길이다. 에리히 프롬은 인류가 두 번째 길인 자발적 고립의 방식을 선택하면서 도피의 메커니즘을 형성하게 되었다고 설명한다.

도피의 메커니즘은 '권위주의, 파괴성, 자동인형적 순응'의 형태로 나타난다. 권위주의란 압도적 외부 세계에 비해 무력하다는 느낌을 극복하기 위해서 자신의 본래 모습을 포기하고 힘과 권위에 복종하는 방식이다. 파괴성은 외부 세계가 자신을 위협하지 못하도록 타인과 공동체를 파괴하는 폭력적 삶의 형태를 말한다.

이보다 더 잔인한 도피 메커니즘이 '자동인형적 순응'이다. 이는 사람들 대부분의 삶뿐 아니라 교사의 삶에도 가장 강력하게 작동하고 있는 힘이다. 에리히 프롬은 자동인형적 순응을 '외부 세계가 자신을 위협하지 못하도록 세계에서 완전히 물러나는 방식'이라고 설명한다.

이 유별난 메커니즘은 근대사회에서 정상인 대다수가 발견하는 해결책이다. 간단히 말하면, 개인은 자기 자신이기를 포기한다. 그리고 문화적 유형이 그에게 제시한 성격을 그대로 수용한다. 따라서 그는 모든 타인과 똑같아지고, 타인들이 그에게 기대하는 모습과 똑같아진다. '나'와 외부 세계의 차이는 사라지고, 그와 더불어 외로움과 무력함을 두려워하는 의식도 사라진다. (중략) 자신의 개별적 자아를 포기하고 자동인형이 되는 사람은 주위에 수백만 명의 다른 자동인형과 똑같기 때문에, 더 이상 고독과 불안을 느낄 필요가 없다. 하지만 그가 치르는 대가는 비싸다. 그것은 자아의 상실이다.

— 《자유로부터의 도피》에서

세상에서 물러난다는 것은 세상에 존재하는 자신의 정체성을 포기하는 일이자 튀지 않는 사람으로 살아가겠다는 선언이다. 그렇게 순응을 선택한 사람은 획일화된 모습으로 살아가게 되는 것이다. 획일화된 개인으로 모인 공동체는 비정상적일 수밖에 없다.

고통을 외면하는 학교 문화와 교사의 삶을 돌보지 않는 관료주의 문화는 교사에게 자동인형의 삶을 강요해 왔다. 무의미한 반복과 개인주의적 성취를 장려하는 학교 문화에 저항하는 교사에게는 '그렇게 튀어봤자 너만 피곤하다'는 암묵적 눈빛이 쏟아졌다. 교사는 자동인형적 순응을 선택하게 되고 자신을 둘러싼 공동체에서 완전히 물러난다. 공동체와 소통하는 과정에서 진정한 자아가 형성되는데, 이를 잃어버린 교사는 결국 '자아의 상실'과 직면한다. 자아를 상실한 교사는 '앞으로 교사로 살아갈 수 있을까?'라는 근원적 질문에 대한 답을 잃어버리게 된다.

꺾인 꽃과 검은 바다의 노래

교사가 잃어버린 자아를 회복하는 길과 학교가 가르침의 철학을 노래하는 길은 모두 공동체의 정상성을 회복하는 일에서 시작한다. 그러하기에, 지금 교사가 해야 할 일은 학교 공동체가 어떤 상태에 있는지를 정확히 진단하는 일이다. 학교 공동체에는 메시지를 내는 문화가 없다.

메시지와 거친 도끼

자아란 무엇인가? 자아는 '나는 누구인가?'에 대한 답이다. 이 답은 그냥 나오는 것이 아니다. 내가 누구인지에 대해서 답하기 위해서는 이 세상을 살아내는 나의 모습에 대한 온전한 해석이 필요하다. 세상이라는 거울에 나의 모습과 관점을 함께 비춰 볼 때 비로소 '나'에 대해서 정의할 수 있는 것이다. 자아란 '나의 모습과 세상에 대한 해석'이며 궁극적으로는 '사람을 향한 관점'이라고 볼 수 있다.

문제는 우리가 자아를 형성하는 데 중요한 요소 중 하나인 '세상에 대한 해석'을 놓치고 있다는 사실이다. 세상에 대한 해석도 그냥 얻어지는 것이 아니다. 해석은 의미를 발견하는 과정에서 손에 쥐게 되는데, 우리네 삶에서 그러한 의미들은 빛보다는 어둠에 숨겨져 있다. 행복보다 고통스러운 순간에, 즐거운 감정보다는 두려운 감정에, 나아감의 시간보다 망설임의 시간에, 나를 향하는 시선보다 타인을 향하는 시선에 깃들어 있다. 세상에 대한 해석을 얻기 위해서는 나와 공동체의 고통과 두려움, 망설임과 마주해야 한다. 그 마주함에서 세상에 대한 해석이 나오고, 그 해석은 세상이라는 공동체를 더욱 건강한 것으로 만들려는 노력으로 이어진다. 자아를 잃어버린다는 것은 공동체에 대한 해석과 그것을 고쳐나가려는 의지를 잃어버리는 것인 동시에, '사람을 위한 공간'을 만들어 나가려는 의지 역시 내려놓는 것이다. 교사는 그렇게 사람을 향하는 메시지를 잃어버렸다.

메시지란 무엇인가? 메시지는 충격이다. 무언가 구체적으로 설명할 수는 없지만 '아, 이대로는 안 되겠구나!'라는 마음이 온몸에 퍼지도록 만드는 전율이다. 공동체가 방향을 완전히 잃어버렸을 때, '우리가 가야 할 방향은 저쪽입니다.'라는 전환을 불러오는 목소리다. 내 마음속에 잠들어 있던 목소리를 크게 키워서 '맞아, 바로 그거였어!'라고 삶의 방식을 완전히 바꾸는 진동이다.

그러하기에 메시지는 예리한 칼보다 거친 도끼에 가깝다. 메시지는 우리가 그동안 잃어버리고 있던 본질을 알아챌 수 있는 거친 도끼날이 되어 우리 삶을 내려친다. 교사의 삶에서 가장 중요한 것이 이러한 메시지다. 인간의 존엄성을 짓밟는 공동체를 깨부수기 위해서는 강한 충격이 필요하기 때문이다.

지금 교사에게 필요한 메시지는 사람이 다른 사람으로 대체되는 것이 상식이 아니라는 것을 알리는 메시지다. 교사의 존엄을 인정하지 않으면 기본적인 교육을 할 수 없다는 것을 알리는 메시지다. 교사의 삶을 박해하면 아이들의 품격 있는 삶을 가르칠 수 있는 사람이 사라진다는 사실을 외치는 메시지다. 그래서 교사의 고통을 외면하는 사회는 궁극적으로 품격 없는 시민을 길러내는 일에 동참하는 것이라는 사실을 알려야 한다.

교사가 이러한 메시지를 내기 위해서는 개인으로 흩어지면 안 된다.

꺾인 꽃과 검은 바다의 노래

메시지는 교사가 세상에 내어놓는 도끼다. 그 거칠고 무거운 칼날을 사회에 내리치기 위해서는 하나의 팔이 아닌 여럿의 팔이 필요하다. 교사 공동체가 함께 힘을 모아 거울을 상실한 우리 사회에 거친 도끼날을 내리칠 때, 우리 사회는 비로소 사람을 향하는 시선을 회복할 수 있다.

교사들이 함께 잡은 도끼가 가장 먼저 향할 곳은 고통을 외면하는 개인주의 문화이다. 교사의 고통을 다른 교사의 고통으로 대체하는 '대체 메커니즘'을 극복하지 못하면 교사들은 거울 공동체를 회복할 수 없다. 그렇다면 대체를 극복할 수 있는 힘은 어디에 있는가? 나아가 사람에 대한 존엄과 공동체로의 다가섬을 가로막는 문화를 극복할 구체적 대안은 무엇인가?

04

애도 공동체와 검은 바다의 노래

영원한 변화와 해묵은 죽음

교사의 삶이 대체되는 삶이 아니라 사람의 존엄을 기르는 대체 불가의 삶으로 전환되기 위해서는 학교 공동체에 존엄을 위한 철학이 필요하다. 나는 그 철학을 주디스 버틀러의 '애도의 철학'에서 발견할 수 있다고 생각한다. 그녀의 철학은 교사들이 만들어갈 '애도 공동체'의 본질이 무엇인지를 명확하게 알려준다.

애도는 상실에 대한 마주함이다. 그 상실은 사람이 머물던 자리가 한순간에 없어지는 공허함에서 시작한다. 상실은 '떠남'과 '죽음' 같은 형태로 갑자기 찾아온다. 나의 곁을 지켜주던 사람이 사라지면 세상이 흔들리는 불안감을 느끼게 된다. 그 불안감은 죽음 앞에서 절정에 달한다. 이러한 불안과 상실감을 이겨낼 수 있는 것이 애도의 시간이다. 애도는 사람이 살아가면서 마주하는 수많은 상실을 견딜 수 있는 근원적 힘이다.

그러나 앞에서 말한 '애도 상실의 문화'는 상실과 마주하는 시간을 '사치'로 여긴다. 애도가 잉여의 시간이 되면서 우리 사회의 상실에는 등급이 매겨지기 시작했다. 사람이 죽었음에도 불구하고 사람들은 그 죽음이 과연 합당한 것인지 묻기 시작했고, 그것이 어떤 기준을 충족하지 못하면 애도할 만한 가치가 없는 것이 되어버린다. 이러한 '애도의 등급화'를 비판한 학자가 주디스 버틀러이다.

버틀러는 《위태로운 삶》에서 죽음을 온전히 애도하지 못하는 현대사회의 폭력성을 비판한다. 버틀러는 어떤 삶은 애도가 가능하고 어떤 삶은 애도조차 할 수 없는, 즉 '애도 가능성의 차등적 배분'이 우리 삶을 위태롭게 만든다고 경고한다. 그 대표적 사례가 미국이 9·11 참사 이후에 보인 생명에 대한 정치화이다. 테러로 목숨을 잃은 수많은 희생자의 이름은 '공적 부고란'에 올리면서도 재판조차 받지 못한 수많은 용의자들은 쿠바의 관타나모 수용소에 무기한 감금되어 혹독한 고문을 받았다. 이는 살 만한 가치가 있는 삶과 그렇지 못한 삶을 정치적으로 구분하는 행위인 것이다.

버틀러는 우리가 생명에 등급을 매기고 그것을 정치적으로 이용하면 생명에 대한 존엄을 잃어버릴 수 있다고 경고한다. 생명에 대한 존엄이 사라질 때, 우리는 생명을 지키기 위한 노력보다 다른 생명으로 손쉽게 대체하는 것에 익숙해지게 될 것이다. 그렇게 될 때 삶은 통째로 흔들린다. 버틀러는 이러한 위기의 대안으로 '애도하는 삶'을 제안한다. 그녀가 말하는 애도는 상실을 다른 것으로 대체하는 삶이 아니다. 애도하는 삶의 본질은 '영원한 변화의 인정'에 있다.

나는 완전한 대체 가능성을 우리가 지향하기라도 하듯이 다른 사람을 잊는
다거나 다른 무엇이 대상의 자리를 대신하게 되는 것이 성공적인 애도라고
생각하지 않는다. 오히려 애도는, 상실로 인해 우리가 어쩌면 영원히 변하
게 된다는 점을 받아들일 때 이루어진다. 아마도 애도는 미리 그 변화의 본
격적인 결과를 알 수 없는데도 그런 변화를 겪겠다고 (어쩌면 변화를 감수한다
는 말이 맞을 것이다.) 동의하는 것과 상관이 있다.

— 《위태로운 삶》에서

여기서 말하는 변화는 상실이 가져다주는 모든 변화를 말한다. 한 사
람이 떠난다는 것, 그리고 한 사람이 죽었다는 사실은 그 사람이 디뎌온
세계가 한순간에 사라진다는 말이고, 그 사람과 내가 맺어온 관계가 끊
어진다는 것이다. 그 변화는 감당할 수 없을 정도로 클 뿐 아니라 그 상
실은 나와 공동체의 삶에 영원한 변화를 가져온다. 왜냐하면 그 사람의
의미와 가치는 '그 사람'이 아니면 절대로 구현할 수 없기 때문이다.

우리 사회가 마주하고 있는 수많은 교사들의 상실에 대해서 진정 어
린 애도를 보여주려고 한다면, 교사의 떠남과 죽음에 숨어 있는 깊은 이
야기들을 사회에 꺼내놓고 그 상실이 가져올 영원한 변화를 받아들여야
한다. 아니, 그러한 상실을 불러온 원인을 근원적으로 바꾸기 위한 일들
을 시작해야 한다.

교사들의 죽음은 감당할 수 없는 지독한 고통을 제때 치유해 주지 못
한 결과라는 측면에서 해묵은 죽음이다. 사회가 본질적인 애도를 수행
하지 못한다면 학교라도 그 역할을 해야 한다. 교사들이 해묵은 죽음을

꺾인 꽃과 검은 바다의 노래

선택하지 않기 위해서는 학교라도 상실이 불러오는 '영원한 변화'를 받아들이는 공동체로 거듭나야 한다. 그래서 학교를 고통을 덮고 대체하는 공동체에서 고통과 상실이 불러올 영원한 변화를 긍정하는 애도 공동체로 전환해야 한다.

따라서 교사는 애도 공동체의 구체적인 모습을 그려나가야 한다. 나는 그것을 '다정함 공동체'와 '약자 공동체'로 설명하고자 한다. 우리는 먼저 다정함을 회복해야 한다. 그래서 떠남이 일상이 되어버린 교사 공동체를 근본적으로 바꾸어야 한다.

검은 눈동자와 다정함

애도하는 삶은 사람에 대한 '대체 불가능함'을 인정하는 것에서 비롯한다. 한 교사를 다른 교사로 바꾸는 방식이 아니라 그 교사가 다시 자신의 자리로 돌아올 수 있을 때 대체 불가능함이 유지된다. 대체 불가능함은 '바뀌지 않음'보다 '바뀔 수 있음'에 가깝고, '바뀔 수 있음'보다 '돌아옴'에 가깝다. 여러 가지 상처들이 겹쳐서 만신창이가 된 교사에게 "영원히 그 자리를 지키세요!"라고 말하는 것이 아니라, 고통 때문에 더 이상 견딜 수 없던 교사가 언젠가는 그것을 이겨내고 다시 자신의 자리로 돌아오는 발걸음에 박수를 보내는 것이다. 자신의 자리로 돌아오는 삶이 모든 교사의 일상이 될 때, 학교는 비로소 애도 공동체가 될 수 있는 것이다.

그렇다면 이 '돌아옴'은 어떻게 유지될 수 있는가? 그것은 다정함에서 시작한다. 하지만 의외로 학교는 다정한 공간이 아니다. 외면과 고립의 시간이 길어지면서 교사 문화에서 서로의 눈을 마주하고 감정을 읽어내는 다정함은 사라진 지 오래이다. 다정함이 머무를 자리를 수십 통의 업무 메시지와 문서들이 꿰찼기 때문이다. 우리가 곁에 있는 동료의 눈동자를 깊이 바라볼 수 있는 여유를 밀어낼 때 다정함은 사라진다. 이러한 사실은 브라이언 헤어와 버네사 우즈의 책《다정한 것이 살아남는다》에 잘 설명되어 있다.

이 책은 호모사피엔스가 다른 유인원과 달리 마지막까지 살아남을 수 있었던 이유를 '적자생존'의 경쟁 메커니즘이 아니라 '다정함'이라는 협력 메커니즘에서 찾는다. 다정함의 핵심은 '눈맞춤'이다. 침팬지와 보노보노 같은 동물들의 눈이 전체적으로 검은 반면, 호모사피엔스의 눈은 검은 눈동자가 하얀 공간으로 둘러싸여 있어서 시선이 어디로 향하는지 정확하게 알 수 있다. 바로 이 하얀 공막 덕분에 호모사피엔스는 미세한 눈맞춤이 가능했던 것이다. 책에서는 눈맞춤의 중요성을 다음과 같이 설명한다.

우리는 하얀 공막을 선호하거나 눈맞춤에 의존하는 유일한 종이다. 사람 아기는 누군가의 시선이 움직이는 방향을 따라갈 수 있는데, 눈동자만 움직여도 가능하다. 반면 침팬지와 보노보노는 누군가가 머리 전체를 움직일 때만 그들의 시선을 옮기며, 그 사람이 눈을 막 감은 순간에도 계속 그 방향을 따라 옮긴다.

— 《다정한 것이 살아남는다》에서

우리에게 협력적 의사소통은 가장 본질적인 삶의 방식이며, 그 중심

꺾인 꽃과 검은 바다의 노래

에 눈맞춤이라는 다정함이 자리하고 있었다. 하얀 공막에 둘러싸인 검은 눈동자는 단순히 검은 점이 아니다. 사람이 사람답게 살아갈 수 있는 에너지가 스며 있는 근원인 동시에, 함께 살아가는 다정함이 시작되는 깊은 샘이다. 바로 곁에 있는 사람의 눈빛과 마주할 수 있을 때 우리의 삶에 다정함과 협력이 자리할 수 있는 것이다.

학교에도 이러한 다정함이 있었다. 동료의 눈빛과 마주하면서 서로의 고통을 함께 해결하는 공동체 문화가 있었다. 그러나 컴퓨터 중심의 의사소통 문화가 시작되면서 학교는 바쁨과 개인주의가 지배하는 공간이 되었다. 업무포털이 도입되면서 몇 배로 많아진 학교 업무는 서로의 마음을 읽어내는 눈맞춤의 시간을 밀어내 버렸다. 그 많은 업무를 쳐내려면 학교의 의사소통 방식을 사람 중심이 아니라 업무 중심으로 바꿔야 했고, 교사들의 상호작용도 교사의 삶이 중심이 아니라 문서를 주고받기 쉬운 방식으로 바뀌게 되었다.

그 결과 교사들은 하루에도 수십 통의 업무 메신저를 읽고 거기에 답장을 해야 하며, 쉴 새 없이 쏟아지는 문서들을 처리해야 한다. 교사의 삶이 '사람과 사람 사이'가 아니라 '문서와 메신저 사이'로 옮아가면서 교사의 삶은 모니터 앞에 묶이게 되었고, 그렇게 교사는 공동체로 걸어갈 시간을 빼앗겼다.

정신없이 바쁜 삶에 덧대어진 학교의 개인주의 문화는 동료 교사에게 내미는 자신의 손길이 '꼰대의 손길'이 아닌지 매번 의심하도록 만든다. 후배에게 하는 조언이 '라떼의 목소리'는 아닌지 검열하도록 만들었다. 그렇게 교사들은 동료의 얼굴에서 눈빛이 아닌 눈치를 읽어낼 뿐이고,

감정이 아닌 검증을 기다릴 뿐이다. 눈치와 검증이 일상이 되어버린 공간에서 교사들은 '돌아오는 사람'이 아니라 '대체되는 부품'일 뿐이다.

선생님의 빈자리가 너무 커요

학교는 이제 개인주의와 대체가 지배하는 공간이 되었다. 이는 교사들이 무의식적으로 내뱉는 "선생님 없어도 학교 잘 돌아가니 걱정 마세요!"라는 말에 녹아 있다. 이 말은 힘든 시간을 견디던 교사가 편안한 휴식의 시간을 가질 수 있도록 배려하는 말이다. 그러나 내가 사라져도 공동체에 아무런 변화가 없다는 말은 '나는 이곳에 꼭 필요하지 않은 사람이구나.'라는 허무함으로 돌아올 뿐이다.

공동체의 든든한 지지는 개인이 고단한 삶을 견딜 수 있는 힘이 되어준다. 아무리 힘든 일을 겪어도 '아, 그래도 나는 꼭 필요한 사람이구나!'라는 생각이 든다면 힘든 시간을 버틸 수 있다. 그러나 학교에는 교사를 대체하는 시스템만 존재할 뿐, 상처받은 교사가 그 상처를 치유하고 자신의 자리로 돌아올 수 있는 문화가 없다. 대체 시스템은 "일단 자리는 비워뒀으니 푹 쉬세요."라는 바삭한 메시지만 줄 뿐이다. 떠난 교사가 다시 자신의 자리로 돌아오려면 다정한 메시지가 필요하다. 그 다정함은 눈맞춤에서 시작된다.

교실을 떠나려고 마음먹은 교사에게 가장 먼저 해야 할 일은 학교 공동체가 그 사람의 눈빛과 진심으로 마주하는 것이다. 그리고 가장 먼저 꺼내야 할 말은 '기간제 교사'와 같은 말이 아니라 마음을 살피는 말이다. 상처받은 교사의 눈을 마주 보며 그동안 얼마나 힘들었는지 다정하

꺾인 꽃과 검은 바다의 노래

게 묻고, 상처받은 마음과 해묵은 억울함에 깊이 공감해 주어야 한다. 그리고 '진심 어린 기다림'의 메시지를 건네야 한다.

> "선생님, 선생님의 빈자리는 다른 누구도 채울 수 없어요. 아무리 시간이 오래 걸려도 우리는 선생님이 다시 학교로 돌아오기를 기다릴 겁니다. 꼭 돌아와 주세요. 물론 그동안 학교는 선생님을 위해서 할 수 있는 모든 수단을 동원하여 선생님의 억울함을 풀어드리겠습니다. 그러니 다른 누구도 아닌 선생님의 모습으로 꼭 돌아와 주세요."

교실을 떠나는 교사가 듣고 싶은 말은 아마도 이런 말일 것이다. 이런 말을 들은 교사에게 떠남의 시간은 회복과 돌아옴을 준비하는 시간이 될 수 있다. 학교가 교사의 삶을 지지하는 눈맞춤을 포기하지 않을 때 비로소 진정한 애도 공동체가 될 수 있다. 학교 공동체가 다정함을 회복했다면 다음은 영원한 변화에 대한 긍정이다.

너 없이 나는 누구로 존재하는가

서이초등학교 선생님의 억울한 죽음과 마주한 교사들은 그동안 마음속에 묵혀두었던 해묵은 아픔을 피 토하듯 꺼냈다. 그렇게 끌어낸 아픔이 죽음을 덮으려는 천박한 목소리와 만나는 모습을 지켜볼 때, 어렵게 끌어낸 고통은 이내 동료를 지켜주지 못했다는 죄책감으로 변한다. 어린 죽음을 추모하는 글에 적힌 "지켜주지 못해서 미안해"라는 말은 같은 일을 당했지만 목소리를 내지 못했던 자신에게 보내는 자책이자 언제나 혼자 고립되어 견뎌왔던 교사로서의 삶에 대한 쓸쓸한 자백일 것이다.

지금까지 학교는 학급에서 발생하는 학부모 민원과 다양한 문제의 원인을 대부분 해당 교사의 탓으로 돌렸다. 교사가 그 문제를 해결하는 과정에서 어려움을 호소하면 관리자를 비롯한 학교 공동체는 언제나 더 강한 사람이 되라고 주문했다. 앞에서도 말했지만, 공동체가 필요한 이유는 약자를 지키기 위함이다. 그러나 학교 공동체의 기본값이 약자가 아닌 강자에 맞춰지면서 교사의 삶은 고통을 꺼내놓는 삶이 아니라 고통을 혼자 해결해야 하는 삶이 되었다. 자신의 학급에서 겪는 문제를 솔직하게 드러내면 낼수록 무능한 교사이자 나약한 교사가 된다는 것을 반복해서 경험한 교사들은 교실의 문을 더욱 굳게 걸어 잠갔다.

학교가 강자를 위한 공간이라는 것은 '여백과 덜어냄'을 강박적으로 거부하는 경향에서 확인할 수 있다. 강자는 어떻게 만들어지는가? 끝없는 더함과 축적으로 만들어진다. 비우고 덜어내며 나누는 사람은 강자가 될 수 없다. 업무 중심으로 운영되는 학교 문화에서 여백과 비움과 덜어냄은 죄악에 가까운 행위가 되었다. 공문과 보고서는 꽉꽉 채워야 하고, 양식의 빈칸은 무슨 수를 써서라도 메꾸어야 한다.

교육청에서 요구하는 잡다한 계획서와 보고서는 언제나 정해진 쪽수가 있다. 아무리 교육 활동을 열심히 한 교사라도 그것을 채우지 않으면 한순간에 '아무것도 안 한 교사'가 된다. 학교의 업무도 마찬가지다. 말로는 '업무 경감'을 외치지만 기존에 했던 업무를 덜어내거나 행사를 줄이는 일은 매우 어렵다. 교육과정 문서에 여백과 빈칸과 괄호를 남겨둔다는 것은 상상도 할 수 없는 일이다. 뭐든 채우고 더하고 합쳐야 하는

꺾인 꽃과 검은 바다의 노래

학교 문화에서 '여백과 덜어냄'을 말하는 사람은 자연스럽게 '약자'로 낙인찍힐 뿐이다.

더함과 채움이 상식이 된 학교 문화에서 '상실'은 갑자기 찾아온 불청객인 동시에 어떻게 대처해야 할지 모르는 낯선 것이 되어버렸다. 학교는 무언가를 더하는 방식으로 상호작용을 해왔기 때문에 무언가를 잃어버리는 것에 대한 어색함이 있다. 이는 '교사의 죽음'이라는 압도적 상실 앞에서 절정에 달한다.

학교는 억울한 죽음 앞에서 분명히 책임을 져야 하지만 그 상실감에 대처할 방법을 모른다. 젊은 교사의 억울한 죽음을 애도하기 위해서 전국의 교사들이 서이초등학교로 발걸음을 옮겼지만, 학교는 교사들을 환대하지 않았다. 공권력은 강자의 민낯을 지키기 위해서 교사들의 애도를 가로막았다. 학교는 약자를 위한 공동체가 아니라, 약자를 애도하려는 약자의 발걸음마저 가로막는 강자를 위한 공동체였다.

이러하기에 학교 공동체는 반드시 약자 공동체로 탈바꿈해야 한다. 학교가 약자 공동체가 된다는 것은 '그 선생님을 잃으면 나 역시 사라지는 것'이라는 사실을 공동체의 기본값으로 설정하는 일이다. 주디스 버틀러는 공동체의 구성원이 모두 약함을 전제로 할 때 진정한 애도가 가능하다고 말한다.

어떤 '나'가 독립적으로 존재하여 저기에 있는 '너'를 상실하는 것이 아니다. 특히 '너'에 대한 애착이 '나'라는 인물을 구성하는 일부라면 더욱 그렇다. 이런 조건 하에서 내가 너를 잃는다면, 나는 상실에 대해 애도할 뿐 아니라 나 자신에게도 이해 불가능한 존재가 된다. 너 없이 나는 누구로 존재하는가?

— 《위태로운 삶》에서

버틀러는 내가 '나'일 수 있는 것은 '너'라는 존재가 있기 때문이라고 말한다. 우리는 '너'라는 거울에 비추어서 '나'라는 존재를 인식하기 때문이다. '나'는 '너'라는 공동체가 없다면 존재할 수도 없으며 살아갈 수도 없는 약한 존재이며, '너'를 상실했을 때 '나'는 설명할 수 없는 존재인 동시에 이해할 수 없는 존재가 된다. 바로 이러한 이해할 수 없는 존재가 다시 이해할 수 있는 존재가 되는 시간이 '애도'이다. 우리는 죽은 사람을 기억하고, 그 사람과의 추억을 떠올리고, 그 사람과 함께했던 시간으로 돌아가면서 잃어버린 나를 찾을 수 있다. 애도는 죽은 이를 다른 누군가로 메울 수 없다는 차가운 진실을 마음속에 조금씩 녹여내는 시간이다. 애도는 우리에게 영원한 변화를 인정하는 힘을 준다. 그래서 우리에게 내일을 살아갈 수 있는 힘을 준다.

학교도 '그 선생님이 없으면 '나'는 누구로 존재하는가?'에 대해서 언제나 생각하는 애도 공동체가 되어야 한다. 그래서 힘들어하는 교사에게 강자가 되라는 잔인한 말을 건네고, 그가 마주한 어려움을 함께 이겨내는 눈맞춤의 공동체가 되어야 한다. 그렇게 학교가 약자 공동체가 될 때 교사는 눈치 보지 않고 애도할 수 있으며, 약자를 또 다른 약자로 대체하는 문화를 극복할 수 있다.

다행스러운 것은 이러한 애도 공동체가 이미 시작되었다는 사실이다. 2023년 9월 2일, 국회의사당 앞은 검은 파도로 뒤덮였다.

검은 점과 검은 파도의 눈물

9월 초였지만 서울은 여전히 더웠다. 집회가 열리는 역은 이미 검은색 옷을 입은 교사들로 발 디딜 틈이 없었다. 수많은 교사들이 검은 점이 되어 광장에 모여들었다. 검은 점들은 온화한 얼굴을 하고 있었으나 가슴속에 저마다의 비장함을 품고 있었다.

집회 시작 전에 이미 모든 구역이 검은 점들로 가득 차 있었다. 햇볕은 여전히 뜨거웠지만 집회에 참여한 검은 점들은 더위에 아랑곳하지 않았다. 집회가 시작되자 무대에는 서이초등학교 선생님과 함께 근무했던 네 명의 선생님이 올라왔다. 그 선생님들은 돌아가면서 선생님과 있었던 기억들을 차분하게 꺼내놓았다.

그 이야기를 듣다가 한 선생님의 이야기에 가슴이 쿵 하고 내려앉았다. 그분은 자신이 힘든 시간을 보낼 때 그 선생님에게 많은 위로를 받았다고 이야기를 시작했다. 다음에 카페에서 만나자고 약속했는데 이제는 그 약속을 지킬 수 없다면서 눈물을 흘렸다. 나는 그 선생님의 말을 들으면서 광장에 모인 교사들이 모두 '영원한 변화'와 마주하고 있다는 사실을 알게 되었다.

그 선생님은 한 사람을 잃는다는 것은 그와 함께할 수 있는 자신의 삶을 동시에 잃어버리는 것과 같다는 사실을 담담히 내어놓고 있었다. 이제 다시는 그 선생님을 만날 수 없고, 그 선생님이 자신에게 해주었던 다정한 위로의 말을 다시 돌려줄 수 없다고 말하며 눈물을 흘렸다. 무대에 올라왔던 네 명의 선생님이 들려준 이야기는 떠난 선생님의 삶을 오롯이 복원해 주었고, 그 이야기는 우리가 마주한 영원한 상실을 뼈아프게 확인시켜 주었다.

광장에 모인 검은 점들은 영원한 변화는 인정하되 영원한 멈춤은 선택하지 않은 사람들이었다. 혼자 고립되어 상실의 아픔을 삭이는 것이 아니라, 서로의 눈에 아로새겨진 결연한 의지로 무장하고 있었다. 검은 점들은 서로의 눈동자를 보면서 그동안 삭여왔던 고통을 솔직하게 드러냈고, 그 고통을 함께 위로하는 다정한 공동체였다.

검은 점들이 모이고 모여서 이내 검은 파도를 이루었고, 검은 파도는 우리 사회와 학교에 작동하고 있는 폭력적 메커니즘을 명확하게 드러내고 있었다. 파도의 일렁임은 변화를 거부하는 기득권의 논리와 관료주의적 통제가 추구한 '변하지 않음'에 강력한 충격을 주었다. 그 충격은 우리 사회를 덮고 있던 거대한 장막에 균열을 내기 시작했고, 그 빈틈 사이로 숨겨져 있던 거울이 조금씩 모습을 드러내게 되었다. 검은 파도의 일렁임은 거기서 멈추지 않았다. 검은 파도는 학교의 잔잔함이 지닌 민낯을 드러내 주었다.

학교에 작동하고 있는 더함과 대체의 방식을 근원적으로 개혁하여 교사의 삶이 여백과 돌아옴으로 전환되어야 함을 알려주고 있었고, 무엇보다 학교 문화가 버팀을 강요하는 강자 공동체가 아니라 사람을 지키는 약자 공동체로 전환되어야 함을 말하고 있었다. 그렇게 검은 점들은 애도 공동체가 되어서 우리 사회와 학교의 변화를 이끌고 있었다.

이제 검은 파도는 검은 바다가 되어야 한다. 그래서 사회가 숨겨놓은 폭력에 저항하는 메시지를 내야 한다.

꺾인 꽃과 검은 바다의 노래

심층 서사와 검은 바다의 노래

검은 점들은 집회를 거듭하면서 교사 공동체가 검은 파도를 넘어서 검은 바다가 되어야 한다고 말하고 있었다. 깊은 바다가 되어서 우리 사회를 건강하게 만드는 근원적 힘을 제공하는 것이 검은 바다의 역할일 것이다. 생명을 기르는 일 역시 검은 바다의 몫이다. 교사가 추구해야 할 공동체의 모습은 사회 변화를 추구하는 공동체인 동시에 생명을 추구하는 공동체라고 볼 수 있다.

교사 공동체가 변화와 생명의 공동체가 되기 위해서 필요한 것이 메시지다. 교사 공동체가 메시지를 낸다는 것은 눈으로 보이는 '표층 서사'가 아니라 눈에 보이지 않는 '심층 서사'를 밝혀내는 것이다. 이 일은 사회를 살아가는 어른들의 삶과 학교를 살아가는 아이들의 삶을 동시에 볼 수 있는 교사만이 해낼 수 있는 일이다.

우리 사회의 변화를 가로막고 있는 근원적 힘은 심층 서사에 담겨 있다. 심층 서사는 눈에 잘 보이지 않지만 분명히 작동하고 있는, 그래서 현상에 영향을 주는 이야기들이다. 이 심층 서사, 즉 깊은 곳에 숨겨진 이야기는 그 형체가 명확하지 않기 때문에 그것이 어떻게 표층 서사로 구현되는지에 대한 폭넓은 관찰이 필요하다. 이러한 표층 서사를 가장 잘 관찰할 수 있는 곳이 바로 학교이다.

학교는 수많은 아이들이 상호작용하는 공간인 동시에 사회에서 작동하는 수많은 힘들이 다양한 방식으로 얽혀서 작용하는 곳이다. 학교에서 일어나는 현상을 유심히 관찰하면 그것의 원류가 어디에서 시작되었는지 발견하는 안목을 기를 수 있다. 교사는 아이들의 상호작용 방식과 학부모들의 의사소통 방식, 그리고 교사들의 삶의 양식을 꾸준히 관찰하면서 깊은 바다로 들어가는 사람이다.

그런데 깊은 바다에는 혼자 들어가면 안 된다. 심해는 수많은 생명이 약동하는 공간인 동시에 어둠이 지배하는 곳이기 때문이다. 앞이 잘 보이지 않는 검은 바다까지 내려가려면 동료가 필요하다. 교사는 공동체와 함께 심해에 내려가야 하고 저마다 발견한 것을 내어놓으면서 그것이 어떻게 작동하는지 함께 해석해 내야 한다.

해석의 과정에 필요한 것이 독서와 토론이다. 책에 스며 있는 탁월한 렌즈들은 교사들이 건져온 사실들을 하나로 묶어줄 수 있는 안목을 제공할 것이고, 토론은 그 안목을 해석하는 방식에 작동하는 수많은 오류를 제거해 주기 때문이다. 그렇게 교사들은 우리 사회에 작동하고 있는 '깊은 이야기'를 발견해 낼 수 있으며, 그것을 우리 사회에 내어놓을 수 있어야 한다. 검은 바다는 우리 사회가 숨기고 있는 수많은 힘들의 민낯을 발견할 수 있는 거친 도끼가 될 것이고, 검은 바다의 노래는 우리 사회를 구원하는 메시지가 될 것이다.

교사의 삶이 지옥이 되어버린 지금, 우리 사회에 가장 필요한 것도 바로 이러한 검은 바다의 노래, 즉 교사 공동체의 메시지다. 메시지 중에서도 가장 시급한 것이 있다면 '괴물이라는 말이 괴물을 만든다.'라는 메시지일 것이다. 이는 '괴물 학부모'라는 말이 지닌 폭력성을 성찰할 수 있는 메시지인 동시에 우리 사회를 대체가 아닌 존엄의 공간으로 만들기 위한 최소한의 거울이 되어줄 것이다.

　　　　　　　　　　　꺾인 꽃과 검은 바다의 노래

누구나 괴물이 될 수 있다

괴물이 두려운 이유는 소통할 수 없기 때문이다. 봉준호 감독의 〈괴물〉이라는 영화에 등장하는 기괴한 생명체가 무서운 이유는 말을 걸 수 없기 때문이다. 한강에서 갑자기 치솟아 올라 소중한 가족을 꼬리로 낚아채 간 괴물이라고 하더라도, 정상적인 대화가 가능하다면 "죄송하지만, 우리 아이 좀 돌려주시면 좋겠습니다."라고 말을 걸 수 있을 것이다. 괴물 역시 "미안합니다. 배가 너무 고파서 잠시 이성을 잃었네요."라고 답할 수 있다. 그러나 우리가 어떤 대상을 괴물이라고 한정 짓는 순간 이러한 소통 가능성은 사라진다. '왜 괴물이 되었는지', '원하는 것이 무엇인지', '괴물에서 벗어날 의지는 있는지'에 대해서 전혀 묻지 않는다. 오히려 괴물이 겪고 있는 결핍을 채워줄 의지를 원천적으로 차단한다. 묻지 않음에서 출발한 불확실성은 괴물에 대한 두려움을 증폭시키고, 결국 괴물은 더 이상 해명할 필요가 없는 혐오의 대상이 된다.

문제는 이 혐오감이 나에 대한 성찰을 제거한다는 데 있다. 괴물이라는 말이 주는 혐오감은 대상에 대한 무차별적 거리두기를 요구하기 때문이다. 그래서 괴물이라고 일컬어지는 대상을 보고 '아, 나는 괴물이 안 되어야겠다!'라고 생각하는 성찰의 시간을 가지는 것이 아니라, '나는 절대로 괴물이 아니야.'라는 본능적 거리두기를 수행하는 것이다. 이 과정에서 사람들은 자신의 행동에 잠재되어 있는 폭력성을 스스로 도려낸다. 괴물이라는 말이 주는 성찰의 상실은 경쟁과 외면의 시대를 살아가고 있는 사람들이 자신의 민낯을 스스로 볼 수 있는 기회를 빼앗고 있다.

안타까운 일이지만 이 시대를 살아가는 사람이면 누구나 괴물이 될 수 있다. 특히 자식에 대한 일이라면 그 누구도 예외가 아니다. 일본에서 '몬스터 패어런츠(monster parents)'라는 말이 등장한 것도 같은 이유이다. 고도성장기를 지난 일본은 오랫동안 저성장의 시간을 보내게 되었고, 잔인한 경쟁과 수많은 좌절은 일본에서 살아가는 학부모들의 마음속에 '각자도생'을 자연스럽게 심어주었다. 각자도생의 시대에 내 자식이 상처받지 않도록 하기 위해서 맹목적 헌신을 쏟았고, 이 왜곡된 방식은 결국 학교 공동체를 무너트리게 되었다.

지금 우리 사회에서도 악성 민원을 제기하는 학부모에게 '괴물 학부모'라는 이름을 붙이는 움직임이 일어나고 있다. 물론 그러한 행동을 보이는 학부모들의 행동에는 분명히 문제가 있다. 강력한 처벌을 받아야 하는 것도 맞다. 하지만 그들에게 괴물이라는 혐오의 굴레를 씌우는 것은 위험하다. 괴물은 혐오를 먹고 자라며, 그 혐오는 자신이 괴물인지 알아차릴 수 있는 성찰을 제거하기 때문이다.

괴물이라는 말은 대상으로 지목된 당사자가 괴물에서 벗어날 수 있는 기회를 빼앗는다. 자신에게 무차별적으로 쏟아지는 혐오에 대응하기 위해서 새로운 말들을 꾸며낼 뿐이고, 결국 더 무서운 괴물이 되는 방식으로 혐오에 맞선다. 괴물의 모습을 지켜보는 사람들은 자신들이 일상에서 소소하게 저지르고 있는 비상식적인 민원과 악다구니를 정상 범주의 것이라고 착각하게 된다. 그래서 수많은 교사들이 죽어나가고 수십만의 교사들이 '교사의 존엄'을 외치고 있지만, 정작 그런 학부모들은 "와, 선생님들 너무 힘들겠다."라면서 자신의 민낯을 보지 않는 것이다.

이 시대를 살아가는 학부모라면 누구나 괴물이 될 수 있다. 아이의 말만 듣고 아침부터 아이의 마음을 살펴달라고 연락하는 학부모도, 아빠가 화가 많이 났는데 겨우 진정시켰다고 말하는 학부모도, 자식의 잘못은 생각하지 않고 끝까지 상대방의 사과를 받아야겠다고 버티는 학부모도 자신들은 정상 범주에 있다고 착각한다. 기본적 예의와 존엄을 상실한 의사소통 방식도 다른 사람이 저지르면 괴물이 되지만, 내 자식을 위해서 하면 정당한 민원이 되는 것이다. 괴물이라는 말이 그어놓은 선은 비정상을 정상으로 간단히 바꿔놓는다.

교사 공동체는 괴물이라는 반성찰적 프레임에 저항해야 한다. 교사들에게 필요한 것은 교사의 삶을 존중하지 않는 일부 학부모를 강력하게 처벌하는 제도이자 교사들의 존엄이 침해되었을 때 그것을 해결할 수 있는 시스템이다. 결코 괴물이라는 프레임이 아니다. 자신의 결핍을 왜곡된 방식으로 채우고 있는 일부 학부모들 역시 공동체의 도움이 절실한 사람들이다. 그들이 지닌 폭력성을 체계적으로 분석하여 그 밑에 숨겨진 결핍을 채워주는 시스템을 만드는 노력이 없는 한 괴물 학부모는 영원히 사라지지 않을 것이다.

교사는 검은 파도를 넘어 검은 바다가 되어서 사회의 깊은 곳에 숨겨진 이야기들을 드러내고 그것이 지닌 폭력성에 저항해야 한다. 지금 교사들의 연대는 초등 교사를 중심으로 이루어지고 있지만, 교사 공동체가 진정으로 애도 공동체이자 심층 서사를 말하는 검은 바다가 되기 위해서는 중등학교 교사와의 연대가 이루어져야 한다. 지금 교사들이 겪고 있는 고통은 초등 교사들만의 문제가 아니라 이 시대를 살아가고 있는 모든 교사들의 문제이다. 바다가 바다일 수 있는 것은 그 대상을 가리지 않기 때문이고, 그 바다가 깊어질 수 있는 것은 수많은 해류가 함께 섞이기 때문이다. 교사들은 이제 검은 바다가 되어 교사의 삶에서 사라지고 있는 공동체 문화를 회복해야 한다.

그렇다면 교사들이 공동체 문화를 회복하는 일은 구체적으로 어디에서 어떻게 시작할 수 있을까? 나는 그것이 학교를 품고 있는 마을에서 시작해야 하고, 대상과 거리를 좁히는 방식이 되어야 한다고 말하고 싶다. 이제 교사들이 꾸려나가야 할 공동체의 구체적 모습과 만날 시간이다.

꺾인 꽃과 검은 바다의 노래

05

부사적 공동체와 마을학교

사람들을 갈라놓는 명사적 삶

개인주의는 혼자의 삶이다. 그것은 자유와 낭만의 삶일 수도 있지만, 공동체와 연결되지 못하는 개인의 삶은 '혼자만의 삶'이 될 수도 있다. 이와 관련한 안타까운 이야기들이 사회 곳곳에서 비상경보를 울리고 있다. 그런데도 왜 사람들은 서로의 삶에 다가서지 않는 것일까? 우리가 마주한 지독한 개인주의의 이면에는 '명사적 삶'이 자리하고 있다. 명사적 삶은 한마디로 '선 긋는 삶'이다.

공동체를 회복하기 위해서는 사람이 다른 사람에게 다가서야 한다. '다가섬'은 개인이 타인과 연결될 수 있는 원리인 동시에 공동체가 약자를 돕는 가장 기본적인 방식이다. 그런데 우리 사회를 살아가는 개인들은 서로의 삶에 다가서려 하지 않는다. 학교 역시 마찬가지다. 서로의 삶과 영역에 정확히 선을 그어놓고 그 선을 넘는 것을 무례하다고 선언해

버린다. 이때 사람을 갈라놓는 것 가운데 하나가 선언적 가치를 담은 명사이다.

우리 사회에서 오랫동안 사람들을 갈라놓은 명사가 바로 '반공'이다. 이 말은 '공산주의는 혐오의 대상'이라는 강력한 선언을 담고 있다. 이 선언의 시간 속에서 '빨갱이'라는 말은 사람들을 빨갱이와 빨갱이가 아닌 사람으로 갈라놓았다. 사람들은 빨갱이로 몰려서 고통받는 사람에게 다가서고 싶어도 다가설 수 없었다. 그 사람이 실제 빨갱이라서가 아니라, 그 사람에게 다가서면 자신도 빨갱이로 몰릴 수 있기 때문이다. 명사가 그어놓은 '선언의 선'은 대상의 사연과 진실을 묻지 않는다. 이처럼 선언적 가치를 담은 명사는 미리 정해놓은 해석이 아닌 다른 해석을 용납하지 않는 방식으로 우리의 삶에 수많은 폭력을 심는다. 실제 삶의 모습을 성찰하지 않고 개념적으로 선언하는 삶의 방식이 '명사적 삶'이다.

명사적 삶은 학교 역시 거리 두는 삶을 일상으로 만들었다. '혁신, 일반, 과거, 미래, 인성, 민주시민, 과정, 결과, 교과, 프로젝트' 같은 명사들은 그 안에 '선언된 가치'를 담고 있다. 물론 이러한 명사와 그 안에 담겨 있는 선언들은 교육 현장에 다양성을 불러올 수 있는 원동력으로 작동할 수도 있다. 하지만 문제는 이런 명사들은 실제로 작동하고 있는 현장의 모습을 고려하지 않은 채 급하게 학교에 들어온다는 것이다. 학교 구성원의 오랜 실천과 충분한 숙고의 과정에서 도입되는 것이 아니라 관리자의 판단과 교육청의 요청에 의해서 들어온다면, 그 명사는 교사의 삶을 설명하는 말이 아니라 교사의 삶을 가두는 말이 될 뿐이다. 요컨대, 명사가 지니는 '선언적 가치'는 개인이 타인과 연결되는 다가섬을 막을 뿐 아니라, 개인이 공동체에 다이빙할 수 있는 기회를 가로막고 있다.

　교사의 삶을 지배하고 있는 수많은 선언을 덜어내기 위해서는 학교 문화에 녹아 있는 '명사적 삶'을 거부할 수 있는 새로운 대안이 필요하다. 이제 교사는 '부사적 삶'을 시작해야 한다.

부사적 삶과 선언의 거부

부사는 삶에 존재하는 수많은 움직임과 변화를 생생하게 담아낼 수 있는 말이다. 그것은 우리 삶을 변화와 다가섬의 삶으로 만들어줄 수 있는 멋진 신세계이다. 따라서 부사적 삶은 사람과 생명을 향하는 삶을 일컫는다.

　부사적 삶은 혼자 존재할 수 없다. 우리 삶이 변화와 다가섬으로 약동하기 위해서는 변화를 인식할 수 있는 거울과 함께 그 변화를 함께 만들어나가는 공동체가 필요하기 때문이다. 홀로 부리는 변화는 잠시 자유를 줄 수 있지만 지속력이 부족하다. 사람을 향하지 않는 수많은 다가섬은 우리 삶을 중독과 욕망에 가둘 뿐이다. 부사적 삶을 위해서는 반드시 공동체가 필요하며, 부사적 삶을 추구하는 사람들의 연대가 바로 '부사적 공동체'이다.

　그렇다면 학교가 부사적 공동체가 된다는 것은 구체적으로 어떤 모습을 추구하는 것일까? 여전히 부사적 공동체는 모호한 영역이자 손에 잡히지 않는 모습이다. 이럴 때 가장 좋은 방법은 부사적 공동체의 건너편에 있는 명사적 공동체의 특성을 꼼꼼히 들여다보는 것이다. 현재 학교를 지배하고 있는 명사적 공동체의 문제점을 하나씩 극복해 나간다면 부사적 공동체에 한 걸음 다가설 수 있기 때문이다.

명사적 공동체의 가장 큰 특징은 삶보다 선언적 가치가 먼저라는 사실에 있다. 학교 문화가 생생함과 변화의 공간이자 사람과 생명을 향하는 공동체로 변화하기 위해서는 학교에 존재하는 수많은 선언적 가치를 덜어내야 한다. 이는 학교만의 노력으로는 어렵다. 학교에 들어와 있는 수많은 선언적 가치들은 학교 밖에서 이미 만들어져서 들어온 것이 대부분이기 때문이다. 이것들은 다양한 '선 긋기'의 방식으로 존재하고 있으며, 이 선을 없애기 위해서는 학교가 지역사회와 연결되어야 한다. 그래서 학교가 실제로 지역사회와 어떻게 소통하고 있는지 그 상호작용 방식을 유심히 살펴야 한다.

명사적 공동체는 필연적으로 획일적 목소리를 강요한다. 혁신학교에서 혁신을 비판하는 목소리는 죄악시되고, 미래학교에서 스마트 기기를 사용할 줄 모르는 교사들은 눈치를 봐야 하며, 배움중심수업 중점학교에서 교사의 가르침을 애써 억눌러야 하는 것은 공동체를 규정하는 개념과 논리 때문이다. 이 명사적 힘들은 구성원들이 공동체의 선언과 다른 말을 하거나 다른 이야기를 하는 것을 엄격히 통제한다. 진보정당에서 자율적 경쟁을 주장하는 사람의 발언권을 뺏거나 보수정당에서 복지를 말하는 사람이 소외받는 이유도 이와 같다.

학교가 부사적 공동체가 되기 위해서는 공동체 안에 수많은 목소리가 존재할 수 있어야 한다. 그래야 공동의 개념과 논리가 정해져 있는 명사적 공동체의 획일적 목소리를 극복할 수 있다. 결국 부사적 공동체는 '무엇'을 말하는가보다 '누가' 말하는지가 더 중요한 공동체라고 볼 수 있다.

그렇다면 학교에 존재하는 수많은 선을 걷어내고 생동하는 삶의 모습을 있는 그대로 추구하는 공동체는 구체적으로 어떤 모습일까? 획일적 목소리를 내는 공동체가 아니라 다양한 목소리가 자유롭게 연결되는 공동체는 어떻게 존재할 수 있을까? 나는 실제로 이러한 부사적 공동체를 바로 옆에서 지켜보았다. 내가 보았던 '도담도담 마을학교'라는 공동체는 선을 부수는 사람들의 연대였다.

도담도담 마을학교

마을은 우리의 삶이 시작하는 곳이자 끝나는 곳이며, 각자의 삶이 이어질 수 있는 연결성이 깃든 아름다운 공간이다. 마을학교는 이러한 '연결성'을 교육에 접목하기 위한 시도이다. 학교에서 배운 내용이 학교 안에서 그치는 것이 아니라, 마을이라는 삶의 현장에서 구체적으로 작동할 수 있도록 학교와 마을을 연결한 교육 공동체이다. 나는 교방초등학교에서 1년 동안 교무기획부장을 하면서 마을학교의 운영을 지원하고 마을학교를 이끌어가는 리더교사들과 함께 많은 이야기를 나눌 수 있었다. 그러면서 나의 교육철학은 완전히 바뀌었다. 마을학교는 나에게 진정한 교육은 명사적 삶이 아니라 부사적 삶을 가르치는 것이며, 부사적 삶은 반드시 공동체 속에서의 삶을 통해서 가르칠 수 있다는 것을 알려주었다.

교방초등학교의 마을학교 이름은 '도담도담 마을학교'이다. '도담도담'은 아이들이 잘 노는 모습을 나타내는 부사이다. 마을학교 대표님과 이야기를 주고받는 과정에서 '도담도담'이라는 말에 녹아 있는 마을학교의 철학을 들을 수 있었다. 대표님은 "나와 공동체가 모두 성장할 수 있는 마을학교를 만들고 있어요."라고 말씀하셨다. 오랜 시간 공동체를 연구하고 많은 학자들의 글을 읽었지만 이보다 명쾌하고 담백한 철학은 없었다. 무엇보다 그 말을 하고 계신 대표님의 눈빛에는 함께 성장해야 우리 모두가 행복해질 수 있다는 확신이 있었다. 나는 그 확신을 조금 더 구체적으로 살펴보고 싶어서 공식적 관찰자로 '도담도담 마을학교'에 한 걸음 더 다가섰다.

그 확신은 '도담도담 마을학교'를 구성하는 수많은 다른 공동체에서 확인할 수 있었다. 마을학교를 이끌어가는 리더들은 다양한 동아리와 공동체를 자발적으로 만들어서 도담도담한 모습을 만들어나가고 있었다. 마을학교를 구성하는 작은 공동체들은 저마다의 방식으로 아이들이 놀 수 있는 장소에 '마을의 이야기'를 녹여냈다. 마을에 오래 살아야만 알 수 있는 수많은 공간에 담긴 이야기를 연결하여 아이들이 그것을 자기 삶에 들여놓을 수 있도록 도와주었다. 결국 부사적 삶은 다른 공동체에서 만들어가는 수많은 변주들에 의해서 만들어지는 것이었다.

'도담도담 마을학교'에서 담아왔던 이야기들은 '마을교과서'로 녹아들었다. 많은 곳에서 마을교과서를 만들고 있지만, 온전히 마을학교 리더들이 주축이 되어 마을교과서를 만들어낸 사례는 찾아보기 힘들다. 대부분은 학교 교사들 중심으로 만들어지기 때문이다. 하지만 '도담도담 마을학교'의 마을교과서는 마을에 정주하는 사람들이 처음부터 끝까지 만들었다.

마을학교 리더들이 마을교과서를 제작하는 모습을 지켜보면서 '참으로 탁월한 렌즈 제작자들이구나!'라는 생각을 하게 되었다. 마을에는 수많은 이야기가 숨겨져 있고, 그 이야기는 서로 연결되지 않으면 제대로 전달될 수 없으며, 이야기를 전달하지 못하면 아이들은 마을을 제대로 볼 수 없다. 리더교사들은 마을교과서 제작을 위해서 마을을 구석구석 걸으면서 곳곳에 담긴 다양한 이야기를 수집하고 그것을 기록으로 남겼다. 그렇게 탄생한 삶의 노래가 '교방동 마을교과서'이다.

처음에 마을학교 대표님이 마을교과서를 제작해 보겠다고 했을 때 많은 생각이 들었다. 이런 고민을 교장선생님께 내어놓자 교장선생님은 확신에 찬 눈으로 "늘 그렇듯 그냥 믿고 지지하고 도와주고 기다려주면 돼요."라고 말씀하셨다. 그 말이 맞았다. 마을교과서는 그 마을에 살고 있는 이야기꾼들이 집필해야 한다는 사실을 새삼 배우게 되었다. 나와 학교 지원팀은 전체적인 구성을 조언하고 교사로서 경험을 들려주는 것으로 충분했다.

무엇보다 '도담도담 마을학교'가 학교와 마을에 존재하는 수많은 선들을 걷어낼 수 있었던 까닭은 선언이 아니라 사람을 추구했기 때문이다. 사람을 향하는 공동체는 본질적으로 개념보다 생명을 추구할 수밖에 없고, 생명을 추구하는 공동체는 역동성을 발휘하게 된다. 마을학교 활동가들은 언제나 자발적으로 기획하고 실천했다. 생명과 사람을 보는 시선은 마을에 묻혀 있던 수많은 이야기를 끌어냈고, 아이들은 마을에 묻혀 있던 사람들의 이야기를 접하면서 세상이 그어놓은 가치보다 바로 옆에 있는 사람의 소중함을 배워나갔다.

'도담도담 마을학교' 구성원들은 끝없이 연결을 추구했다. 프로그램과 프로그램, 이야기와 이야기, 학교와 마을, 마을과 마을, 아이와 아이를 지속적으로 연결하기 위한 방안을 고민했다. 그리고 그것을 다양한 나눔 행사와 프로그램으로 구현해 냈다. '도담도담 마을학교' 리더들은 언제나 사람을 중심에 두고 사람이 구현해 낼 수 있는 가능성과 가치를 고민했으며, 그 가치를 통해서 다양한 활동들을 연결했다. 마을학교에서 추구하는 성장은 아이들의 성장뿐 아니라 지역민을 포함한 마을 공동체 모두의 성장이라는 점에서, 결국 마을학교의 본질은 '사람'에 있다는 것을 배우게 되었다. 나와 공동체가 모두 행복해지는 공동체가 '도담도담 마을학교'이다.

학교와 마을의 포용

마을은 언제나 준비가 되어 있다. 다만 연결의 시작은 학교의 몫이다. 학교에서 먼저 손을 내밀지 않으면 마을학교가 교실로 걸어 들어올 수 없다. 학교가 마을을 환대하지 않으면 마을 역시 학교를 환대할 수 없다. 학교가 먼저 마을을 환대할 때, 마을은 숨겨놓았던 이야기들을 보여준다. 학교는 마을과 연결하려는 손을 내미는 과정을 통해서 진정한 교육 공동체로 거듭날 수 있다.

학교에 존재하는 수많은 선들을 걷어내기 위해서는 마을을 이루고 있는 다양한 공동체와 연결되어 아이들의 삶에 존재하는 시간과 지역성을 교실로 생생하게 가져와야 한다. '도담도담 마을학교' 교사들은 언제나 학교 교사들과 소통하면서 마을에 퍼져 있는 수많은 이야기를 교실로 가져다주었다. 학교 교사들은 마을학교 교사들과 사전에 만나서 자신들

꺾인 꽃과 검은 바다의 노래

의 수업 의도를 설명하고, 그 수업을 마을이라는 공간 속에서 구체적으로 체득할 수 있는 방법을 의논했다. 그 협의 시간을 통해서 마을의 이야기는 과거의 삶이 아니라 현재의 삶이 되었다. 교과서에 적힌 수많은 개념들은 아이들이 살고 있는 현재가 되었고, 교실은 개념을 가르치는 공간이 아니라 삶을 가르치는 부사적 공간이 되었다.

마을학교가 가꾸어온 부사적 공동체는 그 공간을 살아내는 주민들의 마음속에 사람을 향하는 시선을 돌려주었다. 교방초등학교의 철학이 마을로 흘러들었고, 학부모들은 학교의 철학 속에 녹아 있는 교사의 헌신을 직접 체감할 수 있게 되었다. 그렇게 교방초등학교 학부모들은 교사의 삶을 존중했고, 교사의 소신을 꺾지 않았으며, 학교를 존엄의 공간으로 가꾸어나가는 데 함께해 주었다.

교사들이 겪고 있는 수많은 고통은 대부분 마을에서 건너온 것이다. 학부모와의 갈등도 마을로부터 오는 것이고, 감당할 수 없는 악성 민원도 마을에서 오는 것이며, 교사를 존중하지 않는 시선도 마을에서 오는 것이다. 마을과 학교가 분리되어 있고 마을 주민들이 학교의 철학을 이해할 수 없다면 학교와 마을의 관계는 선언의 관계가 된다. 학교는 교육이라는 서비스를 훌륭하게 수행하는 공간일 뿐이고, 학부모는 그것을 누릴 자격이 있는 사람이 된다. 학교가 서비스의 공간이 되는 순간, 학부모는 교육의 주체가 아니라 서비스를 받는 손님으로 전락한다. 학교에 범람하는 수많은 민원은 학부모가 교육의 주체로서 실존하지 못하고 손님으로 전락한 결과이다.

민원은 어떤 문제의 해결 주체를 다른 사람에게서 찾는 행위다. 시청에 민원을 넣는 사람들도, 교육청에 민원을 넣는 사람들도, 가게에 민원을 넣는 사람들도 모두 '나는 그 문제에 대한 책임이 없으니 당신들이 알아서 빨리 해결해.'라는 생각을 가지고 있다. 시청과 교육청과 가게는 그렇다고 하더라도 학교에서만큼은 이러한 태도가 허락되어서는 안 된다. 아이의 문제 행동에 가장 큰 부분을 차지하고 있는 것은 가정환경이지만, 일부 학부모들은 수많은 민원을 통해서 이것을 학교와 교사의 탓으로 돌리고 있다. 손님으로 살아가는 소수의 학부모들은 문제를 해결할 주체가 아닌 객체로 존재하고 있으며, 학교에는 이것을 근본적으로 전환할 수 있는 문화가 없다.

그래서 마을학교가 중요하다. 마을이 학교와 연결되어야 학교의 철학이 학부모의 삶에 녹아들 수 있다. 학교의 철학을 이해해야 학부모들은 교사의 헌신과 노고에 공감할 수 있다. 자기 아이의 이야기만 듣고 학교를 자기들 입맛대로 선언하는 명사적 삶에서 벗어나기 위해서는 마을학교 속에서 일어나는 다양한 헌신과 마주해야 한다. 그래서 그것이 얼마나 힘든 일이며 동시에 복잡한 힘들 사이에서 이루어지는 분투인지를 스스로 확인해야 한다. 여기에 직접 참여하지 못한다고 하더라도, 마을학교에서 내보내는 수많은 이야기와 메시지는 학부모의 마음속에 내려져 있는 수많은 선언이 비정상적이라는 사실을 깨우칠 수 있게 해준다.

학부모가 마을 교육 공동체의 손님이 아니라 주인으로 존재할 수 있어야 비로소 내 자식만을 바라보는 시선을 극복할 수 있다. 학부모가 아이에게 고정되어 있던 고개를 돌렸을 때 아이들의 삶을 위해 헌신하는 교사의 삶과 공동체를 볼 수 있다. 그 헌신과 노력을 폄하하고 자기 마음

꺾인 꽃과 검은 바다의 노래

대로 결론짓던 수많은 선언들이 얼마나 큰 폭력이었는지를 스스로 성찰할 수 있어야 한다. 그래서 자신 역시 언제든 괴물이 될 수 있다는 사실을 명확히 알아야 한다.

괴물을 구원할 수 있는 것은 종교도 아니고 마법도 아니고 과학도 아니다. 자신이 괴물이라는 사실을 스스로 자각할 수 있는 거울과 자신의 폭력성을 치유할 수 있도록 도와주는 이웃이 있을 때 구원받을 수 있다.

모두가 괴물이 될 수 있는 이 시대, 교사가 아이들의 삶을 기르는 일을 포기하지 않으려면 학교 공동체를 부사적 공동체로 만들어나가야 한다. 그래서 고통을 외면하지 않고 서로의 결핍을 채워주는 '사람 공동체'를 꾸려야 한다. 학교가 사람을 향하는 시선을 회복할 때 교사는 지옥에서 걸어 나올 수 있을 것이며, 교사의 삶을 마음대로 재단하는 수많은 선언들을 극복할 수 있을 것이다. 이 극복에는 긴 호흡이 필요하다.

아무리 교사들이 명사적 선언을 덜어내도 사회는 새로운 선언들을 끝없이 내려보낼 것이기 때문이다. 교사에게는 이 잔인한 선언의 연쇄 고리에 저항할 수 있는 힘이 필요하다.

5부

과학주의

과학주의의 덫과
우연의 초대

01

~~~~

복잡성의 제거와 사라진 직관

삶의 본질은 복잡성

삶은 복잡하고 예측 불가능하다. 하나의 논리로 설명할 수도 없고 단순한 원리로 재단할 수도 없다. 이렇게 삶은 복잡성과 우연에 의해서 굴러간다. 복잡성과 우연의 수레바퀴는 언제나 우리를 예측할 수 없는 곳으로 데려다주기에 희망을 가질 수 있다. 복잡하게 얽힌 사람들의 연결망 속에서 슬픔을 치유할 수 있고, 예상하지 못한 기회 앞에서 새로운 삶을 기약할 수 있다.

무엇보다 한 사람의 삶이 수많은 얽힘과 헤맴으로 이어진다는 것을 인식한다면, 우리는 타인의 삶을 쉽게 평가하지 않을 수 있다. 그리고 나의 삶이 힘들고 복잡하다는 사실 앞에서 다른 사람의 삶도 힘들다는 것을 인정할 수 있다. 이처럼 삶의 복잡성은 우리의 삶을 희망과 연대, 그리고 존엄으로 이끌어준다.

그런데 이 복잡성을 싫어하는 사람들이 있다. 자신들이 내어놓은 단순한 이야기에 복종하길 원하는 강자들이다. 그들은 "우리는 그 이야기 안에 들어가기 싫습니다."라든지 "그래도 우리에게는 더 중요한 이야기들이 있지 않을까요?"라고 말하는 사람들의 입에 재갈을 물려서 자신들의 논리를 약자들의 삶에 교묘히 심는다. 이 '단순화의 힘'은 오랜 시간 인간의 삶을 지배해 왔다. 고대사회는 계급 구조의 꼭대기에 있는 사람들이 내려보내는 단순한 이야기로 깔끔한 피라미드 사회를 유지해 나갔다. 중세사회는 종교적 교리를 주무르는 사람들에 의해서 선명한 피라미드 사회가 유지되었다. 근대가 출발하는 시기에도 이 힘은 여전했다. 개인들은 자유로운 삶을 외쳤지만, 여전히 사회를 움직이는 힘은 봉건세력에게 쏠려 있었다. 이들은 삶에 작동하는 수많은 복잡성을 제거하고 온전한 복종과 순응을 강요했다. 이들은 자신들의 이야기를 들어달라고 하는 약자들에게 "너희의 이야기는 궁금하지 않아!"라고 말하면서 자신들의 이야기에 납작 엎드리라고 말했다. 그러면서 시대에 대한 해석과 담론은 온전히 그들의 것이 되었고, 시대의 힘은 삶의 복잡성을 억눌러 왔다.

그러나 우리네 삶이 그렇게 단순한 것인가? 아무리 패권적 힘이 작동한다고 하더라도 삶의 복잡성이 사라질 수는 없다. 패권적 힘이 제시하는 단순한 이야기에 우리는 늘 저항해 왔고, 그 저항이 절정에 달했을 때 혁명이 일어났다. 결국 혁명은 복잡성이라는 삶의 본질과 패권적 힘이라는 시대의 힘이 충돌했을 때 일어나는 거대한 혼돈이다. 이러한 혼돈과 시대의 힘을 가장 잘 표현한 문학 작품이 찰스 디킨스의《두 도시 이

과학주의의 덫과 우연의 초대

야기》이다.

《두 도시 이야기》는 프랑스대혁명 당시의 런던과 파리의 모습을 구체적으로 재현한다. 디킨스는 이 작품에서 인간의 삶이 지닌 복잡성을 제거하려는 시대의 패권을 적나라하게 묘사한다. 나아가 작품에 등장하는 수많은 인물의 삶을 세밀하게 묘사하는 방법을 통해서 인간 삶의 본질을 하나의 단어나 논리로 재단할 수 없다는 것을 보여준다. 이 작품은 프랑스혁명 당시의 시대가 지닌 폭발적 힘에 주목하면서, 그 속에 공존하는 가치의 복잡성을 말한다. 그래서 이 소설은 '섞임의 언어'로 시작한다.

> 최고의 시간이었고, 최악의 시간이었다. 지혜의 시대였고, 어리석음의 시대였다. 믿음의 세기였고, 불신의 세기였다. 빛의 계절이었고, 어둠의 계절이었다. 희망의 봄이었고, 절망의 겨울이었다. 우리 앞에 모든 것이 있었고, 우리 앞에 아무것도 없었다. 우리 모두 천국으로 가고 있었고, 우리 모두 반대 방향으로 가고 있었다.
>
> ─《두 도시 이야기》에서

디킨스는 프랑스혁명 당시를 최선과 최악, 지혜와 어리석음, 믿음과 불신, 빛과 어둠, 희망과 절망이 공존하는 시간이었다고 말한다. 하지만 삶의 복잡성을 회복하려던 프랑스혁명은 자유라는 가치가 패권적 힘으로 작동하면서 타인의 존엄을 파괴하는 데까지 이른다. 소설에는 프랑스 혁명군이 기득권을 단죄해야 한다는 이유로 아무 죄가 없던 귀족들을 단두대에 세우는 장면이 등장한다. 단두대는 '귀족은 곧 죽음'이라는 단순화의 힘으로 작동했던 것이다. 한번 작동하면 멈추지 않고 무섭게 내려오는 단두대의 칼날처럼, 단순화의 힘은 개인의 삶을 잔인하게 도륙한다.

단두대는 이제 사라졌다. 하지만 그보다 더 서늘한 칼날이 우리네 삶을 썰어내고 있다. 그 단두대의 이름은 '과학주의'다. 우리는 이제 사람이 아닌 지식이 만들어낸 이야기에 우리 삶의 얽힘을 내어주는 시대를 살고 있다.

후설의 경고와 학교의 단두대

근대의 탄생은 개인의 탄생이다. 자신을 가두던 수많은 속박에서 벗어난 개인들은 과연 행복한 삶을 살고 있는가? 우리 삶에 존재하는 수많은 복잡성을 타인에게 내어놓을 수 있는가? 여기에 대해서 "그렇다."라고 말할 수 있는 사람은 거의 없을 것이다. 근대는 그동안 소외되었던 인간의 존엄을 돌려주지 않았고 그것을 더 어두운 곳으로 몰아넣었다. 우리의 삶은 끝없이 무언가에 의해서 재단되고 있는 것이다. 단순화의 힘에 대해서 오랜 시간 탐구하고 진지한 경고를 던진 철학자가 에드문트 후설이다.

19세기 후반에는 근대인의 세계관 전체가 실증과학에 의해 규정되고 실증과학으로 이룩된 번영(prosperity)에 현혹된 채 이러한 세계관을 독점하는 것은 진정한 인간성에 결정적 의미를 지닌 문제들을 무관심하게 외면하게 되

과학주의의 덫과 우연의 초대

는 것을 뜻하였다.

—《유럽 학문의 위기와 선험적 현상학》에서

후설은 근대를 맞이한 개인의 삶을 재단하는 새로운 단두대로서 '실증과학'을 말한다. 실증과학은 분석과 수치화에 대한 맹신을 수반한다. 이는 관찰하고 분석하여 수치화하면 어떤 대상이든 설명할 수 있다는 과학에 대한 맹신과 함께, 과학적으로 증명할 수 없으면 그것은 거짓이라는 신념으로 발전했다. 과학에 대한 맹신은 우리 삶의 기본값으로 자리매김됐으며, 이러한 경향성을 '과학주의'라고 부른다. 이제 누가 어떤 말을 해도 "그거 과학적 증거가 있습니까?"라고 묻는 것이 상식이 되었고, 과학적으로 검증되지 않았으면 그것의 존재 자체를 의심하는 것이 근대인의 사고방식이다. 요컨대, 과학주의는 인간의 삶에 "증명할 수 없으면 그것은 믿을 수 없는 것입니다!"라는 주술을 걸었다. 그 주술의 힘은 너무나 강력해서 복잡한 얽힘의 공간인 학교마저 증명의 공간으로 만들어버렸다.

학교의 본질은 무엇인가? 아이들의 삶을 기르는 공간이다. 삶을 기른다는 것은 사람이 어떻게 다른 사람과 연결될 수 있는지를 가르치는 것이고, 학교는 그 연결 속에서 품격 있는 시민으로 살아갈 수 있는 방법을 고민하는 공간이다. 그래서 학교는 수많은 연결과 고민이 거미줄처럼 복잡하게 얽혀 있다. 학교는 아이들이 그 복잡한 얽힘 사이에 나 있는 길을 발견할 수 있는 안목을 길러주어야 한다. 교사는 아이들이 어떻게 나아갈지 고민할 때 다양한 길을 알려주는 사람이다. 동시에 마지막 결정은 아이들이 내릴 수 있도록 온전히 기다려주는 사람이다. 그래서 학교는 복잡성의 공간이다.

이 복잡한 얽힘은 눈에 보이지 않는다. 오랜 시간 아이들의 삶과 성장을 고민한 교사의 눈에만 보이는 것들이다. 결국 학교의 본질은 '눈에 보이지 않는 것을 볼 수 있는 안목을 안전하게 배울 수 있는 공간'이고, 교사는 '눈에 보이지 않는 것을 볼 수 있는 사람'이다. 교사는 눈에 보이지 않는 수많은 얽힘을 다루는 일을 평생 해야 하는 사람이기 때문에 고단할 수밖에 없다. 그럼에도 교사로 살아갈 수 있는 이유는 그 복잡한 얽힘을 긍정하고, 그 속에서 귀한 길을 찾아나가는 아이들의 모습 때문이다. 교사는 '눈에 보이지 않는 것을 조금씩 볼 수 있는 아이들'을 흐뭇하게 지켜보면서 고된 삶을 버티는 사람인 것이다. 이 고된 삶을 내리친 것이 과학주의다.

현재 교사의 삶을 평가하는 공식적인 플랫폼이 '공문'이다. 이 공문들은 여전히 교사의 교육 활동을 평가하고 재단하는 용도로 사용되고 있으며, 교사의 교육 활동은 언제나 정량평가로 보고되고 있다. 정량평가는 자신의 삶을 숫자로 바꾸는 일이다. 교사는 교육청에서 내려보낸 척도에 근거해서 자신의 삶을 숫자로 바꾸는 일을 반복해 왔다. 위에서 내려온 수많은 숫자들 앞에서 교사는 매번 좌절할 수밖에 없다. 교사의 일은 '눈에 보이지 않는 것'을 다루는 일이기에 그것을 숫자로 증명할 수 없기 때문이다. 증명한다고 하더라도 거기에는 오랜 시간이 걸린다. 그럼에도 과학주의로 작동하는 교육 시스템은 언제나 교사의 삶을 숫자로 단순화하려고 한다. 수치화는 교사가 매 순간 하고 있는 수많은 애씀을

과학주의의 덫과 우연의 초대

외면할 뿐 아니라, 숫자로 증명하지 못하면 "당신은 아무것도 한 것이 없네요!"라고 평가해 버린다. 교사가 다루는 영역은 대부분 눈에 보이지 않지만, 정량평가 시스템은 그것을 숫자로 환산하라고 말한다.

숫자 앞에서 교사는 철저히 무력하다. 공문은 빈칸을 허락하지 않기 때문이다. 어떻게든 그 칸을 숫자로 채워야 한다. 공부를 힘들어하는 아이를 남겨서 헌신적으로 가르친 시간은 숫자로 표현할 수 없다. 부모의 방치로 영혼이 부서진 아이의 마음을 달래주느라 점심도 걸렀던 수많은 시간은 숫자로 표현할 수 없다. 힘들어하는 후배를 위해서 교장을 찾아가 담판 지었던 시간을 숫자로 표현할 수 없다. 아이의 귀한 성장을 풀어 쓰기 위해서 몇 시간에 걸쳐 성장통지문을 적은 시간은 숫자로 표현할 수 없다.

그럼에도 공문의 빈칸은 교사의 삶을 숫자로 바꾸라고 닦달한다. 교사는 결국 그 빈칸에 아린 숫자를 입력해 넣지만, 그 순간 자신의 삶이 소리 없이 잘려나가는 것을 느낀다. 교사의 삶이 숫자가 되는 순간, 실증의 단두대는 그 단순한 메커니즘을 작동시킨다. 교사가 자신의 삶을 스스로 숫자로 바꾸는 순간, 단두대의 칼날은 거침없이 교사의 삶을 동강낸다.

더 큰 비극은 그러한 메커니즘에 저항하는 교사의 삶을 더 교묘히 통제하려고 한다는 것이다. 관료들은 교사의 삶을 통제할 수 있는 교묘한 계량 시스템을 만들어서 내려보내기 시작했다. 그들은 "교사들의 삶을 평가하는 숫자를 단위 학교에서 직접 정하세요."라고 말하면서 교사들이 스스로 자신의 삶을 숫자화하게 만들었다. 교사는 자기 삶을 숫자로 더 적절하게 치환하기 위해서 그 시스템을 만드는 일에 헌신하는 삶을 살게 되었고, 학교 문화에 '눈에 보이지 않는 것은 평가하지 말자.'라는 왜곡된 신념을 심어주었다. 나는 이 문화를 겪으면서 어린 시절 보았던 덫이 떠올랐다. 관료들은 교사들이 스스로 걸어 들어가는 덫을 놓은 것이다.

덫과 학교의 과학주의

나는 어린 시절을 시골에서 보냈다. 걸어서 한 시간을 가야 학교에 갈 수 있을 정도로 깊은 산골 마을이었다. 학교를 마치고 가방을 던져놓으면 형과 동생의 얼굴이 보이지 않을 때까지 산에서 놀았다. 그렇게 산을 누비며 놀던 내가 덫의 존재를 마주하면서 느낀 감정은 섬뜩함이다. 그것은 거친 쇠로 만들어져 있었고 어른이 양팔을 벌린 모양을 하고 수풀 사이에 숨겨져 있었다. 내가 섬뜩함을 느낀 것은 안쪽이 뾰족한 톱니로 가득한 큰 덫이 수풀 사이에 교묘히 숨겨져 있었기 때문이다. 그것을 보는 순간 나도 모르게 뒷걸음을 쳤다.

얼마 뒤에 그것이 큰 동물을 잡기 위한 덫이라는 것을 알았다. 어른들은 그 덫이 사슴이나 고라니, 심지어는 멧돼지도 잡을 수 있을 만큼 강력한 덫이니 절대 가까이 가지 말라고 했다. 나는 믿기지 않았다. 그토록 크고 잔인한 덫을 생명에게 사용한다는 것이 이해되지 않았다. 덫은 동물들이 제 발로 걸어 들어오기를 기다릴 뿐이었다.

나는 교사가 되어서 교사의 삶을 수치화하여 평가하는 시스템을 보면서 언제나 이 덫을 떠올렸다. 교육 관료들이 숫자로 만들어진 덫을 학교에 내려보낼 때, 학교는 그것을 아예 들이지 말았어야 했다. 학교에 존재하는 수많은 얽힘을 한순간에 걷어내고 숫자로 줄을 세워 능력을 비교하자는 것이 과학주의가 만들어낸 지금의 교사 문화이다.

학교 문화가 과학주의에 잠식되면서 교사들은 자신의 삶이 숫자로 치환되는 시스템을 만드는 일에 자신도 모르게 헌신하고 있다. 삶을 평가하는 급간과 숫자를 교사들이 스스로 만들어내면서 교육부가 내려보낸 덫은 더욱 견고해지기 시작했고, 교사들은 자신의 삶을 스스로 가두는 일을 반복하고 있다. 그렇게 덫에 갇힌 교사들은 연말이 되면 자신의 삶이 숫자로 환산되는 모멸감을 느끼지만 그것을 모두 자신의 탓으로 돌릴 수밖에 없다. 점수로 치환된 자신의 삶을 반추하며 "더 열심히 할걸.", "점수에 좀 더 신경 쓸걸." 하며 그 어이없는 치환을 수긍해야 한다. 이렇게 교사의 삶을 가두는 과학주의는 그 자리를 지키고 있는 것이다.

덫은 이토록 견고하게 교사의 삶에 작동한다. 수치와 계량으로 점철된 학교의 과학주의 문화는 눈에 보이지 않는 것은 눈에 보이지 않는 대로 남겨두기를 강요한다. 덫은 한번 들어가면 빠져나오기 어렵다. 그러니 교사의 삶을 옥죄는 덫을 모조리 걷어내지 않으면 누군가는 다시 그 안에 갇힐 것이다.

사라진 직관과 무너진 아파트

덫을 알아차리는 힘이 직관이다. 직관은 눈에 보이지 않지만 실제로 그것이 존재한다는 사실을 파악할 수 있는 능력이며, 눈에 보이는 것이 다가 아니며 그 뒤에 무언가 숨겨져 있다는 것을 알아차리는 능력이다. 이러한 직관으로 덫을 피할 수 있다. 달콤한 먹이 뒤에 삶을 가두는 덫이 있다는 것을 알아차린다면 덫은 철저히 무력해진다.

　과학주의가 삶을 재단하는 단두대로 작동하기 전까지 직관은 우리 삶을 지탱하는 강력한 힘이었다. 고대 부족 공동체를 구성하는 리더들이 존경받을 수 있었던 이유는 삶을 살아내면서 터득한 직관 때문이었다. 부족의 리더들은 수많은 사람을 만나면서 습득한 의사소통 기술을 바탕으로 적들의 분노와 기습을 누구보다 빨리 알아차릴 수 있었고, 그 직관으로 마을 공동체를 지켰다. 농경사회에서도 마을의 어른들은 오랜 시간 경험한 자연의 리듬을 몸으로 체득한 사람들이었다. 그래서 수많은 자연재해를 대비할 수 있는 직관이 있었고, 재난을 미리 막을 수 있는 시스템을 소리 없이 가동시킬 수 있었다.

　하지만 과학주의는 직관을 비과학적이고 가치 없는 것으로 치부했고, 그러면서 우리 사회에서 직관이 점점 밀려나고 있다. 이를 잘 보여준 사건이 '광주 아파트 붕괴 사고'이다. 2022년 1월, 신축 중이던 주상복합 아파트가 무너져 내리는 사고가 일어난다. 이 사고로 현장에 있던 노동자 6명이 목숨을 잃었고 일대는 순식간에 마비되었다. 뉴스는 연신 힘없이 주저앉는 아파트의 모습을 보도했고, 그 모습을 지켜보는 시민들의 마음속에는 걷잡을 수 없는 불안이 자리하게 되었다. 국민의 대다수가 아파트에 거주하고 있는 우리나라에서 이 붕괴 사고는 남의 일이 아니었다.

　이 사건 이후에 수많은 조사가 이루어졌고, 붕괴의 원인에 대한 이야기들이 쏟아졌다. 늘 그렇듯 설계도는 완벽했다. 과학적 측량과 치밀한 계산에 근거한 건축 설계도는 과학주의의 상징이다. 과거에는 상상할

317　　　　　　　　　　　　　　　　　　　　　　　과학주의의 덫과 우연의 초대

수 없을 정도의 높은 건물을 지어 올리고 그 높은 곳에 사람이 안전하게 살 수 있다는 믿음은 모두 과학주의가 만들어준 현실이다. 우리는 과학주의가 내미는 수치와 계량의 값을 믿고 저 높은 곳까지 올라가서도 편안히 잠을 잘 수 있는 것이다.

문제는 과학주의도 허점을 품고 있다는 사실이다. 과학을 현실에 구현하는 것은 결국 사람이기 때문이다. 건축 설계도를 현장에 구현하면서 '눈에 보이지 않는 위험성'을 알아채는 것도 사람이고, '눈에 보이는 것이 다가 아님'을 짚어내는 것도 사람이기 때문이다. 건축 현장에서 이런 역할을 하는 사람이 바로 '숙련공'이다. 숙련공은 오랜 시간 몸으로 체득한 직관을 발휘할 수 있는 사람이다. 한 분야에서 오랫동안 일하면서 다른 사람이 보지 못하는 것을 발견하여 "이 부분은 다시 공사해야 합니다!", "이렇게 두면 위험하니 뜯어내고 처음부터 다시 합시다!"라고 말할 수 있는 사람이 숙련공이다. 숙련공은 공사 현장에 놓여 있는 수많은 덫을 볼 수 있는 사람이고, 그 덫을 덜어내자고 말하는 사람이며, 그 덫에 사람이 압살되지 않도록 지켜주는 이리의 눈을 가진 사람이다. 그런데 우리 사회에서 이러한 숙련공들이 사라지고 있다고 한다.

노동을 귀하게 대접하지 않는 사회, 사람의 말보다 과학의 진단을 더 신뢰하는 사회, 땀 흘려 일하는 사람의 손보다 알고리즘이 만들어낸 숫자에 열광하는 사회, 안전을 말하는 숙련공의 목소리보다 공사 기일을 단축하라는 자본의 목소리에 귀를 기울이는 사회, 이런 사회에서 인간의 생명을 지키는 파수꾼들은 자신의 일에서 존엄을 찾을 수 없다. 숙련공을 잃어버린 아파트가 소리 없이 주저앉듯이, 직관을 잃어버린 사회는 수많은 위험 앞에 소리 없이 무너진다. 덫을 볼 수 있는 사람이 사라진 사회에서 무수한 삶은 철퍼덕 소리를 내고 주저앉을 것이며, 과학주의는 주저앉은 존재에게 걸어가서 매서운 눈빛으로 말할 것이다. 이제 내 말만 들으라고.

02

∽

과학적 통제의 시작과 학교 길들이기

동일성 원리와 지배의 시작

과학주의가 쳐놓은 수많은 덫은 학교가 '사람과 존엄'을 가르치는 공간으로 존재할 수 없도록 만들었다. 교사가 과학주의 문화를 극복하기 위해서는 숙련공의 삶을 살 수 있어야 한다. 다시 말해, '눈에 보이지 않는 것'을 당당히 말할 수 있어야 한다. 그리고 우리 사회는 교사가 짊어낸 수많은 덫을 하나씩 걷어내는 일에 함께해야 한다.

그러나 우리 사회는 과학주의에 저항하여 '다른 이야기'를 하는 교사를 좋아하지 않는다. 학교 역시 다른 말을 하는 교사를 반기지 않는다. "저는 생각이 좀 다릅니다."라고 말하기가 어려울뿐더러, 합리적 비판과 대안적 의견은 이내 "너만 똑똑하냐?"라는 핀잔으로 돌아올 뿐이다. 그렇기에 교사는 숙련공이 아니라 순응자로 살 수밖에 없고, 학교에 자리 잡은 무수한 덫은 교사들과 아이들의 삶을 가두고 있다.

학교는 왜 이런 공간이 되었을까? 교사 문화는 왜 이토록 '다름'을 경계하게 된 것일까? 우리는 과학주의의 기원이 계몽주의에 있으며, 계몽주의는 본질적으로 '동일성의 원리'로 작동한다는 사실을 이해해야 한다. 이를 잘 설명한 책이 아도르노와 호르크하이머가 함께 쓴 《계몽의 변증법》이다.

아도르노와 호르크하이머는 계몽주의를 '지배의 논리'로 설명한다. 계몽주의는 이성을 숭상했고, 또 자연을 공존의 대상이 아닌 분석의 대상으로 삼았는데, 이는 결국 자연을 지배하는 힘으로 발전했다. 문제는 자연에 대한 '지배 메커니즘'이 결국 인간을 지배하는 힘으로 작동했다는 것이다. 계몽주의는 우월한 것과 그렇지 않은 것을 구분하게 되었고, 이는 인간에게도 위계가 있으며 그러하기에 우월한 인간이 그렇지 않은 인간을 지배할 수 있다는 나치즘으로 이어졌다.

《계몽의 변증법》에서는 이것을 '동일성의 원리'와 '양화(수치화)'로 설명한다. 동일성의 원리는 세상에 존재하는 수많은 복잡성과 불확실성을 '하나의 통일적 체계'로 단순화하는 것이다. 즉 우월하지 않은 대상에게 우월한 쪽의 논리를 강제로 이식하는 폭력적 상호작용이라 할 수 있다. 이러한 동일성의 원리 앞에서 자연은 불확실성과 복잡성이 만들어내는 혼돈의 대상으로 존재하는 것이 아니라 계산 가능한 '양화'의 대상으로 전락하고 만다.

수학적 방식은 사유의 의식처럼 되었다. 공리에 의한 자기 제한에도 불구하고 수학적 방식은 필수적이고 객관적인 것으로 군림한다.

— 《계몽의 변증법》에서

과학주의의 덫과 우연의 초대

양화는 수치로 모든 것을 측정하고 범주화하는 것을 말한다. 양화는 이성의 힘에 압도적 권위를 부여한다. 자연이 지닌 혼돈을 이성으로 완벽하게 통제할 수 있다는 왜곡된 신념은 자연을 분석하는 것에 목적을 둔 실증과학과 완벽하게 결합했고, 그렇게 과학주의는 '동일성의 원리'와 '수치화'의 힘으로 우리 삶에 존재하는 수많은 직관을 가차 없이 덜어냈다. 직관이 사라진 공간을 가장 먼저 차지하는 것이 '통제'이다. 이것을 명확하게 보여준 사건이 코로나19이다.

지침을 따를 수밖에 없었던 학교

우리는 코로나19가 만들어놓은 거대한 터널을 겨우 통과했다. 전 세계적으로 수많은 사람이 목숨을 잃었지만 우리나라는 상대적으로 그 피해가 덜한 편이었다. 세계 언론은 대한민국의 방역 지침과 역학조사 능력에 무한한 찬사를 보냈고, 많은 나라가 우리의 방역 모델에 관심을 가졌다. 수많은 의료진의 헌신과 다양한 부처의 사람들이 애써준 덕분에 우리는 그 긴 터널을 빠져나올 수 있었다.

그런데 우리는 그 터널을 잘 빠져나온 것이 맞는가? 우리는 여전히 그 터널의 한가운데에 있다. 코로나19가 할퀸 상처들이 이제 본격적으로 그 아린 부분을 드러내기 시작했기 때문이다. 그 상처들의 밑바닥에는 '사회적 거리두기'라는 거대한 통제가 숨어 있다. 바이러스의 확산을 막기 위한 과학적 통제는 사람과 사람 사이에 일정한 거리를 유지하는 것이 '안전'을 위한 가장 중요한 원칙이라는 신념을 우리의 마음속에 심어주었다. 나아가 거리두기를 삶의 방식으로 들여놓기 위해서는 촘촘한 통제가 필요했다. 그래서 도입된 것이 '방역 지침'이다.

방역 지침은 '하나의 통일된 체계', 즉 동일성의 원리로 작동한다. 그래서 예외가 없다. 어떤 사연을 가진 사람이라도 이 지침은 지켜야 하고, 어떤 가치를 추구하는 공동체라도 이 지침을 어겨서는 안 된다. 문제는 이러한 동일성의 원리가 결국 수많은 문제에 대응하는 직관을 완전히 빼앗아 간다는 데 있다. 그 피해를 가장 많이 입은 곳이 바로 학교일 것이다.

학교는 코로나19를 지나는 시간 동안 '공문을 기다리는 일'을 수없이 반복했다. 교사들이 공문을 기다린 이유는 교사의 직관을 무력화시킨 교육부의 통제 방식 때문이다. 교육부는 코로나19 상황 파악에 늦었지만, 학교는 이미 정부에서 제시한 방역 지침에 근거하여 기본적인 학사 운영과 수업 방법을 마련하는 등의 직관적 대처를 하고 있었다. 그런데 교육부는 어김없이 한발 늦게 새로운 지침을 내려보내면서 학교가 품고 있는 수많은 사연을 동강 냈다. 이미 만들어놓았던 안내장을 수없이 고쳐야 했고, 기존에 계획해 놓았던 교육 활동 역시 덜어내야 했다.

무엇보다 교사에게 자괴감을 준 것은 방역 지침이라는 과학적 통제가 교사들의 교육 활동을 원천적으로 억제한다는 사실이었다. 방역 지침은 언제나 촘촘하게 짜여서 내려왔다. 그 촘촘함 앞에서 교사의 직관과 자율성은 완전히 무력해졌다. 교사는 아이들을 연결하는 수업을 하고 싶어도 할 수 없었고, 최소한의 의사소통 방식을 가르치는 수업을 설계했어도 포기해야 했으며, 마을에 다가서는 프로젝트 수업을 계획했어도 접어야 했다. 학교는 방역 지침 앞에서 연결과 거리 좁히기를 완전히 멈취야 했다. 그 때문에 아이들은 쉬는 시간에도 친구와 대화할 수 없었고, 품격 있는 의사소통 방법을 익히지 못했으며, 사람의 눈을 보고 진솔하게 대화하는 삶의 기술을 체득하지 못했다.

코로나19를 지나는 동안 학교가 성장의 공간이 아닌 통제의 공간이 되었다는 사실은 교사들이 매일 치환해야 했던 수많은 숫자에서 명확히 드러난다. 방역 지침은 대부분 숫자로 채워져 있다. 그 숫자는 엄격한 기준으로 작동했지만, 그 기준을 수립하는 과정에서 학교 현장의 의견은 전혀 반영되지 않았다. 현장의 의견을 담지 않은 차가운 숫자들은 교사들이 반드시 지켜야 할 기준이 되었고, 교사들은 그 기준을 채우느라 정작 중요한 수업과 생활지도를 할 수 없게 되었다. 교사들은 방역 지침에 적힌 숫자들을 위해서 매일 아이들의 행적을 조사하는 시간을 살아야 했다. 열이 있는지, 확진자와 접촉했던 사람은 누구인지, 진단 키트를 사용했는지, 열이 언제부터 났는지, 출석 인정 기준에 부합하는지, 학급에 확진자는 몇 명인지 매일 확인해야 했다.

이 조사는 어김없이 숫자로 치환되었고, 이 숫자가 모여서 학교의 숫자가 되었으며, 이 총합에 의해서 학교의 운명이 좌우되었다. 숫자에 의해서 교사의 교육 활동과 학교의 운영이 갈리는 시간을 살아내면서, 학교는 사람의 삶이 숫자로 치환되는 것이 당연한 공간이 되었다. 숫자의 총합 앞에서 교사와 아이들이 지닌 저마다의 사연은 완전히 무력해졌고, 사람의 판단보다 숫자의 판단을 경청하는 시간을 살아가게 된 것이다. 어이없는 숫자들의 '선언' 앞에서 교사들은 저마다의 헌신과 노력보다 숫자의 힘이 강하다는 것을 알게 되었고, 그렇게 교사들은 자신의 직관보다 방역 지침에 적힌 숫자에 자신의 교육 리듬을 맞추게 되었다.

또 학교가 조사의 공간이 되면서 바이러스에 감염된 약자는 사람들의 배려를 받아야 하는 존재가 아니라, 공동체로부터 철저히 격리되고 고립되어야 할 존재로 인식되기 시작했다. 방역 지침이 만들어놓는 완벽한 격리는 아프고 힘든 시간을 보내고 있는 약자가 어떤 상황에 놓여 있고, 어떻게 그 시간을 이겨내고 있으며, 공동체가 도울 일은 무엇인지에 대해서 물어볼 수 있는 소통의 길을 완전히 끊어버렸다. 개인의 위생이 인권보다 우선할 수 있다는 생각과 숫자의 총합이 사람의 사연보다 중요할 수 있다는 생각은 모두 사회적 거리두기를 외친 방역 지침이 만들어놓은 역기능이었다. 그렇게 방역 지침은 학교에 수많은 구분과 치환을 상식으로 만들어놓고 소리 없이 사라졌다.

30년 뒤에 다시 오세요

교사의 삶은 코로나19 이전부터 구분과 치환이 일상화되어 있었다. 신자유주의 담론과 함께 들어온 교원평가와 성과급제는 동일성의 원리와 수치화가 어떻게 교사의 삶을 재단하는지 명확하게 보여준다. 일단 성과급의 지표는 대부분 정량평가로 이루어진다. 물론 정성평가의 영역도 있지만 그것은 큰 부분을 차지하지 않는다. 정량평가의 지표는 개인의 서사와 사연을 담을 수 없다. 지표 앞에서 교사의 삶은 한순간에 숫자로 치환되고, 교사는 그것을 받아들여야 한다. 이 구분과 치환이 지닌 문제점은 '시간의 파편화'와 '삶의 서열화'에 있다.

교사의 삶이 성과급이 쳐놓은 그물에 걸리는 순간, 교사의 삶은 1년

　　　　　　　　　　　　과학주의의 덫과 우연의 초대

단위로 쪼개진다. 아이들의 삶을 다루는 일을 하는 교사의 시간을 1년을 기준으로 잘라서 평가하겠다는 말은 교사의 일이 1년 안에 효과로 증명되어야 한다는 말과 같다.

그러나 교사라면 누구나 이것이 말도 안 된다는 사실을 알 것이다. 왜냐하면 교사의 교육 활동과 아이들을 위한 노력은 정량평가 지표로 담을 수 없는 것이 대부분이기 때문이다. 그래서 우치다 타츠루는《완벽하지 않을 용기》에서 교육의 효과를 보여달라고 말하는 사람들에게 다음과 같이 말한다.

> 학교 교육이 성공했는지 실패했는지는 30년, 50년 후에나 알 수 있습니다. 교육의 성과를 판가름하는 건 단 한 가지 척도입니다. 우리가 기른 아이들이 성숙한 시민이 되어 사회를 어떻게 지탱하는가입니다. 그 사회가 반세기 후, 100년 후에도 존속하여 순조롭게 기능하는지의 여부를 확인하고서야 비로소 교육의 성과를 판단할 수 있는 것입니다. 만약 누군가가 당신이 학교에서 실천하는 교육의 성과를 보여달라고 한다면 우리는 '30년 기다려달라.'라고 답할 수밖에 없습니다.
>
> ─《완벽하지 않을 용기》에서

교사의 삶은 결코 1년 단위로 평가할 수 없으며 평가해서도 안 된다. 삶이라는 것은 눈에 보이지 않는 복잡성으로 굴러가는 것이며, 그 복잡성을 유지하고 관리하는 방법을 가르치는 사람이 교사이기 때문이다. 그리고 이에 대한 교육 효과 역시 바로 나타나지 않는다. 이러한 사실을 인정한다면 학교만큼은 결코 동일성의 원리를 받아들여서는 안 된다.

1년으로 끊어진 교사의 삶은 결국 서열화된다. 아니, 성과급이 애초에 도입된 목표가 교사의 삶을 서열화하는 데 있었다. 삶의 복잡성을 다루는 일이 서열화될 때 교사들은 그 허무함을 견딜 수 없다. 위계는 결국 교사의 삶을 '각자의 삶'으로 만들기 때문이다. 서열화가 만들어놓은 알량한 등급은 "우리 모두 함께 아이들의 삶을 길렀으니 우열을 가린다는 것이 말이 안 됩니다."라는 상식이 교사 문화에서 사라지도록 만들었다. 교사들은 숫자가 만들어놓은 등급으로 자신의 삶이 서열화되는 것을 견딜 수 없기 때문에 차라리 그 서열화에 순응하는 쪽을 선택할 수밖에 없다. 서열화에 순응하는 순간 교사 공동체는 각자의 삶을 숫자로 줄 세우는 서열 공동체가 되고, 교사는 결국 눈에 보이지 않는 것을 가꾸려는 노력을 포기하게 된다.

교사들은 이 '시간의 파편화'와 '삶의 서열화'에 오랜 시간 저항했다. 적어도 학교만큼은 성과급 제도가 없어져야 한다고 소리 높여 외쳤다. 그런데도 교육부는 이 외침을 전혀 듣지 않았다. 그리고 끝내 교사들은 자신의 1년 성과를 숫자로 치환하는 것을 인정하게 되었다. 교사의 삶을 통제하는 과학주의는 비단 성과급에만 스며 있는 것이 아니다. 학교를 통제하려는 사회의 노력은 생각보다 오랫동안 진행되었고, 학교는 거기에 길들여진 것이다.

길들여진 학교

삶의 복잡성이 작동하려면 "너는 그냥 이 정도 수준의 사람이니 거기에 만족해!"라거나 "다른 건 신경 쓰지 말고 이것만 믿으면 돼."라고 말하면서 우리의 삶을 재단하려는 목소리를 거부해야 한다. 그것은 우리 삶에 존재하는 수많은 선언들을 거부하는 일인 동시에, 우리의 삶을 자유로운 삶으로 만들어나가는 일이다.

그런데 사회의 주류 담론은 권력을 잡아온 기득권에 의해서 만들어지고, 기득권은 시민들이 자신들의 자리를 넘보는 것을 극도로 경계한다. 그래서 기득권자들은 학교를 수많은 전제들이 넘쳐나는 공간으로 만들고, 그 전제를 아이들의 마음속에 조용히 심는 역할을 해왔다. 결국 사회는 학교를 '민주시민을 기르는 자유의 공간'이 아니라 '사회적 통제를 충실히 수행하는 지배의 공간'으로 만들어온 것이다. 이러한 사실을 설명한 책이 얀 마스켈라인과 마틴 시몬스의 《학교를 변론하다》이다.

이 책에서는 학교를 자유의 공간으로 정의한다. 여기서 말하는 자유는 신자유주의에서 말하는 경쟁과 성과 추구를 위한 자유가 아니다. 마스켈라인과 시몬스는 자유를 "자신을 정의하는 수많은 전제에서 벗어나는 것"이라고 말한다. 학교는 부모의 직업이 무엇인지, 자신의 고향은 어디인지, 어떤 집에 사는지, 어느 동네에 사는지, 인종은 무엇인지, 성별은 무엇인지 등을 묻지 않는다. 학교는 아이들의 삶에 선언된 수많은 전제들을 벗겨내고 오로지 학생으로서 자유롭게 사유하고 어울릴 수 있는 환경을 제공한다. 이로써 아이들은 삶에 존재하는 수많은 복잡성을 체득할 수 있다.

그러나 사회는 학교의 자유를 통제하기 위해서 오랜 시간 학교를 길들여 왔다. 앞의 책 4장 〈학교 길들이기〉에는 사회가 학교를 지배해 온 방식을 '정치화, 교육화, 자연화, 기술화, 심리화, 대중화'로 나누어서 치밀하게 논증한다. 정치화는 학교를 정치적 담론을 수행하는 수단으로 길들이는 것이고, 교육화는 학교가 가정에서 해야 할 일들까지 맡아서 해야 한다는 것을 강요하는 논리이다. 자연화는 평등의 원칙을 제거하기 위해서 학생들의 선천적 재능에 따른 교육을 우선하는 것을 말하며, 기술화는 테크닉 자체에 몰두하여 사람의 가치를 외면하려는 것이다. 심리화는 교사에게 심리상담사의 역할까지 강요하는 경향이며, 대중화는 교사에게 예능처럼 재미있는 수업을 강요하는 길들이기 전략이다.

교사는 이 길들이기 전략들로 인해서 교육의 본질을 제대로 수행할 수 없게 된다. 길들이기의 시간이 길어지면 길어질수록 교사는 사회에서 요구하는 지표와 실제 자신의 삶에서 큰 괴리감을 느끼게 되고, 교육의 본질에 깊이 헌신하는 교사일수록 더 큰 죄의식을 갖게 된다. 교사는 자신이 아무것도 잘못하지 않았음에도 불구하고 자신의 삶을 스스로 깎아내리게 되고, 길들임의 지표는 그런 깎아내림을 당연한 것으로 만든다. 이러한 악순환 속에서 교사는 하나의 자원으로 취급되고, 길들이기라는 목표를 완수하기 위한 수단으로 전락한다.

설정된 목표 자체가 길들이는 채찍이 되어 효과성과 효율성을 나타내는 여러 지표와 자원을 관리하게 된다. 기술화의 길들이기는 확정된 목표를 달성하는 데 적합한 자원을 결정하여 적절하게 사용하는 기준을 설정하는 식으로 나타난다.

— 《학교를 변론하다》에서

과학주의의 덫과 우연의 초대

교사들은 오랫동안 채찍을 맞아온 것이다. 하루에도 몇 번씩 자아를 스스로 깎아내리면서 지표와 자원을 관리하는 일을 반복할 수밖에 없었다. 사회는 학교를 길들이면서 교사의 삶을 '채찍 맞는 삶'으로 바꾼 것이다.

이 잔인한 길들임의 결말이 무엇인지는 이 시대를 살아가는 사람들이라면 모두가 알고 있다. 그 피해자는 결국 아이들이고, 그 아이를 곁에서 지켜보는 학부모이며, 그 학부모의 삶을 함께하는 우리 사회의 모든 시민이다. 우리 사회를 살아가는 사람들이라면 길들임과 지배의 메커니즘이 모두를 불행하게 만들고 있다는 것을 알고 있다. 그럼에도 우리는 이 길들임에서 한 걸음도 벗어나려는 시도를 하지 않는다. 왜냐하면 거기에서 벗어날 수 없게 하는 강력한 지배 기제가 있기 때문이다. 그것은 모두의 마음속에 두려움을 심어주어 누구도 벗어날 엄두를 내지 못하도록 만든다. 바로 '시험'이다.

03

계량주의와 시험의 비극

수능과 거대한 착각

우리 사회에서 '수능'은 압도적 주술로 작동한다. 아이들은 "애야, 수능시험만 잘 보면 인생이 한 번에 풀려!"라는 신화를 어린 시절부터 들어왔고, 우리 사회는 그 단순한 삶에 동의해 왔다. 학생들은 수능을 치기 전까지는 삶에 존재하는 복잡성과 만날 기회가 없으며, 우리 사회는 아이들의 삶에 존재하는 복잡성을 제거하기 위한 수단으로 수능을 이용하고 있다. 요컨대, 수능시험은 '통제할 수 없는 것을 통제할 수 있다는 착각'을 유지하기 위해서 우리 사회가 집단적으로 신봉하는 종교와 같다.

그러나 학생들은 삶에 존재하는 수많은 불확실성을 직접 체험하고 그것과 당당히 마주해야 한다. 수많은 사람과 만나면서 생각의 차이를 발견하고 차이를 조율하면서 사람을 대하는 품격을 배워야 한다. 또 예술 작품을 감상하면서 그 속에 녹아 있는 삶을 마주하고 다양한 감정과 결

과학주의의 덫과 우연의 초대

정의 순간을 직접 체험해야 한다. 그래야 좋은 어른으로 성장할 수 있다.

우리 사회는 아이들의 삶에 존재하는 수많은 불확실성을 도려내고 그 자리를 통제의 시간으로 채우고 있다. 사람을 향하는 시선과 예술에 이끌리는 마음과 자연의 여백에 안기려는 본능과 여행이 주는 낯섦에 대한 동경은 인간의 본능이자 삶의 복잡성을 만드는 요소들이다. 이것들은 '나의 삶'을 만들어가고 받쳐주는 튼튼한 기둥이다. 삶의 복잡성은 억지로 도려내려고 하면 할수록 그 빈자리가 더 크게 드러나는 법이며, 그 공허함은 다른 무엇으로도 채워지지 않는다.

선다형 시험은 삶에 존재하는 복잡한 지표와 마주하고 그 지표에 대한 직관을 자신만의 언어로 풀어낼 기회를 주지 않는다. 미리 정해놓은 답을 누구보다 빨리 찾도록 아이들을 몰아붙일 뿐이다. 아이들은 자신의 직관을 한 줄도 쓰지 못하는 시험으로 삶이 결정된다는 어처구니없는 사실에 거대한 무력감을 느낀다. 그 무력감과 공허함을 견디지 못한 아이들은 스스로 삶을 마감하기도 한다. 우리나라 학생들의 우울증과 자살률이 높은 이유도 이 공허함과 무관하지 않을 것이다.

우리 사회는 아이들의 삶을 공정하게 평가한다는 이유로 수능을 만들어냈고, 이 시험만 잘 보면 삶의 복잡한 문제들이 해결될 것처럼 착각해 왔다. 삶의 불확실성에서 건져 올린 직관을 담아낼 수 없는 공허한 시험은 우리의 삶을 더 헛헛하게 만들고 있다. 이보다 더 큰 비극은 통제를 목적으로 만들어낸 시험이 통제 불가능한 무언가가 되어서 우리 사회를 집어삼키고 있다는 사실이다. 거대한 착각은 거대한 괴물이 되어서 아이들의 삶뿐 아니라 그 삶을 지켜보는 교사의 삶까지 비참하게 만들고 있다. 거대한 착각은 언제나 거대한 괴물이 되어서 사람을 죽인다. 소설 《프랑켄슈타인》에 등장하는 '괴물'처럼.

프랑켄슈타인이 외면한 직관

SF소설의 역사에서 가장 탁월한 작품으로 손꼽히는 것이 메리 셸리의 《프랑켄슈타인》이다. 이 작품은 '통제할 수 없는 것을 통제할 수 있다'는 과학주의에 대한 맹신을 비판하고 있다. 소설에 등장하는 과학자 프랑켄슈타인은 그 통제의 기제로써 자연과학을 숭상하는 인물로 그려진다. 그는 과학 실험에 몰두하면서 삶과 죽음에 내재한 복잡성을 외면한다. 삶과 죽음은 단순히 몸의 전기적 신호 유무로 결정되는 것이 아니지만, 프랑켄슈타인은 그것을 단순화의 영역에 밀어 넣는 실수를 저지른다. 이는 죽은 생물의 몸에 다시 생명을 불어넣는 일이 과학의 힘으로 가능하다는 왜곡된 신념으로 발전된다. 결국 그는 2.4미터의 거대한 생명체를 만드는 일에 착수한다.

소설에서는 과학주의에 대한 맹신에 빠진 프랑켄슈타인이 무덤에서 시체를 파내고 그것을 끼워 맞추는 일을 하면서 겪게 되는 두려움을 자세히 묘사한다. 그는 자신이 하는 일이 비극적인 결과로 연결될 수 있으며, '죽음에서 삶으로의 전환'에 수많은 불확실성이 도사리고 있음을 직감한다. 그럼에도 그는 이러한 직관을 모두 외면한다. 소설에서는 이를 "다른 모든 감정과 감각은 잃어버린 듯했지요. 일시적인 최면 상태에 빠졌던 셈입니다."라고 표현하고 있다.

외면의 대가는 참혹하다. 프랑켄슈타인은 자신이 창조하는 대상에 직

과학주의의 덫과 우연의 초대

관은 담지 못하고 자연과학의 이성만을 담았다. 자신의 창조물을 애초부터 동등한 벗으로 존중하지 않고 지배의 대상으로 여겼다. 자신이 창조한 대상이니 완전히 통제할 수 있으리라고 생각했다. 하지만 실제로 '괴물'이 어두컴컴한 실험실에서 노란 눈을 뜨고 움직이기 시작하자, 프랑켄슈타인은 자신이 통제할 수 없는 존재를 통제하려 했다는 것을 뒤늦게 알아차린다. 이 소설은 그가 뒤늦게 마주한 삶의 복잡성을 다음과 같이 묘사한다.

> 인간이 살면서 겪는 다양한 경험 가운데 사람의 감정만큼 변덕스러운 것이 있을까요? 나는 생명이 없는 육신에 생을 불어넣겠다는 한 가지 목표에 2년 가까이 매달렸습니다. 제대로 쉬지도 못하고 건강을 돌보지도 않았지요. 그렇게 지나치리만큼 갈망하던 일이었는데, 막상 완성하고 나니 내가 꿈꾸었던 아름다움은 온데간데없고 숨 막히는 공포와 혐오감에 가슴이 답답했습니다.
>
> ─《프랑켄슈타인》에서

프랑켄슈타인은 그동안 외면했던 불확실성과 직면하면서 결국 자신이 만든 생명체를 버린다. 자신의 손에서 탄생한 존재에게 삶에 대한 이야기를 가르치지 않고 멀리 도망가 버린다. 생명체는 그 뒤로 오랫동안 방치되었고, 외로운 시간을 보내면서 정말 괴물이 되어버린다. 괴물은 통제할 수 없는 존재가 되어 프랑켄슈타인의 주변 사람들을 하나씩 죽이는 방식으로 복수하기 시작한다.

직관과 삶의 철학을 담아낼 수 없는 수능도 그 자체로 괴물이 되었다. 시험은 아이들의 삶에 존재하는 수많은 직관과 불확실성을 소거해 버린다. 삶의 본질을 담을 수 없는 시험은 아이들의 삶을 더욱 공허하게 만들 뿐이다.

수능은 아이들의 삶을 기르는 교사의 삶마저 공허하게 만들고 있다. 삶을 기르는 교육이 아니라 시험을 잘 치르는 교육에 매달리고 있기 때문이다. 교사는 아이들이 학교의 통제에 벗어나지 않도록 감시하는 삶을 살고 있다. 시험이 신화가 된 사회에서 아이들과 교사들은 모두 통제의 대상이 되어버렸다. 통제된 삶을 지켜보는 학부모들은 통제에서 벗어나면 '낙오자'가 된다는 두려움을 갖게 되었다. 이 어처구니없는 통제와 두려움은 '계량주의'를 바탕으로 한다. 우리 삶에서 직관을 완전히 덜어내려면 통제 가능성에 대한 의심을 덜어낼 압도적 착각이 필요한데, 이것이 바로 계량주의다.

압도적 전제의 탄생

아이들을 단 한 번의 시험으로 완벽하게 평가할 수 있을까? 미리 정해진 답을 잘 찾는 아이가 지적으로 뛰어난 학생일까? 정해진 시간에 많은 문제를 실수 없이 풀어내는 것이 공부를 잘하는 것일까?

서근원은 《학교 혁신의 패러독스》에서 동일한 내용을 동일한 시간 동안 학습하고, 학생이 학습해야 할 내용과 결과를 수량화하여 제시하고 평가하는 모든 경향을 '계량주의'라고 설명한다. 나아가 이 계량주의가 사회에서 견고하게 작동하기 위해서는 사회 구성원들이 두 가지 사실

과학주의의 덫과 우연의 초대

에 동의해야 한다고 설명한다. 하나는 '지식의 객관성'이다. 지식이 누구에게나 동일한 의미를 지닌다고 가정해야 모든 학생에게 동일한 내용을 동일한 시간 동안 동일한 속도로 가르칠 수 있기 때문이다. 다른 하나는 '학생의 동일성'이다. 같은 나이의 학생들은 모두 동일하다고 간주해야 하나의 지식을 동일한 시간에 동일한 속도로 가르치고 평가할 수 있기 때문이다. 이 두 가지 동일성의 원리는 선다형 시험이 어떤 공격에도 살아남을 수 있는 견고한 방탄막이 된다. 그 방탄막 때문에 '선다형 시험'의 신화가 유지된다.

계량주의는 삶에 존재하는 수많은 복잡성을 거부하고 그 자리를 '숫자'로 치환한다. 계량주의 앞에서 아이들의 개별성은 완전히 소거된다. 학생들은 그저 수량화되는 대상일 뿐, 서로 다른 귀한 생명으로서 존중받지 못한다. 해석과 차이의 가능성이 사라질 때 우리는 '하나의 정답'만이 존재하는 세계관을 받아들이게 된다. 하나의 정답이 가능할 때 잘 만들어진 하나의 시험으로 아이들의 삶을 평가할 수 있다는 생각이 시작되고, 정해진 답을 잘 찾는 것이 공부를 잘하는 것이라는 생각을 의심하지 않게 되며, 정해진 시간에 정답을 더 많이 찾는 것을 훈련하는 것이 공부라는 착각을 멈추지 않을 수 있다. 계량주의는 그렇게 우리의 삶에 '언제나 정해진 정답이 있다.'라는 '압도적 전제'를 선물한다.

우리는 그렇게 어린 시절부터 무의식적으로 정답을 찾는 삶에 길들여진다. 세상에 대한 나의 해석이 중요한 것이 아니라 '세상이 해석해 놓은 정답'을 찾는 것이 중요한 것이 되면서, 나의 생각을 당당하게 내어놓는 것이 별 쓸모가 없다는 것을 무의식으로 학습하게 된다. 정해진 답을 찾는 것에만 익숙해져 있기에 자신의 생각을 말하고 그것을 찬찬히 적어나가는 것을 어색하게 여긴다. 삶은 '나의 생각'이 만든 나만의 길을 만들어 나가는 과정이지만, 계량주의가 빚어낸 정답주의는 '사회가 만들어놓은 길이 더 좋은 길'이라는 전제를 삶의 기본값으로 세팅하도록 만든다.

삶의 수많은 길과 해석을 소거한 압도적 전제 앞에서 우리는 모두 불안할 수밖에 없다. 충분히 행복한 삶을 살고 있어도 계속 다른 사람과 나의 삶을 비교하게 된다. 돈을 아무리 많이 벌어도, 더 높은 직위에 올라가도, 사회적으로 성공해도 나의 삶을 다른 사람의 삶 옆에 놓는 일을 멈추지 않는다. 그래서 자신만의 길을 걷던 사람들도 이내 다른 사람들이 많이 걷는 길로 돌아선다. 압도적 전제가 주는 불안이 일상이 될 때 우리 삶은 '불신과 공정'이 지배한다.

부러진 교사의 직관

하나의 정답을 찾는 것이 일상이 되고, 정해진 시간 안에 정답을 많이 찾는 사람이 보상받는 사회를 살아가다 보면, 어느 순간 직관보다 공정이 더 중요한 가치가 된다. 정답이 하나로 정해져 있다면 그 좁은 문으로 사람들이 몰릴 것이고, 그 사람들 중에서 누가 보상을 받을지에 대해 치열한 경쟁이 시작된다. 이 경쟁이 유지되기 위해서는 무엇보다 그 정답에 대해서 의심할 수 있는 모든 요소를 제거해야 한다. 그렇게 미리 검증된 정답과 과학적으로 설계된 시험 도구에 의한 판단만을 숭상하는 '시험 중독' 현상이 발생하게 된다. 다른 수많은 평가의 도구가 있지만 수치로 계량화할 수 없는 것들은 '불신'의 대상이 되기 때문이다. 이 불

과학주의의 덫과 우연의 초대

신은 삶에 존재하는 직관의 가치를 남루한 것으로 만든다. 직관은 눈에 보이지 않을 뿐 아니라 숫자로 치환할 수 없기 때문이다.

계량주의는 숫자로 치환할 수 없는 것은 애초에 존재하지 않는 것으로 여긴다. 하지만 교육에서 일어나는 대부분의 성장은 눈에 보이지 않는다. 무엇보다 아이들의 성장에는 정해진 답이 없다. 계량주의는 교육 현장에서 일어나는 수많은 성장을 처음부터 없던 것으로 만든다. 그런데 이런 현실 앞에서도 교사는 철저히 무력하다.

사회가 선다형 시험에 대한 신화에 매몰되어 있는 사이에 '시험'은 철저히 망가졌다. 사회는 현재의 시험이 지닌 잘못된 부분을 고쳐나가고 부족한 점을 보완하면서 아이들의 성장을 온전히 평가할 수 있는 방법을 찾아야 했지만, 골든타임은 오래전에 지나버렸다. 정치인들은 그 책임을 이전 정부에 떠넘기기 바빴고, 관료들은 평가제도의 본질적 문제는 건드리지 않고 변죽만 울려댔다. 그러는 사이에 우리나라의 평가 시스템은 살인적 경쟁을 견고하게 받쳐주는 기둥이 되었고, 그 앞에서 경쟁이 아닌 협력을 외치는 공교육의 신뢰도는 추락할 수밖에 없었다.

공교육에 대한 불신은 자연스럽게 사교육에 대한 맹신으로 이어졌고, 사교육은 행복한 삶을 위한 '압도적 전제'가 되어서 두려움을 잊는 마취제로 작동하고 있다. 사교육은 계량주의와 합세하여 아이들의 삶을 더욱 좁은 길로 몰아넣고 있고, 눈에 보이지 않는 것을 가르쳐야 한다는 교사의 입을 틀어막고 있다.

교사는 '눈에 보이지 않는 것'의 소중함을 말해야 하고, 사람의 삶이 숫자로 계량되고 돈으로 환산되는 현상을 비판해야 한다. 또 모두가 '정해진 길'을 말할 때 교사만큼은 '너의 길'이 더 소중하다고 말할 수 있어야 한다. 무엇보다 사람들이 숫자에 헌신하라고 말할 때, 그것보다 사람이 더 중요하다고 말해야 한다. 그래서 교사는 시험보다 토론을, 숫자보다 마음을, 정답보다 에세이를, 경쟁보다 공감을, 암기보다 감각을 말해왔던 것이다. 사회가 '눈에 보이지 않는 것'은 버리고 '압도적 전제'에 헌신하라고 말해도 교사는 우리의 삶을 구원하는 것은 여전히 '직관'에 있다고 외쳐왔다. 하지만 우리 사회는 끝내 교사의 말을 들어주지 않았고, 교사의 직관에 따른 평가를 '믿을 수 없는 것'으로 치부했다. 아이들은 토론과 마음과 에세이와 공감과 감각을 통해서 세상을 해석하고 그 직관으로 삶을 살아가지만, 교사는 아이들의 직관을 당당히 평가할 수 없다. 교사를 믿지 않는 사회에서 교사만이 볼 수 있는 '눈에 보이지 않는 성장'은 공정하지 못한 평가일 뿐이다.

이러한 불신 속에서 교사의 직관은 부러질 수밖에 없다. 시험에 직관을 담을 수 없을 때, 교사만이 볼 수 있는 것이 온전한 평가로 인정받지 못할 때, 우리 사회는 '능력의 점수화'와 '사람의 숫자화'가 상식이 된다. 시험은 우리 사회를 이미 그렇게 만들어놓았다.

환상적 환산

시험의 본질은 학습자가 이룬 성장을 온전히 평가하는 것에 있다. 이를 위해서 중요한 것이 '충분한 시간'과 '직관'이다. 아이의 성장을 잘 평가하려면 자신의 실력을 충분히 발휘할 수 있는 시간이 필요하다. 조급하게 정답을 찾는 것이 아니라 자신이 공부하면서 발견한 렌즈로 세상을 어떻게 바라보고 해석하는지에 대해서 찬찬히 글로 풀어낼 수 있어야 한다. 충분한 시간이 보장되었다면, 그 시간 동안 풀어낸 아이의 생각을 온전히 평가할 수 있는 사람이 필요하다. 아이가 풀어낸 세상에 대한 해석을 진지하게 읽어내고, 그 안에 담긴 고민과 철학을 발견할 수 있는 사람이 필요하다. 이 사람은 아이의 글에 녹아 있는 수많은 멈춤과 나아감을 짚어낼 수 있어야 하고, 글 속에 담겨 있는 복잡한 연결망에 숨어 있는 성장의 결을 읽어낼 수 있어야 한다. 아이의 렌즈 속에 녹아 있는 성장을 캐치하는 힘이 '직관'이며, 직관을 가장 잘 발휘할 수 있는 사람이 바로 '평가자'가 되어야 한다. 그러니 공교육의 마지막에 치러지는 졸업 시험과 같이 중요한 시험일수록, 세상에 대한 해석을 담을 수 있는 충분한 시간과 눈에 보이지 않는 것을 볼 수 있는 직관을 갖춘 평가자가 필요하다.

실제로 많은 나라에서 이 두 가지 요소의 중요성을 강조하고 있으며, 이것을 오랜 시간에 걸쳐서 다듬어왔다. 대표적인 나라가 독일이다. 배지혜의 논문 〈독일 대학입학자격시험 아비투어의 역사과 시험 분석: '사료의 분석과 비교' 문항을 중심으로〉에는 독일에서 이루어지는 대입자격시험에서 충분한 시간과 직관이 어떻게 발휘되는지 잘 설명되어 있다. 먼저 아비투어 시험은 동일한 선다형 문제를 정해진 시간에 푸는 방식이 아니라 모두 에세이 쓰기로 진행된다. 이마저도 두 개의 문항이 있고 그중에 하나를 선택하여 충분한 시간을 주고 자신의 생각을 쓰게 한다.

여기서 가장 중요한 것이 학생들의 직관이다. 시험에는 독일 근대사와 관련한 사진과 연설집을 비롯한 수많은 사료가 주어진다. 이것을 비교하고 분석하는 것은 단순히 지식만으로 가능한 것이 아니다. 지식을 현장에서 주어진 자료와 연결하여 새로운 생각의 길을 만들어내는 직관의 힘이 필요하다. 결국 아이들이 써내는 글은 직관과 지식의 이중주일 것이다.

아비투어 평가자 역시 이러한 이중주를 잘 발견할 수 있어야 한다. 그것은 정해진 단어나 개념에 미리 배점을 부여해서 그것이 에세이 속에 몇 개나 들어 있는지를 평가하는 계량주의적 방식이 아니다. 현장에서 아이의 글을 읽어보고 그 속에 숨어 있는 사료에 대한 해석, 내러티브, 관점, 그리고 학생의 고민을 직관적으로 파악하여 종합적으로 평가하는 방식으로 이루어진다. 이처럼 온전한 평가에는 직관의 요소가 학생과 평가자 모두에게 필수적이다. 독일이 이러한 평가 체제를 유지할 수 있었던 이유는 그만큼 오랜 시간에 걸쳐서 교사와 평가자를 훈련시키고 그들의 전문성을 인정하는 문화에 있다. 사람의 성장을 기계가 아닌 사람이 평가한다는 담백한 진실을 구현하기 위해서는 그러한 노력과 수련이 필요한 것이다.

김기현과 장근영이 함께 쓴《시험인간: 불신과 불공정, 불평등이 낳은 자화상》에는 우리 사회에서 시험이 그 본래적 기능인 '온전한 평가'를 전혀 수행하지 못하고 있다는 사실이 자세히 설명되어 있다. 결론부터 말하면, 선다형 평가는 노동력과 수량화가 시급했던 사회적 필요에 의해서 도입되었지만, 이것이 현재의 사회 모습에 맞게 개선되지 못하고 여전히 그 모습을 유지하고 있다는 것이다.《시험인간》의 1장인 〈대한민국은 어떻게 시험공화국이 되었나〉에는 선다형 평가의 기원에 대해서 설명되어 있다. 그 시작은 역시 과학주의다. 인간의 능력을 객관적이며 과학적인 도구로 측정하려는 시도는 1904년 프랑스에서 시작되었으며, 프랑스 교육부는 아동심리학자 알프레드 비네에게 아동의 학업 능력을 측정하는 도구의 개발을 의뢰했다. 이렇게 최초의 수학 능력 평가도구가 개발되었다.

그런데 이 평가도구는 직관의 영역이 포함된 검사였으며, 검사자가 아동과 직접 대화하면서 진행한 면대면 검사였다고 한다. 검사자는 아이가 말과 행동으로 보이는 반응을 현장에서 직관적으로 분석할 수 있었고, 검사지의 응답으로는 발견할 수 없는 미세한 움직임도 포착할 수 있었다. 학생 역시 직관을 발휘할 수 있었다. 종이에 응답하는 것이 아니라 문제에 대한 생각을 즉흥적으로 표현하면서 자신의 감각을 표현할 수 있었다.

이러한 통합적 검사가 미국으로 건너가면서 직관이 잘려나간다. 책에는 면대면 방식의 검사도구와 그 도구를 개발하고 검증한 연구방법론이 미국으로 건너가면서 최초의 지능검사가 되었고, 이 검사 방법이 우리가 접하는 선다형 문항으로 변화되는 과정에 대해서 설명되어 있다. 그렇게 우리는 원래 평가도구에 존재했던 대면과 직관을 함께 잃어버리게 된 것이다.

책에서는 직관을 잃어버린 표준화된 시험이 궁극적으로 인간 삶에 존재하는 수많은 복잡성과 직관을 '불필요한 것'이나 '불편한 것'으로 여기게 만들었다고 설명한다. 복잡성을 숫자로 바꾸면 인간의 능력을 점수화하게 되고, 결국에는 삶을 숫자로 바꾸는 '사람의 숫자화'가 이루어지게 된다고도 했다. 복잡한 삶을 숫자로 치환하는 것이 상식이 될 때, 우리는 그것에 중독된다.

> 시험의 명쾌한 환산 능력을 맛본 사람은, 다른 인간성에 대한 복잡한 문제들도 시험을 통해 간단한 숫자로 환산하려고 노력하거나 환산할 수 있기를 기대하기 마련이다. 이렇게 우리 사회는 조금씩 시험의 맛에 중독되어 갔다.
>
> — 《시험인간》에서

직관을 담지 못하는 계량화된 시험은 결국 인간의 삶마저 숫자로 치환한다. 인간의 삶이 숫자화될 때 우리는 더 이상 이야기에 관심을 기울이지 않는다. 그래서 한번 숫자로 환산하기 시작한 삶은 그 환산을 멈추기 어렵고, 어느 순간 그 환산 자체에 헌신하게 된다. 시험은 우리가 숫자에서 행복을 찾을 수 없다는 사실을 숨겨버리는 환상인 동시에 그 숨김을 숫자로 보상하려는 환산이다. 그래서 시험은 환상적인 환산을 끝내 멈추지 않을 것이다.

권력과 통제의 공간이 된 학교

일단 환산 시스템이 작동하기 시작하면 그 간명한 메커니즘과 확실한 서열화가 주는 유혹을 뿌리칠 수 없다. 그래서 계량주의와 과학주의는 우리의 삶을 통째로 접수한다. 계량과 과학이 주는 숫자의 힘 앞에서 인간의 목소리는 철저히 무력해진다. 숫자 앞에서 우리는 직관을 숨겨야 하고, 소신을 감추어야 하며, 사연을 덮어야 한다. 숫자에 바쳐진 삶은 가지런히 서열화된다. 서열화는 자연스럽게 위계화로 연결되고, 위계화는 통제에 의한 지배를 당연한 것으로 여기도록 만든다. 그렇게 통제는 새로운 통제를 불러오고, 통제에 익숙해지면 성장과 변화를 추구하는 것이 아니라 숫자와 안정을 추구하게 된다. 학교 역시 그러한 공간이 되었다. 이 비극은 '설문과 통계'의 범람과도 연관된다.

과거에는 이렇게 설문이 많지 않았다. 있더라도 교육청에서 업무와 관련하여 내리는 설문이 전부였다. 그러나 지금 학교는 그야말로 설문과 통계의 범람에 시달린다. 온라인 플랫폼이 손쉽게 설문을 만들 수 있게 도와주었고, 통계 역시 자동으로 이루어지는 서비스를 무료로 제공하면서 학교는 어느 순간 '설문의 공간'이 되었다. 과거에는 학교 구성원들이 주도하고 결정하던 일들도 이제는 설문부터 돌린다. 체험학습 장소를 정하는 일, 학사 일정을 정하는 일, 일과 운영을 정하는 일, 학교의 행사를 정하는 일, 공개 수업 방식을 정하는 일, 급식 메뉴를 정하는 일, 교육과정 설명회의 방식을 정하는 일들이 모두 설문 조사에서 시작한다. 물론 학부모의 의견을 수렴하여 그것을 교육과정에 반영하는 일은 아주 중요한 과정이다. 실제로 이러한 설문 결과가 교육과정 운영에 도움을 주는 경우도 많다. 문제는 이렇게 범람하는 설문이 학교를 '통계의 공간'으로 만든다는 데 있다.

설문 조사에는 복잡한 맥락을 담을 수 없다. 학교는 통제하기 어려운 복잡한 요소들이 얽혀 있는 공간이지만, 간단하게 줄인 설문 문항으로는 그것을 담아낼 수 없다. 복잡성을 소거한 설문 조사의 결과는 당연히 '단순화의 힘'으로 작동한다. 숫자의 총합은 자연스럽게 설문 문항의 순위를 결정하고, 그 순위는 교육 활동을 결정하는 우선순위로 자리한다. 이럴 때 통계의 순위가 놓친 수많은 복잡성을 짚어내는 사람이 바로 교사이다. 교사들은 "설문 결과는 이런 맥락을 놓쳤습니다."라든지, "학부모들의 선호도는 이렇지만, 실제 교사들의 리듬을 고려하면 저 결과대로 진행하는 것이 무리입니다."라고 말한다.

그러나 이러한 교사의 직관은 언제나 소리 없이 미끄러진다. 많은 관리자들이 여전히 교사의 직관보다 학부모의 요구를 수용하는 쪽을 선택하기 때문이다. 숫자는 복잡한 현상을 자세히 들여다보지 않아도 되는 '계량화'를 변호할 뿐 아니라, 문제가 생겼을 때 "우리는 설문 조사의 통계에 따라 추진했다."라는 근거를 제공하기 때문이다. 그렇게 학교의 결정은 '숫자의 총합'에 휘둘리게 되었다.

계량주의가 일상이 된 학교에서 교사의 삶은 수동적일 수밖에 없다. 계량주의는 복잡한 학교의 현상을 숫자로 환산하지 말고 천천히 들여다보자고 말하는 교사를 '답답한 인간'으로 만들기 때문이다. 과학주의는 눈에 보이지 않는 것을 더 소중히 다루어야 한다고 말하는 교사를 고리타분한 인간으로 취급한다. 환산과 단순화의 힘에 압도된 교사는 결국 삶의 본질인 복잡성을 보려는 시도를 포기한다. 복잡성과 마주하는 시선을 포기하는 순간, 교사는 환산과 단순화가 내리는 명령에 순응하게 된다. 이는 학교를 숫자의 공간으로 만들고, 숫자는 교사를 서열화한다. 서열화 앞에서 교사는 무기력해지며, 관료주의는 서열 앞에서 남루해지

과학주의의 덫과 우연의 초대

는 교사의 자괴감을 정확히 파고든다. 자괴감과 순응은 통제와 권력을 감추는 가장 효과 빠른 마취제이기 때문이다.

교사의 삶을 재단하는 각종 지표는 교사의 삶을 통제하기 위해서 더욱 세분화된다. 교사는 자신이 대충 살지 않았다는 것을 증명하기 위해서 관료들이 제시한 지표를 성실히 수행하는 순응적 삶을 살아내야 한다. 관료들은 교사의 삶을 더욱 손쉽게 주무르기 위해서 자괴감 극복을 위한 순응 메커니즘을 교사의 삶 전반으로 확대한다. 그렇게 승진 점수가 탄생하는 것이다. 점수로 교사의 전문성을 평가하는 승진제도는 자신의 능력을 검증받으려면 숫자로 그것을 증명하라는 말과 같다. 지표와 숫자에 순응하는 순간, 교사의 삶은 철저히 통제받고 지배당한다.

이는 학교도 마찬가지다. 통제와 지배에 오래 노출된 학교는 여기에 저항하는 직관을 위험한 것으로 간주하고 그것에 순응하는 안정을 숭상하는 왜곡된 문화를 만들어냈다. 지배와 통제에 저항하는 것이 아니라 그것을 일상으로 받아들이는 것이 '권력에의 순응'이다. 독재자나 높은 직위를 가진 사람에게 복종하는 것만이 권력에의 순응이 아니다. 지표와 항목을 말하는 사람의 말에 어쩔 수 없이 복종하는 것, 점수를 더 많이 가진 사람에게 어쩔 수 없이 복종하는 것, 숫자로 교사의 삶이 서열화되는 것을 당연하다고 말하는 사람에게 저항할 수 없는 것, 이것이 모두 '권력에 대한 순응'이다. 교사는 이 순응이 주는 비참함을 희석하기 위해서, 차라리 그 통제와 지배가 교사의 자발적 선택에 의한 것임을 보여주기 위해서 자신이 수행하는 수많은 순응에 침묵한다. 그렇게 교사들이 순응한 결과, 권력은 여전히 교사의 삶을 통제 가능한 것으로 여기고 있다. 지금 교사들이 겪고 있는 '무수한 바뀌지 않음'도 결국 그 순응의 대가이다.

교사들이 "우리도 사람이다.", "우리는 가르치고 싶다.", "교사의 존엄이 교육이 시작이다."라고 외치지만 누구도 그 말을 귀담아듣지 않는다. 사회는 잠시 귀를 기울이는 척하다가도 금세 침묵한다. 교육부와 관료들은 처음부터 그 말을 듣지 않았다. 그들은 여전히 교사의 삶을 통제 가능한 것으로 여기기 때문이다.

우리는 촘촘히 설계된 과학주의의 힘을 극복해야 한다. 교사의 삶에서 잃어버린 복잡성과 직관을 어떻게든 회복해야 한다. 무엇보다 학교는 통제와 권력의 공간이 아니라 저항과 직관의 공간으로 바뀌어야 한다. 지금부터는 교사가 잃어버린 직관을 회복하는 방법과 학교를 통제와 권력에 저항하는 공간으로 만들 수 있는 구체적인 방법에 대해서 설명하고자 한다. 이제 '우연'과 '해녀'를 교사의 삶에 초대할 시간이다.

과학주의의 덫과 우연의 초대

04

우연의 삶을 사랑하는 교사

우연과 상상

복잡성을 회복하는 것은 매우 어려운 일이다. 그것은 우리가 마주한 수치화, 계량화, 단순화를 극복하고 눈에 보이지 않는 것과 마주하려는 삶의 태도를 유지해야 하는 일이기 때문이다. 그 방법을 제시한 사람이 있는데, 바로 영화감독 하마구치 류스케이다.

하마구치 류스케는 〈아사코〉, 〈우연과 상상〉, 〈드라이브 마이 카〉 같은 작품을 통해서 우리 삶에 녹아 있는 복잡성을 드러낸다. 〈아사코〉는 과거의 시간이 지닌 복잡성을 심도 있게 그려냈으며, 무라카미 하루키의 단편소설을 원작으로 한 〈드라이브 마이 카〉는 삶의 복잡성과 진지하게 마주하지 않은 개인이 어떻게 소중한 가치를 잃어버리는지를 선명하게 보여준다. 그는 여기서 멈추지 않고 우리 삶에 존재하는 수많은 복잡성을 어떻게 다루어야 하는지에 대한 해석을 조심스럽게 내어놓는다. 그 작품이

〈우연과 상상〉이다. 삶의 복잡성은 '우연히' 우리에게 찾아온다.

　〈우연과 상상〉은 세 편의 각기 다른 이야기를 묶어놓은 옴니버스 영화이다. 세 이야기는 저마다의 서사로 전개되지만, 모두 삶에 존재하는 우연에서 시작한다. 작품에 등장하는 인물들은 자신들이 전혀 예측하지 못한 우연을 만나게 되고 거기에 당황한다. 어떤 인물은 우연을 치밀하게 설계한 계획으로 통제하려고 하지만 오히려 그 통제가 새로운 불확실성을 가져올 뿐이다. 그렇다면 우연이라는 삶의 불확실성에 대처할 수 있는 가장 좋은 대응 방식은 무엇일까? 하마구치 류스케는 그것을 '상상'이라고 말한다.

　이 작품에서 말하는 상상은 공상이 아니다. 허황된 생각이나 어이없는 비약도 아니다. 이 작품에서 말하는 상상은 수많은 가능성을 인정하는 태도에 가깝다. 우연은 결코 계획으로 맞설 수 없다. 우연이 지닌 불확실성은 예측과 통제가 불가능하기에 정해진 답으로 해결되는 것이 아니다. 우연은 예상하지 못한 때 찾아오기에 그것을 피할 수도 없다. 그러니 우연에 대처하는 최고의 방식은 환대뿐이다. 어떤 우연이 일어나든 그것을 나의 삶에 초대하고 그것이 열어놓은 수많은 가능성을 긍정하는 태도, 그것이 바로 상상이다.

　상상은 우연이 만들어놓은 복잡한 실타래에 숨어 있는 수많은 가능성을 발견하는 힘을 준다. 눈에 보이지 않았던 것을 볼 수 있게 만들어줄 뿐 아니라, 언제나 우리의 삶에 함께 해왔던 얽힘을 명확하게 보여준다. 우연과 상상은 그렇게 삶을 단순한 것이 아니라 복잡한 것으로 만들어주고, 그 복잡함에 대처할 수 있는 힘을 준다. 상상은 새로운 우연과 연결되고, 그렇게 우연과 상상은 톱니바퀴가 되어 우리의 삶을 아름답게 만들어준다.

우연을 초대하는 법

그렇다면 우리 삶에 우연을 초대한다는 것은 어떻게 살아간다는 말일까? 이는 하마구치 류스케가 영화를 찍는 방식에 녹아 있다. 영화평론가 이동진은 하마구치 류스케의 작품을 설명하면서, 그가 우연을 초대하는 방식을 '시간의 확장과 우연의 틈입'으로 표현한다. 우연은 우리가 예측하지 못한 요소들이 눈에 보이지 않게 순식간에 섞이면서 발생한다. 이 섞임을 밀어내는 것이 촘촘한 계획이다. 우리는 더 많은 성과를 내기 위해서 초 단위로 쪼개진 계획과 분 단위로 나눠진 시간표를 스스로 만들어낸다. 모든 것을 계획하여 움직이려고 한다. 그럼에도 그 계획은 마음대로 되지 않는다. 그 사이에 무수한 우연이 끼어들기 때문이다. 그래서 사람들은 그 우연을 통제하려고 시간을 더 잘게 쪼갠다. 그렇게 우리의 시간은 잘게 부서지고 부서진 시간 속에 살아가는 현대인들은 조급증에 시달린다. 하마구치 류스케는 바로 이 조급증을 촬영 현장에서 걷어내는 방식으로 우연을 초대한다.

그는 영화를 급하게 찍지 않는다고 한다. 스스로도 "저는 단편영화도 짧게 만들지 못하는 사람"이라고 말한다. 빨리 찍을 수 있는 장면도 일부러 며칠에 걸쳐서 나눠서 찍는다는 것이다. 그렇게 '시간의 확장'을 끝없이 시도한다. 그렇게 확장된 시간 속으로 우연이 틈입하는 것이다. 우연은 우리가 예측하지 못하는 순간에 일어나기 때문에 최대한 시간을 확장해 놓으면 그것이 틈입할 수 있는 기회가 많아진다. 그렇게 틈입한 우연은 영화에 '마법과 같은 순간'을 만들어준다.

왜 그런 순간이 있지 않은가? 우리가 전혀 예측하지 않은 순간에 전혀 예측하지 못한 일들이 일어나서 우리를 놀라게 하는 순간 말이다. 그런 우연은 우리를 당황하게 만들기도 하지만, 우리에게 새로운 가능성을 주기도 한다. 그 가능성을 제대로 구현하기 위해서는 절대로 통제의 방식을 사용해서는 안 된다. 통제하려고 하는 순간 우연은 어디론가 사라지기 때문이다. 우리는 우연이 내민 가능성을 온몸으로 긍정하고 그것을 내 삶의 새로운 에너지로 전환하는 상상으로 대처해야 한다. 계획은 '당신의 삶은 그 정도면 충분하다.'라고 선을 긋지만, 상상은 '당신의 가능성에 선을 긋지 마세요.'라고 응원하기 때문이다. 그래서 상상은 우리의 삶에 극적인 반전을 선사할 뿐 아니라, 완전히 주저앉은 삶을 다시 일으킬 힘을 준다. 완전한 실패라고 생각한 일 앞에서 폭삭 주저앉는 것이 아니라 그 주저앉음 속에 새로운 희망이 들어 있음을 알려주는 것이 상상이다.

하마구치 류스케가 우연을 초대하는 또 다른 방법은 '미리 감정을 연습하지 않는 것'이다. 영화나 드라마는 본격적인 촬영 전에 출연 배우들이 함께 모여 대사를 읽는 대본 리딩을 한다. 그때 감독들은 대개 실감나는 연기를 요청한다. 배우들 역시 상대 배우와의 합을 맞추기 위해서 대사에 감정과 동작을 실어서 실제처럼 연기한다. 그런데 하마구치 류스케는 대본 리딩 때 가급적 감정을 담지 말고 무미건조하게 읽으라고 주문할 뿐 아니라, 그러한 리딩을 수차례에 걸쳐서 반복한다고 한다.

　　　　　　　　　과학주의의 덫과 우연의 초대

그렇다면 감정을 비운 자리에 무엇을 채울까? 아마도 그 자리에 상상을 채울 것이다. 배우들은 대사에 담을 수 있는 수많은 감정과 표정과 의미를 상상하면서 그 시간을 보낼 것이다. 그렇게 상상하던 배우들은 현장에서 처음으로 감정을 실어서 연기를 한다. 이때 배우와 스태프는 마법과 같은 순간을 경험하게 된다. 현장의 날씨와 습도, 온도와 분위기, 현장 특유의 역동성과 소리는 배우가 상상한 세계에 새로운 파장을 일으키게 되고, 배우는 상상을 펼쳐 폭발적 연기로 승화할 수 있는 것이다. 그렇게 배우들은 한 번도 해보지 못한 연기를 할 수 있게 되고, 감독은 그것을 온전히 카메라에 담을 수 있는 것이다. 이는 치밀하게 계획된 연기와 감정에서는 결코 일어나지 않는 우연이며, 배우로 살아오면서 자신도 모르게 그어놓았던 수많은 선을 과감히 걷어내는 순간이다. 우연과 상상은 그렇게 우리 삶에 그어진 수많은 '단순화의 힘'을 마법처럼 걷어낸다.

우리에게 우연과 상상이 필요한 이유가 바로 여기에 있다. 앞서 말한 것처럼 우리의 삶은 수많은 계량화와 수치화에 의해 환산되고 있다. 이환산은 필연적으로 서열화와 위계화를 만들어내고, 끝없이 우리의 삶을 통제하고 있다. 이 통제를 벗어날 수 있는 길은 과학주의가 만들어놓은 수많은 위계를 과감히 걷어내는 것에서 시작한다. 그것을 걷어낸 상태에서 마주한 복잡성에 우리의 행복이 깃들어 있기 때문이다.

그렇다면 삶에 존재하는 수많은 복잡성을 긍정하는 우연과 상상이 과연 교사의 삶을 행복하게 만들어줄 수 있을까? 충분히 가능하다. 나는 교방초등학에서 지내며 '우연과 상상의 교사모임'을 경험했고, 복잡성이 교사의 삶에 녹아들 수 있음을 확인했다. 무엇보다 복잡성을 긍정한 교사의 삶이 어떻게 행복한 삶으로 바뀌는지 실제로 확인할 수 있었다. 여기에 대해서 설명하기 위해서는 먼저 복잡성과 행복의 관계에 대해서 이야기해야 한다.

위계화가 불러온 우생학

우리의 삶을 통제하는 선은 대부분 눈에 보이지 않는다. 기득권과 통치 권력이 그어놓은 수많은 선은 "당신은 딱 거기까지만 알면 되오."라고 말하며 시민의 삶을 통제한다. 계급, 신분, 성별, 종교, 이념, 배경, 지역 등과 같은 선은 우리의 삶을 '선 안에 머무르는 삶'으로 만들었다.

근대는 '눈에 보이지 않는 선'에 대한 비판으로 시작했다. 그래서 시민의 삶을 통제하던 선들이 많이 사라졌다. 그렇게 선이 사라져가고 있던 시대에 '새로운 선'으로 등장한 것이 바로 '과학주의'이다. 룰루 밀러가 《물고기는 존재하지 않는다》라는 책에서 이를 입증하고 있다.

이 책은 룰루 밀러가 어린 시절부터 마주했던 혼돈과 질서에 대한 나름의 해석을 담고 있다. 다시 말해, '혼돈'이라는 복잡성의 세계와 '질서'라는 단순화의 세계가 어떻게 우리 삶에 작동하는지를 성찰하고 있다. 이 책이 탁월한 이유는 혼돈에 대응하는 방식이 '통제'가 되었을 때, 그렇게 획득한 질서가 우리의 삶을 불행하게 만들 수 있다는 사실을 알려주기 때문이다.

룰루 밀러는 이 사실을 논증하기 위해서 '데이비드 스타 조던'이라는 유명한 생물분류학자의 삶을 소개한다. 조던은 자연에 존재하는 수많

과학주의의 덫과 우연의 초대

은 혼돈을 통제하기 위해서 과학의 힘으로 자연을 위계화하려고 마음먹는다. 자연에 존재하는 생명이 하나의 '서열 원칙'에 따라서 위계화될 수 있다는 것을 증명하기 위해서 생명의 분류 작업에 평생을 바친다. 이러한 위계화는 필연적으로 지배를 불러온다.

룰루 밀러는 자연에 존재하는 수많은 복잡성을 소거하고 그 자리에 단순화된 서열을 들여놓으려던 조던의 신념이 결국 '우생학'에 대한 맹신으로 발전되었다는 사실을 밝힌다. 자연에 존재하는 혼돈을 질서 있게 통제하려던 신념이 결국 인간의 삶을 통제하게 된 것이다. 그래서 룰루 밀러는 그 선 너머를 보라고 말한다. 그 너머에 복잡성이 있기 때문이다.

> 자연에서 생물의 지위를 매기는 단 하나의 방법이란 결코 존재하지 않는다는 것. 하나의 계층 구조에 매달리는 것은 더 큰 그림을, 자연의, '생명의 전체 조직'의 복잡다단한 진실을 놓치는 일이다. 좋은 과학이 할 일은 우리가 자연에 '편리하게' 그어놓은 선들 너머를 보려고 노력하는 것, 당신이 응시하는 모든 생물에게는 당신이 결코 이해하지 못할 복잡성이 있다는 사실을 아는 것이다.
>
> ─《물고기는 존재하지 않는다》에서

룰루 밀러는 선 너머를 응시한 사람의 시선이 마지막에는 결국 '자기 자신'으로 향하게 되어 있다고 말한다. 그녀는 어린 시절 자유로운 영혼의 아버지 밑에서 자랐다. 아버지는 삶의 본질을 묻는 그녀에게 "인생은 거대한 혼돈이니 너는 그 앞에서 아무것도 아닌 존재야."라고 말한다. 그 말은 언제나 그녀의 목에 가시처럼 걸려서 삶에서 마주치는 수많은 불확실성 앞에 무릎 꿇도록 만들었다. 밀러는 어른으로 자라면서 이 혼돈에 제대로 대처하기 위해서 자연에 질서를 부여했던 조던의 삶을 연구했던 것이다.

그녀는 책의 후반부에서 어린 시절 아버지가 자신에게 했던 말에 대한 늦은 대답을 들려준다. 그녀는 혼돈을 긍정하지만 그 앞에 있는 자신이 아무것도 아닌 존재는 아니라고 말한다. 혼돈을 마주하고 그것에 존재하는 복잡성을 인정하는 한 우리는 그 자체로 소중한 '나'가 될 수 있기 때문이다. 삶의 복잡성을 통제하는 방식이 아니라 복잡성을 나의 일상에 초대하는 방식을 택한다면 우리의 삶은 그 자체로 행복한 삶이 될 수 있다는 것이다.

행성, 혼돈에게 보내는 초대장

'행성'은 '행복한 성장'의 줄임말로, 교사 동아리의 이름이다. 다른 교사 동아리와 달리 행성에서는 언제나 교육의 본질에 대해서 깊이 있는 이야기를 나눌 수 있었다. 행성을 이끌어가는 교사들은 오랜 시간 숙고하여 1년 동안 이야기할 주제를 고민했고, 그 이야기의 중심에는 언제나 교사의 삶이 있었다. 행성의 교사들은 과거의 시간을 현재에 초대하는 시간의 확장을 끝없이 시도했고, 끝나는 시간을 정해두지 않았다. 그렇게 연결되고 확장된 시간 속에서 수많은 우연이 초대되었고, 어떤 우연이 등장해도 그 이야기는 언제나 교사의 삶과 연결되었다.

행성을 이끄는 선배 교사들은 항상 "선생님, 요즘 힘든 일 없어요?"라고 다정하게 물었다. 그 물음은 모임에 참여한 대부분의 교사에게 해당하는 질문이고, 교사들은 수업과 생활지도 같은 일상의 고민을 내어놓는다. 교사가 수행하는 본질적 행위인 수업과 생활지도는 우연의 연속이다. 수업은 절대로 계획대로 되지 않는다. 교사 한 명이 아이들과 상호작용하며 진행되는 수업은 그야말로 우연과 변수의 총합이다.

생활지도도 마찬가지다. 아이들은 하루에도 수십 번의 갈등을 겪고, 그 갈등은 모두 복잡하게 얽힌 상호작용의 결과이다. 그래서 어떻게 무엇을 지도해야 하는지 정해진 것이 없다. 그래서 수업과 생활지도는 계획이 아닌 직관의 영역이다. 교사는 수많은 우연을 직관으로 대처하면서 하루를 살아간다. 문제는 우연과 직관이 수레바퀴처럼 맞아떨어질 때도 있지만, 이것이 서로 어긋날 때가 더 많다는 사실이다.

우연과 직관이 서로 어긋날 때 교사는 감당하기 힘든 혼돈을 겪게 되고, 그 고통은 하루에도 수십 번씩 교사의 삶을 옥죈다. 이 혼돈은 통제할 수 있는 것이 아니다. 혼돈에 대처할 수 있는 유일한 방법은 룰루 밀러가 말한 것처럼 그것을 나의 일상에 완전히 녹이는 것이다. 그 얽힘 속에 숨어 있는 복잡성을 응시하여 새로운 성장을 위한 에너지로 전환할 수 있는 시선이 필요하다. 행성은 그 시선을 주고받는 공간이었다.

나는 행성에서 수많은 혼돈과 마주했다. 그 속에 감추어진 복잡한 얽힘을 볼 수 있게 되었고, 복잡함을 가리고 있는 선을 걷어내는 방법을 익힐 수 있었다. 교방초등학교는 혼돈을 긍정하는 보기 드문 공동체였다. 많은 학교들이 여전히 교사의 삶을 재단하고 평가하고 방치할 때, 교방초등학교는 교사의 삶이 그렇게 만만한 삶이 아니라는 것을 모두가 인정하는 공동체였다. 그래서 복잡성을 다루는 교사의 삶을 긍정하고, 그 삶을 지키기 위해서 모든 구성원이 한마음으로 뭉치는 공동체였다.

토막 난 교사의 삶

이제 교사는 삶과 마주해야 한다. 과학주의는 교사가 자신의 삶과 마주할 시간을 주지 않는다. 삶을 숫자로 바꾸고 서열화하며, 결국에는 남루하게 만든다. 과학주의가 만들어놓은 단순화의 메커니즘은 너무나 강력해서 그 앞에 놓인 삶을 음미하도록 허락하지 않는다. 그러니 교사가 과학주의를 극복하려면 압축되고 재단되고 환산되어 쪼그라든 삶을 온전히 나의 삶으로 회복해야 한다. 그런데 이것이 말처럼 쉽지 않다.

교사의 삶을 지배하는 언어들은 대부분 관료주의를 유지하기 위해 만들어진 말들이다. 교사는 학교에 있는 시간 동안 '계획, 보고, 예산, 기안, 업무, 증빙, 자료, 첨부, 지출, 품의, 파일, 서류, 복사, 스캔, 전송, 회수, 완료' 같은 말에 파묻혀 살아간다. 교육청에서 내려오는 공문의 제목과 내용도 대부분 이런 말들로 채워져 있다. 이 말들은 교사들을 수업보다 업무에 매달리게 하고, 교사의 삶을 토막 난 삶으로 만든다. 그렇게 교사는 하루하루 서류와 숫자로 자신의 삶을 채워나가고 있다. 1년에도 수천 건의 공문이 내려오지만 그 어디에도 '교사의 삶'이라는 말은 등장하지 않는다. 수없이 생산되는 학교의 문서에도 '교사의 삶'이 적힐 자리는 없으며, 일상에서 만나는 교사들의 언어에도 '우리의 삶'이라는 말은 등장하지 않는다. 그만큼 '교사의 삶'은 낯선 단어가 되어버렸다.

우리 사회는 교사에게 아이들의 삶을 촉촉한 감성으로 지도하라고 말

과학주의의 덫과 우연의 초대

하지만 정작 아이들의 삶을 기르는 교사의 삶에는 무관심하다. 아이들의 삶을 기르기 위해서는 그 삶을 바라보는 교사의 삶을 무엇보다 귀하게 여길 줄 알아야 하지만, 우리 사회는 교사의 삶에 대한 시선을 오래전에 거두었다. 내 자식의 삶만 귀하고 내 가족의 삶만 소중하다는 인식이 일상이 되면서, 모두의 삶을 귀하게 기르고 그 삶을 연결하는 교사의 삶은 사회가 보내는 차가운 시선 앞에서 잔인하게 토막 날 뿐이다.

학교는 이 차가운 시선에서 교사를 지킬 마지막 파수꾼이 되어야 했지만 그렇지 못했다. 학교는 어떤 경우에도 교사의 삶만큼은 지켜내겠다는 문화를 만들지 못했고, 학부모의 심기를 건드리지 않는 문화를 빈틈없이 꾸려왔다. 그러는 동안 교사의 삶은 보호받을 수 없게 되었고, 학부모의 눈치를 봐야 하는 상황이 되고 말았다. 이런 학교 문화 속에서 교사의 직관과 소신은 쪼그라들 수밖에 없다.

교사는 토막 난 삶을 연결하고 쪼그라든 삶을 온전히 펴서 그것을 '나의 삶'으로 만들어나가야 한다. 이를 위해서는 먼저 우리 사회가 교사의 삶을 존중하는 시선을 회복해야 하지만, 이것을 기다리기에는 지금 교사가 마주한 현실이 너무 가혹하다. 그래서 우리는 교사의 삶을 가장 우선으로 여기는 '삶을 향한 문화'를 시작해야 한다. 삶을 향한 문화를 만들어나간다는 것은 왜곡된 교사 문화를 전복하는 일이자 삶을 나누는 학교 네트워크를 시작하는 일이다. 학교 문화에 '전복과 네트워크'가 필요한 이유를 설명하기 위해서는 잠시 에리히 프롬을 만나야 한다. 그리고 우리는 스스로에게 진지하게 물어야 한다. '우리는 여전히 삶을 사랑하는가?'라고.

여전히 죽음을 원하는 사회

에리히 프롬의 에세이를 모아놓은《우리는 여전히 삶을 사랑하는가》는 인류가 애써 감추려고 노력해 온 '삶의 외면'을 정통으로 비판한다. 사람들에게 "당신은 당신의 삶을 사랑합니까?"라고 물으면 대부분 "당연한 거 아닙니까."라고 답할 것이다. 그러나 에리히 프롬은 과연 우리가 진정으로 삶을 사랑하는지에 대해서 진지하게 성찰할 필요가 있다고 말한다. 프롬은 인간의 행위 유형을 파괴와 폭력을 지향하는 '네크로필리아'와 생명과 사랑을 지향하는 '바이오필리아'로 구분한다.

프롬은 사람들 대부분이 '바이오필리아'의 삶을 산다고 생각하지만 실제로는 반대의 경우가 많다고 지적한다. 특히 자본주의가 불러온 축적과 경쟁의 세계관은 사람과 생명의 가치를 자본과 과학의 힘으로 억누르도록 만들었다. 또 강자가 약자를 지배하고, 서비스는 고객이 만족할 때까지 제공하는 것이라는 비극적 인식을 모든 사람의 상식으로 만들었다. 그 결과, 사람들은 자신의 삶을 사랑하지 못하고 자본에 헌신하게 되며, 자신의 삶을 보지 못하고 타인이 만들어놓은 지표에 끝없이 눈을 돌리게 되는 것이다. 자신의 삶을 온전히 살아내지 못하는 사람은 결국 무기력해지고, 그 무기력한 삶을 긍정하거나 그러한 삶을 요구하는 것이 '네크로필리아'인 것이다.

우리 사회는 서이초등학교 교사의 죽음을 시작으로 교사의 삶이 수많은 고통과 외면으로 점철되어 있다는 사실을 알게 되었다. 이 비극은 교사에 대한 존엄을 외면해 온 우리 사회가 애써 감추어온 진실이다. 외면의 시간 속에서 교사들은 상처받았고 교실을 떠났으며, 아린 죽음을 선택하기도 했다. 교사들이 겪어온 상처와 떠남과 죽음이 만천하에 드러났음에도 교사들의 삶은 하나도 변하지 않았다. 교사들의 고통은 전혀 덜어지지 않았다. 우리 사회는 이토록 아린 죽음과 마주했음에도 그것을 바꾸려고 하지 않는다.

이는 우리 사회가 삶을 사랑하는 바이오필리아의 문화가 아니라 죽음을 지향하는 네크로필리아의 문화를 다져왔다는 사실을 명확히 보여주는 것이다. 네크로필리아의 힘을 극복할 수 있는 것은 결국 바이오필리아밖에 없다. 다행스러운 사실은 에리히 프롬이 우리의 삶을 바이오필리아로 만들어갈 수 있는 방법을 설명하고 있다는 것이다. 그것의 핵심은 '반응'이다.

프롬은 '제대로 보고 의식적으로 인지하고 대답하는 것'이 삶을 사랑하는 방식이라고 말한다. 나아가 이러한 삶의 방식을 '창의적 삶'이라고 했다. 그가 말하는 창의성은 영재들이나 예술가들이 발휘하는 특출한 능력이 아니다. 오히려 '나의 직관에 근거한 나만의 반응'이라고 볼 수 있다. 삶을 사랑한다는 것은 생명을 사랑한다는 말이며, 생명은 '살아 있는 것'이다. 살아 있는 것의 본질은 자기만의 반응을 할 수 있는 것이다.

그렇다면 교사는 어떻게 이러한 삶의 방식을 시작할 수 있을까? 프롬이 말한 '안전을 버릴 용기'에서 그 답을 찾을 수 있다.

마침내 모든 안전을 버리고 단 하나만을 믿을 수 있는 용기가 필요하다. 사물을 진정으로 인식하고 그것에 응답하는 자신의 힘, 다시 말해 자신의 창의성만 믿을 수 있는 용기 말이다. 창의적이라는 것은 인생의 전 과정을 출생으로 보며 인생의 어떤 단계도 최종 단계로 보지 않는 것이다. 사람들은 대부분 태어나 보기도 전에 죽는다. 창의성이란 죽기 전에 태어난다는 의미다.

—《우리는 여전히 삶을 사랑하는가》에서

안전과 죽음을 권유하는 기존의 학교 문화가 기어이 교사를 죽였다. 교사는 끝없이 자신의 직관과 존엄을 외쳤지만 학부모의 눈치만을 살피던 관리자들은 그것을 끝내 외면했다. 교육청과 교육부와 사회 역시 사회 현상에 진정으로 응답하는 교사의 입에 재갈을 물렸다. 교사는 안전을 거부하며 자신들의 잃어버린 삶을 돌려달라고 외쳤지만 모두가 그것을 외면한 것이다. 네크로필리아의 문화는 그렇게 교사가 다시 태어나는 것이 아니라 조용히 죽길 원했다. 이 문화를 극복할 수 있는 힘은 학교 문화를 완전히 전복하는 길밖에 없다.

학교 문화의 전복

나는 학교의 모든 의사 결정 과정에서 '교사의 삶'이 가장 우선순위가 되어야 한다고 말하고 싶다. 지금까지 교사의 삶은 가장 나중에 고려되는 요소였다. 교사는 교육을 위해서라면 자신의 삶을 통째로 갈아 넣는 헌신을 마다하지 않았다. 그 묵묵한 헌신에 보상을 바라지도 않았다. 아이들의 삶을 온전히 인식하고 거기에 진지하게 응답하기 위해서 자신의 시간과 노력을 기꺼이 내어놓았다. 자신의 헌신으로 학교의 환경이 나아지고, 아이들이 다양한 경험을 하고, 아이들의 얼굴에 미소가 번지는

과학주의의 덫과 우연의 초대

순간만으로 그 고단함을 이겨냈던 것이다.

학교 문화는 이러한 교사의 헌신을 어느 순간 당연한 것으로 여기게 되었다. 관리자는 당연한 듯 교사의 헌신을 요구하기 시작했고, 학부모들은 교사가 호의에서 시작한 일들을 당연히 누려야 할 권리인 듯 요구했다. 교사가 그동안의 헌신을 견딜 수 있었던 이유는 그 노력에 대한 반응, 즉 '존중'이 있었기 때문이다. 하지만 지금은 그런 반응마저 사라졌다. 존중이 사라지면서 교사들의 헌신이 왜곡되어 어처구니없는 민원으로 돌아오기도 했다. 이를 막아주는 관리자가 있는 학교도 있지만, 여전히 관리자들은 '안전주의'에 머물러 있을 뿐이다. 이러한 상황에서 교사의 삶을 지키기 위해서는 이제라도 교사의 삶이 가장 우선되는 학교 문화를 만들어야 한다.

학교에서 이루어지는 수많은 의사 결정 과정에서 교사의 삶이 우선된다는 말은 '그 결정이 교사의 삶에 어떤 영향을 미치는가?'를 가장 먼저 생각하는 문화가 정착되는 것이다. 이 물음은 학교에서 교사의 삶과 존엄이 가장 우선되는 의사 결정으로 연결되기 때문이다. 교사의 삶이 우선된다면 보여주기식 행사를 위해서 아무 의미도 없는 일을 무리하게 추진하지도 않을 것이며, 학부모의 말만 믿고 학교가 교사를 신고하는 일도 없을 것이며, 학부모의 눈치를 보느라 교사들이 직관과 소신을 감출 필요도 없을 것이다.

교사가 잃어버렸던 직관을 회복할 때 교사는 비로소 자신의 삶을 사랑할 수 있다. 사회가 그어놓은 촘촘한 안전선을 걷어낼 때 교사는 소신껏 말할 수 있다. 그렇게 세상이 보낸 메시지에 진심으로 반응할 수 있을 때, 비로소 교사의 쪼그라들었던 삶은 펴진다. 교사의 삶과 존엄이 학교의 의사 결정 과정에서 가장 우선순위가 된다고 해도 교사들은 결코 이기적으로 생각하고 결정하지 않을 것이다. 교사는 아이들의 삶에 반응하는 사람이기 때문이다. 교사가 온전한 반응을 할 수 있는 삶을 사랑하는 문화가 조성된다면, 교사의 우선순위에는 언제나 아이들의 삶이 놓일 것이다.

교사의 삶이 들러리가 된다면 교사는 결코 아이들의 삶에 온전히 반응할 수 없다. 교사의 삶이 가장 우선되는 학교 문화가 형성될 때 교사는 진정으로 아이들에게 다가설 수 있다. 자신이 발견한 아이의 내면을 학부모에게 솔직하게 들려줄 수 있다. 그리고 학교에 그어져 있는 견고한 안전선을 어떻게 걷어낼지 말할 수 있다. 그렇게 쪼그라들었던 교사의 삶이 온전히 펴져야 교사는 자신의 진심을 말할 수 있고, 그 진심이 연결되어야 삶을 사랑할 수 있다. 지금이야말로 교사의 삶을 가장 아래에 처박아 둔 학교 문화를 전복시킬 때이다.

전복의 네트워크

학교 문화에서 교사의 삶을 가장 우선되는 가치로 전복시키는 일은 단위 학교의 힘만으로는 어렵다. 학교의 교사들이 아무리 교사의 삶을 이야기해도 오랜 시간 축적된 관료주의와 과학주의의 힘은 그것을 통제하려고 하기 때문이다. 그래서 '전복의 학교 네트워크'가 필요하다. 이는 특별한 행사나 보여주기식 성과를 만들어내기 위해서 억지로 진행되는 네트워크가 아니라 언제나 연결되어 있어서 수시로 교사의 일상을 나누

과학주의의 덫과 우연의 초대

는 네트워크여야 한다.

교사의 일상은 수업과 생활지도 그리고 혼돈 그 자체이다. 이 세 가지는 교사의 일상을 빈틈없이 채우고 있다. 특히 교사의 삶 곳곳에 스며 있는 혼돈 속에는 수업에 대한 고민, 생활지도에 대한 고민, 교육철학에 대한 고민, 학교 공동체에 대한 고민이 복잡하게 얽혀 있다. 동시에 그 혼돈 속에는 교사의 삶을 이어나가는 강력한 에너지들이 숨어 있다.

그러니 일상을 나눈다는 것은 바로 어제의 수업에서 있었던 어려움을 나누는 일이며, 생활지도 과정에서 겪고 있는 어려움을 나누는 일이자, 교사로서의 삶을 살아가는 과정에서 마주하는 고민들을 솔직하게 내어놓고 함께 이야기 나누는 일이다. 이를 위해서는 가까운 지역의 교사들이 모여 일상을 나누는 네트워크가 필요하다.

사실 이러한 네트워크를 형성하고 지원하는 일은 교육청이 나서야 할 일이지만, 교육청은 이러한 '삶의 연결'에 관심이 없다. 네트워크를 만든다고 하더라도 사업의 성과나 전시행정의 수단으로 교사의 삶을 동원할 뿐, 진정으로 교사의 삶을 연결하는 방법을 알지 못한다. 그러니 학교 네트워크는 교사들이 자발적으로 운영할 수밖에 없다.

학교 네트워크는 궁극적으로 일상의 삶을 나누는 것이 목적이기에 그 시작은 '리더교사 네트워크'에서 시작하는 것이 좋다. 삶을 연결하는 일에 뜻을 함께하는 교사들이 먼저 모여서 학교 네트워크의 철학과 방향을 이야기하면서 큰 그림을 그려야 한다. 그렇게 그림이 그려지면 학년의 부장교사나 희망하는 교사를 중심으로 자발적 모임을 열어서 천천히 연결의 점을 찍어나가야 한다. 연결의 점이 어느 정도 찍히면 학년별 모임, 주제별 모임, 번개 모임 등과 같이 다양한 형식의 네트워크가 자연스럽게 만들어질 수 있다. 학교 네트워크가 교사의 일상이 되어서 언제든 이웃 학교의 교사와 연결되어 자신의 삶과 고통을 나누는 문화가 형성될 때 진정한 '학교 문화의 전복'을 이룰 수 있다. 교사의 삶을 나눈다는 것은 결국 자신이 소속된 학교의 문화를 나누는 일이기 때문이다.

수업과 생활지도에 스며든 일상의 혼돈을 나눈다는 것은 자신이 살아가는 학교에서의 일상을 꺼내놓는다는 말이고, 그 일상에서 교사들이 느끼는 감정과 직관의 총체가 바로 학교 문화인 것이다. 교사들이 연결된 네트워크 속에서 서로의 문화를 나누기 시작할 때, 학교마다 작동하고 있는 관료주의와 과학주의를 극복할 수 있다. 이웃 학교에서 교사의 삶이 숫자로 환산되는 것에 저항하고 있으며 그것이 어느 정도 자리 잡았다는 것을 인식하게 된 교사들은 자신의 학교 문화 역시 숫자가 아닌 삶이 우선되는 문화로 바꾸려는 시도를 시작할 것이다. 어떤 일이 있어도 교사의 삶을 지키기 위해서 최선을 다하는 이웃 학교 관리자의 이야기는 학부모와 교육청의 눈치 속에 살아가는 관리자의 삶을 바꿀 계기를 만들어줄 것이다. 그럴 때 교사의 삶은 온전히 펴질 수 있으며, 교사의 존엄도 회복될 수 있다. 그러니 교사가 존엄을 회복하는 길은 안전이 아니라 전복에 있으며, 그것은 삶을 지향하는 새로운 길이 될 것이다.

과학주의의 덫과 우연의 초대

05

〜〜

해녀의 숨과 단편소설가로서 교사

인디언 문화와 무전제의 삶

여기까지 읽은 독자라면 마음속에 묘한 불안감이 생길 수 있다. 가령 '관료주의로 움직이는 학교에서 통제의 힘을 걷어내는 게 가능한가?'라든지 '학교 문화를 관리자가 아닌 교사가 주도하는 것이 과연 가능한가?'라는 의심이 들 수 있을 것이다. 결론부터 말하면 가능하다. 나는 교방초등학교에서 실제로 그러한 문화를 경험했으며, 이미 전국의 많은 학교에서 그러한 변화를 실천하고 있다.

그러나 한 번도 이런 학교 문화를 경험하지 못한 교사들은 그것이 도대체 어떤 모습인지 감이 잡히지 않을 수 있다. 나아가 인간의 삶이 숫자로 환원되는 세계에 균열을 내는 시도가 어떻게 이루어지는 것인지 이해가 되지 않을 수 있다. 통제와 지배에 저항했던 인디언과 해녀 공동체의 사례를 통해 그 구체적인 모습을 살펴볼 수 있다.

인디언 문화의 본질은 '권력에 대한 저항'이다. 프랑스의 정치인류학자인 피에르 클라스트르의 《국가에 대항하는 사회》에서는 '인디언들은 권력이 자신들의 삶을 통제하는 것을 막기 위해서 자발적으로 그것의 해체를 만들어온 공동체'라는 사실을 논증하고 있다.

클라스트르는 남미 인디언들과 함께 생활하면서 그들의 문화를 연구했다. 계몽주의자들은 인디언을 '무지한 존재'나 '미개한 문화'로 표현한다. 이성의 노예가 된 계몽주의자들은 남미 인디언들의 삶에 녹아 있는 복잡성을 이해하지 못하고 그들의 삶을 단순화시켜 버렸다. 이에 저항한 사람이 클라스트르이다. 그는 남미 인디언들과 살면서 그들이 부족 시스템을 정치화할 수 없어서 못 한 것이 아니라 일부러 정치화하지 않았다는 사실을 발견하게 된다. 그 이유는 권력이 한 사람에게 모이고 그 권력이 막강해질수록 그 힘은 언제나 부족민들의 삶을 통제하고 지배한다는 사실을 알았기 때문이다. 그래서 남미 인디언 공동체에서 추장은 가장 힘이 약한 존재이자 가장 열심히 일하는 존재이다.

추장이 되려면 일단 체력이 좋아야 한다. 가장 땀 흘려 일해야 하기 때문이다. 열심히 일해서 곡식을 축적해 두었다가 부족 가운데 힘들고 가난한 사람이 생기면 조건 없이 그 곡식을 내어준다. 추장은 이렇듯 헌신하는 존재이자 부족의 메시지를 드러내는 권한을 부여받은 존재이다. 전쟁이 터지거나 시련이 닥쳤을 때 부족을 대표하여 말을 할 수 있고, 부족은 그 메시지를 존중한다. 그런데 추장의 말이 부족원들의 보편적 상식에 어긋나거나 지켜지지 않는 약속일 때 부족민들은 가차 없이 추장을 버리고 떠난다. 그러니 추장은 가장 무력한 존재인 동시에 가장 헌신적인 존재이며, 그 무력함과 헌신으로 인해 숭배될 수 있는 것이다.

클라스트르는 인디언 문화에서 헌신과 신뢰의 문화가 지속될 수 있었던 이유를 '교환의 제거'라고 설명한다. 다시 말해, 인디언 문화에는 교환이 존재하지 않는다는 것이다. 추장은 자신이 땀 흘려 일한 곡식을 부족민에게 주지만 그 대가를 바라지 않는다. 부족민들 역시 추장에게 신뢰와 공동체의 구성원을 제공하지만 대가를 바라지 않는다. 이와 같은 '바라지 않음'은 계몽주의가 만들어놓은 기호와 숫자를 무력하게 만들며, 부족민들은 교환과 요구에 구애받지 않고 자신의 삶을 있는 그대로 충만하게 즐길 수 있다고 말한다. 그 충만함은 결국 삶의 요소를 다른 요소로 환산할 수 있다는 수많은 유혹을 거절하는 것에서 비롯될 것이다. 그래서 클라스트르는 인디언 문화를 '고뇌하는 문화'라고 설명한다.

> 인디언 문화는 자신들을 현혹시키는 권력을 거부하기 위해 고뇌하는 문화이다. 거기에서는 풍족한 추장을 찾아볼 수가 없다. 그리고 역설적인 성격을 띤 권력이 그 무력함으로 숭배된다는 것은 문화의 스스로에 대한 고뇌와 자기 자신을 초월하고자 하는 꿈을 표현하는 것이었다. 신화의 이마고이자 부족에 대한 은유, 이것이 인디언 추장이다.
>
> ─《국가에 대항하는 사회》에서

특히 '신화의 이마고이자 부족에 대한 은유'라는 말은 지옥이 되어 버린 학교 문화가 추구해야 할 새로운 모습이라고 생각한다. '이마고(imago)'는 '이미지'를 뜻하는 라틴어이다. 인디언 추장이 신화의 이마고인 이유는 비현실적인 신화만큼 삶이 온전히 존중받는 세상을 만들어내고 그것을 지켜내는 존재이기 때문일 것이다. 더 멋진 말은 '부족에 대한 은유'이다. 추장은 지배하고 재단하고 관리하는 자리가 아니다. 자신의 삶을 내던져 부족을 가꾸는 사람이자 그 자체로 부족인 것이다. 그래서 추장은 부족에 대한 상징인 동시에 은유이다.

나는 클라스트르의 책을 덮고 나서 권력에 대항하는 '삶 공동체'로서 학교의 모습을 그려나갈 수 있었다. 부족민이 추장을 추대하듯이, 교사들이 리더교사를 추대하여 학교에 존재하는 수많은 권력과 교환을 제거할 수 있는 가능성을 발견했기 때문이다. 이는 현장의 복잡성에 대한 감각이 무뎌진 관리자들이 교사의 삶을 통제하고 관리하는 현재의 학교 문화를 근원적으로 전복시킬 수 있는 비전이었다. 그런데 클라스트르의 책으로는 무언가 부족한 부분이 있었다. 교환과 권력에 저항한 인디언 공동체는 충만한 삶을 유지할 수 있는 문화를 갖긴 했으나 새로운 성장을 위한 문화로써 작동하기에는 한계가 있기 때문이다.

인디언 문화는 삶을 재단하는 수많은 선을 걷어낼 수 있으나 그 궁극적인 목적이 권력의 무력화에 있을 뿐, 무력화 이후에 주어지는 시간을 어떻게 성장의 시간으로 전환할 수 있는지에 대한 비전은 담지 못하고 있다. 이는 교사에게 매우 절실한 물음이다.

학교에서 교사의 삶을 재단하는 수많은 선을 걷어낸 이후에 주어질 시간은 새로운 혼돈으로 다가올 것이다. 이 시간이 온전한 성장과 복잡성을 추구하는 시간이 되지 않으면 교사 문화는 또다시 통제의 희생양이 될 뿐이다. 이 문제에서 나를 구원해 준 것이 '해녀 공동체'이다.

과학주의의 덫과 우연의 초대

해녀의 숨과 바다

제주도에 갔을 때 우연히 '해녀박물관'을 들르게 되었다. 막연히 알고 있던 해녀의 삶에 대해서 좀 더 자세히 알아보고 싶었고, 무엇보다 우리의 공동체에 깃든 탁월함이 새로운 교사 문화를 형성하는 데 도움을 줄 수 있을 것이라는 막연한 기대감이 있었다. 박물관에는 해녀의 삶과 공동체 문화를 이해할 수 있는 자료들이 전시되어 있었고, 해설사의 열정 어린 설명을 들으면서 해녀의 삶에 보다 깊이 다가설 수 있었다. 그리고 나는 '해녀 공동체'의 문화가 길을 잃은 학교 문화를 구원할 수 있을 것임을 직감했다.

박물관에 다녀와서 해녀 공동체와 관련한 논문들과 자료들을 검색하며 나름의 방식으로 '해녀의 삶'의 본질이 무엇인지 연구했다. 연구하면 할수록 경탄과 안타까움이 동시에 밀려왔다. 해녀 공동체가 이토록 아름다운 공동체 문화를 지니고 있었다는 사실에 놀랐고, 그것을 너무 늦게 알게 되었다는 사실이 안타까웠다. 내가 발견한 해녀 공동체 문화의 핵심은 '자신이 발견한 진리를 세상에 구현하는 삶'이었다. 진리의 발견과 구현은 해녀의 삶에서 가장 중요한 '숨'에서 시작한다.

해녀의 삶은 담백하다. 산소통과 잠수복을 걸치지 않는다. 과학적 분석과 통제에 의지하지도 않는다. 해녀는 오로지 자신의 몸을 감싸는 물옷과 소박한 물질 도구를 가지고 바다에 들어간다. 해녀가 바다로 들어가는 모든 행위는 '숨'에서 시작한다. 군더더기 없는 동작으로 가볍게 숨을 들이마시고 바다로 들어간다. 해녀는 그 숨에 의지하여 자신의 삶을 바다에 맡긴다.

해녀가 삼킨 숨은 바다에 숨겨진 수많은 복잡성과 마주할 힘을 준다. 바다는 수많은 생명과 알 수 없는 해류가 복잡하게 얽힌 공간이다. 해녀는 들이마신 숨에 기대서 검은 바다를 누비며 바다가 품은 복잡성의 진리를 터득한다. 그 복잡성에는 가능성과 위험이 동시에 숨어 있다는 것을 온몸으로 터득한다. 해녀들은 거친 바다가 품은 복잡성을 누구보다 잘 알기에 바다에서의 삶이 혼자서는 가능하지 않다는 것을 알고 있다. 그래서 언제나 공동체로 움직인다. 그렇게 형성된 해녀 공동체는 사람과 자연과 삶을 기르는 성장의 공동체이며, 이 공동체를 통해서 자신이 발견한 진리를 구현하고 있었다.

해녀가 가장 정성스레 기르는 것은 '사람'이다. 가장 오랫동안 숨을 유지할 수 있는 해녀를 '상군해녀'라고 하는데, 상군해녀는 이제 갓 물질을 시작한 해녀에게 바다의 복잡성을 다정하게 알려준다. 그리고 파도가 잔잔하고 물질하기 쉬운 얕은 바다를 어린 해녀에게 양보한다. 자신은 깊은 바다로 나가서 거친 복잡성과 마주하고, 어린 해녀는 잔잔한 바다에서 '숨'을 다루는 시간을 채워나간다. 어린 해녀는 숨을 다룰 수 있게 되면서 점점 바다가 지닌 복잡성과 마주할 힘이 생기게 되고, 그렇게 조금씩 깊은 바다로 나갈 힘을 얻게 된다. 상군해녀는 어린 해녀가 성장하는 동안 일절 간섭하거나 강요하지 않는다. 그저 따뜻한 장작불 가에서 자신의 경험을 들려줄 뿐이다. 어린 해녀는 상군해녀의 이야기 속에 숨어 있는 바다의 진리를 직관적으로 깨우치게 되고, 그렇게 험한 세상과 직면하는 어엿한 해녀로 성장하는 것이다.

해녀는 자연도 기른다. 해녀는 자신들이 물질하는 어장을 공동어장으로 관리하고, 해산물을 잡는 것은 '숨'의 원칙에 따른다. 해녀는 바닷속에서 생명을 잡아 올리지만, 바다 생태계가 건강하게 유지될 수 있을 정도로만 잡는다. 해녀는 숨에 의지하여 살아가는 존재이기에 그 숨이 주는 생명의 가치를 누구보다 소중히 여긴다. 해녀는 그렇게 공동으로 어장을 관리하고 그 어장이 본래의 생명을 유지할 수 있도록 지켜주는 파수꾼의 역할을 한다.

사람과 자연을 기르는 해녀들은 필연적으로 삶을 소중하게 여길 수밖에 없다. 또한 해녀들은 숨과 숨의 연결이 결국 우리네 삶을 구원할 수 있다는 진리를 온몸으로 체득한 사람이기에 이를 위해 노력하기도 했다. 대표적인 사례가 '온평학교 재건'이다. 해녀박물관에는 1950년에 화재로 소실된 온평학교가 어떻게 재건되었는지 자세히 설명되어 있었다. 온평리 해녀들은 바다의 한쪽을 '학교 바당'으로 정하고 거기서 채취한 미역의 수입금을 모두 학교 재건에 기부했다고 한다. 그렇게 1958년까지 학교 재건 사업이 진행될 수 있었고, 재건된 학교에서 아이들의 귀한 숨결이 살아날 수 있었다.

해녀 공동체는 삶의 본질이 복잡성에 있다는 사실을 온몸으로 체득한 사람들이자, 복잡성은 통제의 대상이 아니라 마주함의 대상이며 그 마주함은 혼자가 아닌 공동체가 함께하는 것이라는 사실을 삶을 통해서 증명했다. 해녀박물관에 놓인 수많은 자료는 해녀들이 살아냈던 시간을 생생하게 보여주었으며, 그들이 발견한 진리를 세상에 구현했던 흔적을 정확히 기록하고 있었다.

교사 문화에 기록이 필요한 이유

문화는 사람과 환경의 상호작용으로 만들어진다. 그 문화는 기록을 통해서 이어지고 발전한다. 기록되지 않은 문화는 이야기가 되지 못하고, 이야기가 되지 못한 문화는 사람들에게 녹아들지 못한다. 내가 인디언 문화를 알 수 있었던 것은 클라스트르의 기록 덕분이었고, 해녀 공동체 문화를 이해할 수 있었던 것도 박물관에 놓인 수많은 기록 덕분이었다. 아무리 탁월한 문화가 있더라도 기록으로 남지 않는다면 힘을 발휘할 수 없다. 특히나 우리가 만들어갈 '교사의 삶이 우선되는 문화'를 위해서는 더욱 기록이 필요하다. 기록은 기만을 넘어설 수 있는 유일한 힘이기 때문이다.

해방 이후 오랜 시간 동안 교사의 삶을 기록하는 공간은 어디에도 없었다. 교사의 삶을 온전히 담아내서 그것을 기록으로 남기자고 말하는 사람도 없었다. 그러다 보니 교사의 삶은 한 줄도 남겨지지 않았다. 업무 포털에 많은 문서들이 저장되지만 거기에 교사의 삶은 단 한 문장도 담기지 않는다. 학교에는 수많은 문서와 기록이 있지만 거기에 교사의 삶에 대한 기록은 거의 없다. 학교 역사관도 마찬가지다. 학교의 귀퉁이에 자리 잡은 역사관은 앨범과 연구학교 보고서와 교육과정 문서 그리고 엄청난 먼지로 가득 차 있다. 그 공간 어디에도 교사의 삶을 담아낸 기록은 없다. 현장에서 온몸으로 교육을 수행하는 교사의 삶이 하나도 기록되지 못하고 소리 없이 흩어질 때, 교사의 헌신은 존경받지 못하고 통제될 뿐이다. 통제는 언제나 기만과 함께 찾아온다.

현장을 살아내는 교사의 삶이 기록되지 못하면 '현장의 시간'이 증명

과학주의의 덫과 우연의 초대

되지 못한다. 교실에서 교사들이 어떻게 살아가는지, 학교에서 교사들이 어떤 고민을 하고 있는지, 연구실에서 교사들이 어떤 연구를 하고 있는지, 워크숍에서 교사들이 어떤 노력을 하고 있는지 아무도 모른다. 현장의 이야기가 온전한 기록으로 남지 않으니, 교사들은 자신의 헌신과 전문성을 인정받지 못한다. 교사들은 누구보다 열심히 연구하고, 누구보다 치열하게 고민하며, 헌신적으로 아이들의 삶을 연결하며, 누구보다 깊이 삶을 성찰하면서 누구보다 귀한 일들을 묵묵히 해내고 있다. 하지만 이것이 기록으로 남지 않으니, 현장에서 교사로 살아간다는 일이 얼마나 힘든 일이며 존중받아야 할 일인지 아무도 모른다. 현장의 시간은 텅 빈 시간이자 당연한 시간으로 환산되고 있을 뿐이다.

관료들은 그 텅 빈 시간을 정확히 공략했다. 현장을 살아내는 교사의 삶이 존중받지 못하는 문화가 굳어지면서 교육청과 교육부는 겉으로만 교사를 위하는 척하면서 실제로는 교사의 삶을 자신들의 목적을 달성하기 위한 수단으로 동원하고 있다. 겉으로는 교사의 전문성 신장을 위한다고 말하지만, 속으로는 교사를 가르치고 통제하기 위해 수많은 의무 연수를 내려보내고 있다. 겉으로는 교사의 삶을 성장시키는 프로그램이라고 말하지만, 그 프로그램 내용을 구성하기 전에 결코 교사의 의견을 묻지 않는다. 겉으로는 교사의 고통을 먼저 돌보겠다고 말하면서도 실제로는 교사의 헌신만을 요구한다. 여전히 관료들은 수많은 연수와 프로그램 그리고 정책을 통해서 교사를 기만하고 있다.

기만을 극복할 수 있는 것은 기록밖에 없다. 관료들이 가르치지 않아도 교사들은 충분히 자발적으로 공부하고 있다는 것을 기록으로 증명해야 한다. 관료들이 묻지 않고 찍어 내리는 수많은 생애주기별 연수들이 오히려 교사들의 결핍을 더욱 크게 만들고 있다는 것을 기록으로 보여주어야 한다. 관료들이 하고 있는 얄팍한 속임수를 모두 알고 있음에도 교사들은 아이들의 삶을 기르기 위해서 지금까지 숨죽이고 있었다는 사실을 기록으로 외쳐야 한다. 기록은 교사의 성찰과 결핍과 안목을 증명할 수 있는 유일한 도구이다. 교사는 기록을 통해서 얄팍한 통제에 저항해야 하고, 기록을 통해서 학교 문화를 전복해야 하며, 전복의 성취를 저마다의 방식으로 노래해야 한다. 그 기록이 연결되었을 때 학교 문화는 진정으로 교사의 삶이 우선되는 문화로 정착할 수 있다.

이제 교사들이 해야 할 일은 명확하다. 인디언과 해녀의 삶을 교사의 삶에 초대하는 것이다. 나아가 그 초대의 과정을 온전히 기록하는 일이다. 학교는 과학주의가 만들어놓은 세계관을 극복하고 통제와 지배에 저항해야 한다. 나아가 교육 현장에 존재하는 복잡성과 마주하고 거기에서 발견한 진리를 나름의 방식으로 구현할 수 있어야 한다. 그리고 이 과정을 기록해야 한다. 이 일을 묵묵히 해낼 수 있어야 비로소 교사 문화는 삶을 위한 문화로 전복될 수 있다.

하지만 '세상이 만들어놓은 선을 뭉개는 일을 어떻게 시작할 수 있단 말인가?'라든지 '교사가 발견한 진리를 어떻게 구현할 수 있는가?'라든지, '결국 이 과정을 기록한다는 것은 너무 거창한 일이지 않은가?'와 같은 의문이 들 수 있다. 나는 전복의 문화를 실현하는 교사의 모습으로서 '단편소설가'를 제안하고 싶다. 세상이 만들어놓은 선을 뭉개는 일, 자신이 발견한 진리를 적절히 숨겨두었다가 독자가 발견할 수 있게 돕는 일,

이 과정을 글로 남기는 사람이 바로 단편소설가이기 때문이다.

환산을 뭉개는 단편소설가

소설가는 사회가 그어놓은 수많은 선을 해체하는 사람이다. 그래서 대상과 대상이 일대일로 대응되는 단순화를 무력하게 하는 사람이다. 단편소설가는 세상에 존재하는 수많은 전제를 끝없이 상징과 은유로 바꾼다. 그 변환 속에서 사회가 만들어놓은 촘촘한 선언은 가차 없이 부서진다. 그럼으로써 독자에게 거대한 혼돈을 제공한다. 단편에 담긴 절제된 언어와 압축된 말은 우리가 세상을 인식하던 방식과는 전혀 다른 해법을 요구하기 때문이다. 그렇게 단편소설가는 독자를 혼돈으로 초대한다. 그 혼돈 속에서 독자는 그동안 자신이 발견하지 못했던 삶의 복잡성을 발견하게 되고, 단편을 다 읽은 독자는 사회가 숨겨두었던 복잡성과 직면하게 된다.

그 경험은 때로는 섬뜩하고 때로는 유쾌하며 때로는 아리다. 김승옥의 〈서울, 1964년 겨울〉이 섬뜩한 이유는 독재와 개발의 시대가 감추어온 서울의 민낯을 적나라하게 드러냈기 때문이다. 코트 보니것의 〈포스터의 포트폴리오〉가 유쾌한 이유는 자본에 저항하는 삶이 더 행복한 삶이 될 수 있음을 알려주기 때문이다. 모파상의 〈목걸이〉가 아린 이유는 사회가 그어놓은 전제가 결국에는 우리 삶을 억압하고 있다는 사실을 적나라하게 알려주기 때문이다. 단편소설의 짧은 이야기 속에는 긴 삶을 살아낼 수 있는 수많은 진리가 숨겨져 있다.

단편소설가는 삶에 녹아 있는 복잡성을 우리의 삶에 돌려주는 사람이다. 나아가 그 복잡성에 숨겨진 수많은 진리를 독자들이 스스로 찾을 수 있도록 잘 숨기는 사람이다. 그래서 작품을 다 읽은 독자가 자신의 쪼그라든 삶을 펼 수 있도록 도와주는 사람이다. 지금 당장 그 진리를 발견하지 못하더라도 삶을 살아가는 순간순간에 불현듯 그 진리를 깨우치도록 도와주는 사람이다. 그러니 단편소설가의 삶은 교사의 삶과 너무나 닮아 있다.

이제 교사는 단편소설가로서의 삶을 시작해야 한다. 세상이 만들어놓은 선을 과감히 뭉개는 일을 시작해야 한다. 이는 '당장 효과가 없는 일'에 더욱 헌신하는 교사의 삶이 당연하게 받아들여지는 학교 문화를 만들어나간다는 말과 같다. 교사의 삶을 지배하는 수많은 전제들은 대부분 수치화와 환산의 방식으로 작동하고 있다. 그것은 대게 '당장 눈에 보이는 것', '즉시 효과를 내는 것'에 매달리도록 만든다. 즉시성과 즉효성은 촘촘한 지표로서 교사의 삶을 환산하고 있다. 교사는 이러한 것들에 저항해야 한다. 그리고 학교는 '당장 효과가 드러나는 일'보다 '당장 효과 없는 일'에 헌신하는 유예의 공동체가 되어야 한다.

학교가 유예의 공간이 되었을 때 비로소 교사는 자신이 발견한 삶의 진리를 아이들에게 오롯이 내어놓을 수 있다. 수업의 곳곳에 그 진리를 귀하게 숨길 수 있다. 아이들이 그 진리를 발견하도록 당당히 도울 수 있다. 단편소설가가 진리의 발견을 독자의 몫으로 남겨놓듯이, 교사 역시 아이들이 삶의 진리를 발견할 수 있도록 도와주는 삶을 시작할 수 있다. 교사의 삶을 재단하던 수많은 통제와 지배의 시간이 걷혔을 때 교사는 삶에 존재하는 복잡성을 아이들에게 가르칠 수 있다.

삶에 존재하는 복잡성을 가르친다는 것은 거창한 일이 아니다. 그저 '아, 저 사람의 삶에도 수많은 어려움이 존재하겠구나.'라든가 '사람의 삶은 쉽게 평가하거나 재단할 수 있는 것이 아니구나.'라는 진실을 가르치는 것이다. 그런 가르침을 받은 아이들은 사람을 숫자로 바꾸는 일에 저항하는 시민으로 자랄 수 있으며, 사람의 삶에 등급을 매기는 오만함을 극복할 수 있고, 내가 도울 수 있는 일은 기꺼이 도우면서 살아가겠다는 품격을 지닌 시민으로 자랄 수 있는 것이다.

교사의 삶은 수많은 성찰로 채워진다. 눈에 보이지 않는 것을 다루는 일은 그 결과 역시 눈에 보이지 않기 때문에, 자신이 수행했던 교육의 과정에 대해서 끝없이 복기하고 돌아보는 일을 멈출 수 없다. 돌아봄 속에는 아이들의 삶을 기르기 위해서 했던 수업의 이야기만 있는 것이 아니다. 교과에 대한 고민과 생활지도에 대한 고민과 교사로서의 모습에 대한 고민이 함께 범벅된다. 수많은 삶의 연결고리 속에서 살아가는 교사의 성찰은 그만큼 복잡하고 중층적이다. 교사의 성찰은 그 자체로 수많은 관계들의 섞임이며 혼돈이다. 이 혼돈을 교사의 일상에 초대하는 과정이 기록이다.

혼돈은 그 안에 수많은 복잡성을 숨기고 있다. 그래서 혼돈에는 얼굴도 없고 이름도 없다. 혼돈에는 수많은 진리가 혼재해 있지만 그것을 발견해 내지 않으면 그저 혼돈이라는 거대한 복잡함만 존재할 뿐이다. 눈에 보이지 않는 거대한 복잡함을 눈에 보이는 것으로 만드는 과정이 '교사의 기록'이다. 교사는 자신이 수행하는 교육 행위를 성찰하고 그것을 자신의 언어로 남기는 일을 반복해야 한다. 글쓰기는 세상에 존재하지 않았던 것을 존재하도록 만들 뿐 아니라 모호하던 것을 명료하게 만들어준다.

교사는 자신이 살아낸 시간을 글로 남기면서 그 속에 녹아 있는 기억과 감정을 스스로 확인할 수 있다. 그 기록을 통해서 자신이 어떤 순간에 멈추었고, 어떤 순간에 좌절했으며, 어떤 순간에 기뻐했는지 확인할 수 있다. 그것은 오롯이 교사의 삶을 증명해 준다. 그토록 귀한 손길과 아름다운 발걸음이 궁극적으로 향한 것은 모두 삶이었다는 사실을 알려준다.

교사는 자신의 삶을 온전히 성찰하고 나름의 방식으로 기록해야 한다. 그리고 그것을 동료와 함께 나누어야 한다. 나의 글과 동료의 글이 연결되면 그것은 새로운 단편소설이 될 것이고, 학교의 글이 연결되면 교사의 삶은 어느 순간 장편소설로 거듭날 것이다. 그렇게 교사의 삶은 영원히 이어질 것이고, 교사의 기록은 수많은 기만을 반드시 넘어설 것이다.

단편소설의 시작을 알리는 것이 첫 문장이다. 첫 문장은 그 속에 수많은 진리를 숨기고 있다. 삶의 본질을 다루어왔으며, 눈에 보이지 않는 진리를 가장 능숙하게 다루는 사람이 교사이다. 그러니 교사들은 지금이라도 자신의 삶을 글로 남겨야 한다. 그리고 자신만의 단편소설을 알리는 첫 문장을 써야 한다. 지금 이 글을 읽고 있는 선생님의 첫 문장은 어떤 말로 시작할지 궁금하다. 그 귀한 문장은 어둠의 시간을 견뎌낸 문장이자 삶을 향한 시선을 이어나갈 문장이며, 사회가 그어놓은 수많은 선을 걷어내는 문장일 것이다.

과학주의의 덫과 우연의 초대

1부

- 〈국민교육헌장〉
- 〈우리의 교육지표〉
- 김훈(2019), 《연필로 쓰기》, 문학동네.
- 김용정(2009), 〈교사문화의 진단도구 개발 및 특성 분석〉, 부산대학교 대학원 박사학위논문.
- 라재주(1999), 〈교사의 생활세계와 교사문화에 관한 연구〉, 한국교원대학교 대학원 석사학위논문.
- 류방란 외(2002), 〈초등학교 교사의 생활과 문화〉, 한국교육개발원.
- 박소영(2011), 〈중등학교 교사문화 비교 분석: 2001년과 2011년간 변화를 중심으로〉, 《한국교원교육연구》 28(3), 201-222.
- 손준종(2011), 〈교사 전문성 담론의 성격 분석: 이명박 정부 교원정책을 중심으로〉, 《교육정치학연구》 17(4), 91-119.
- 이혜영 외(2001), 〈중등학교 교사의 생활과 문화〉, 한국교육개발원.
- 이일수 옮김(2005), 《액체 근대》, 강.
- 최성만 옮김(2021), 《발터 벤야민 선집 9: 서사·기억·비평의 자리》, 길.
- 박상준 옮김(2009), 《화씨 451》, 황금가지.
- 김재인 옮김(2003), 《천 개의 고원》, 길.
- 정창호·이유선 옮김(2014), 《공공성과 그 문제들》, 한국문화사.
- 황문수 옮김(2022), 《사랑의 기술》, 문예출판사.
- 이경숙 옮김(2003), 《교사는 지성인이다》, 아침이슬.
- 양억관 옮김(2010), 《언더그라운드》, 문학동네.
- 이영미 옮김(2010), 《약속된 장소에서》, 문학동네.
- 이영미 옮김(2011), 《잡문집》, 비채.
- 이종일 옮김(2012), 《더블린 사람들》, 민음사.
- 양윤옥 옮김(2014), 《여자 없는 남자들》, 문학동네.
- 김덕영·윤미애 옮김(2006), 《짐멜의 모더니티 읽기》, 새물결.
- 루쉰전집번역위원회 엮음(2018), 《루쉰 잡문선》, 엑스북스.
- 노서경 옮김(2022), 《검은 피부, 하얀 가면》, 문학동네.

2부

- 서재민(2021), 《미래교육 이전에 내 미래가 더 걱정이다》, 이매진.
- 엄기호(2020), 《단속사회》, 창비.
- 박대식 옮김(2021), 《마음의 생태학》, 책세상.
- 조혜령 옮김(2019), 《정원가의 열두 달》, 펜연필독약.
- 김상훈 옮김(2016), 《당신 인생의 이야기》, 엘리.
- 박상준 옮김(2017), 《라마와의 랑데부》, 아작.
- 왕은철 옮김(2021), 《야만인을 기다리며》, 문학동네.
- 박철홍 옮김(2017), 《경험으로서 예술 1》, 나남.
- 하창수 옮김(2001), 《윌리엄 포크너》, 현대문학.
- 김누리 옮김(2020), 《황야의 이리》, 민음사.
- 이영노 옮김(2019), 《경쟁에 반대한다》, 민들레.
- 공진호 옮김(2011), 《필경사 바틀비》, 문학동네.
- 하인해 옮김(2021), 《미야자키 월드》, 로크미디어.
- 이경덕 옮김(2017), 《푸코, 바르트, 레비스트로스, 라캉 쉽게 읽기》, 갈라파고스.

3부

- 김기민(2009), 〈정치논리, 경제논리와 비교해 본 교육논리의 특징〉, 《교육과정평가연구》 12(1), 1–22.
- 김종철(2020), 《근대문명에서 생태문명으로》, 녹색평론사.
- 서근원(2012), 《학교 혁신의 패러독스》, 강현출판사.
- 서근원(2017), 《풀뿌리 교육론》, 교육과학사.
- 엄태동(2018), 《초등교육의 재개념화》, 학지사.
- 오주석(2014), 《한국의 美 특강》, 솔.
- 이육사, 《광야》, 글로벌콘텐츠.
- 이종인 옮김(2020), 《걸리버 여행기》, 현대지성.

- 이한구 옮김(2013), 《열린사회와 그 적들 I》, 민음사.
- 이행 옮김(2006), 《민주주의의 역설》, 인간사랑.
- 장일순(2021), 《나락 한 알 속의 우주》, 녹색평론사.
- 전국국어교사모임(2021), 《이육사를 읽다》, 휴머니스트.
- 최혁순 옮김(2017), 《키에르케고르 선집》, 집문당.

4부

- 곽한주(2013), 〈문화적 애도와 민족공동체: 탈독재기'애도문화론'을 위한 시론〉, 《한국학연구》 31, 397–433.
- 신영복(2015), 《담론》, 돌베개.
- 현기영(1979), 《순이삼촌》, 창비.
- 윤조원 옮김(2018), 《위태로운 삶》, 필로소픽.
- 김학수 옮김(2006), 《체호프 단편선》, 문예출판사.
- 김병익 옮김(1999), 《건전한 사회》, 범우사.
- 김석희 옮김(2019), 《자유로부터의 도피》, 휴머니스트.
- 김치수·송의경 옮김, 《낭만적 거짓과 소설적 진실》, 한길사.
- 김진식 옮김(2000), 《폭력과 성스러움》, 민음사.
- 김진식 옮김(2021), 《희생양》, 민음사.
- 이민아 옮김(2021), 《다정한 것이 살아남는다》, 디플롯.
- 최용준 옮김(2020), 《바람의 열두 방향》, 시공사.
- 장경렬 옮김(2010), 《선과 모터사이클 다이어리》, 문학과지성사.
- 김승욱 옮김(2008), 《분노의 포도 1, 2》, 민음사.
- 장영재 옮김(2020), 《사람은 무엇으로 사는가》, 더클래식.

5부

- 김기현·장기현(2020), 《시험인간》, 생각정원.
- 김승옥(1964), 《무진기행》, 민음사.
- 배지혜(2021), 〈독일 대학입학자격시험 아비투어의 역사과 시험 분석: 사료의 분석과 비교

문항을 중심으로),《역사교육》158, 37-72.

- 김유동·주경식·이상훈 옮김(1995),《계몽의 변증법》, 문예출판사.
- 송병선 옮김(2011),《픽션들》, 민음사.
- 정찬형 옮김(2016),《왼쪽 주머니에서 나온 이야기》, 모비딕.
- 박현주 옮김(2013),《차가운 벽》, 시공사.
- 홍성흡 옮김(2019),《국가에 대항하는 사회》, 이학사.
- 성은애 옮김(2020),《두 도시 이야기》, 창비.
- 장혜경 옮김(2022),《우리는 여전히 삶을 사랑하는가》, 김영사.
- 이종훈 옮김(1997),《유럽 학문의 위기와 선험적 현상학》, 한길사.
- 정지인 옮김(2021),《물고기는 존재하지 않는다》, 곰출판.
- 윤선인 옮김(2020),《학교를 변론하다》, 살림터.
- 김동현·김사행 옮김(2006),《모파상 단편선》, 문예출판사.
- 박아람 옮김(2022),《프랑켄슈타인》, 휴머니스트.
- 박동섭 옮김(2020),《완벽하지 않을 용기》, 에듀니티.
- 황윤영 옮김(2018),《몽키하우스에 오신 것을 환영합니다》, 푸른책들.

교사의 고통

1판 1쇄 발행일 2024년 5월 27일

지은이 정철희

발행인 김학원
발행처 (주)휴머니스트출판그룹
출판등록 제313-2007-000007호(2007년 1월 5일)
주소 (03991) 서울시 마포구 동교로23길 76(연남동)
전화 02-335-4422 **팩스** 02-334-3427
저자·독자 서비스 humanist@humanistbooks.com
홈페이지 www.humanistbooks.com
유튜브 youtube.com/user/humanistma **포스트** post.naver.com/hmcv
페이스북 facebook.com/hmcv2001 **인스타그램** @humanist_insta

편집책임 문성환 **편집** 윤무재 **디자인** 장혜미
용지 화인페이퍼 **인쇄** 청아디앤피 **제본** 민성사

ⓒ 정철희, 2024

ISBN 979-11-7087-158-3 03300

• 이 책은 저작권법에 따라 보호받는 저작물이므로 무단 전재와 무단 복제를 금합니다.
• 이 책의 전부 또는 일부를 이용하려면 반드시 저자와 (주)휴머니스트 출판그룹의 동의를 받아야 합니다.